Lessing | Nathan der Weise

Reclam XL | Text und Kontext

Dieses Buch wurde klimaneutral gedruckt.

Alle CO_2-Emissionen, die beim Druckprozess unvermeidbar entstanden sind, haben wir durch ein Klimaschutzprojekt ausgeglichen.

Nähere Informationen finden Sie hier:

Klimaneutral
Druckprodukt
ClimatePartner.com/14058-1912-1001

Gotthold Ephraim Lessing

Nathan der Weise

Ein dramatisches Gedicht in fünf Aufzügen

Herausgegeben von Thorsten Krause

Reclam

Der Text dieser Ausgabe ist seiten- und zeilengleich mit der Ausgabe der Universal-Bibliothek Nr. 3. Er wurde auf der Grundlage der gültigen amtlichen Rechtschreibregeln orthographisch behutsam modernisiert.

Zu diesem Text gibt es eine Interpretationshilfe:
G. E. Lessing, *Nathan der Weise*.
Lektüreschlüssel XL (Nr. 15463)

E-Book-Ausgaben finden Sie auf unserer Website unter www.reclam.de/e-book

Reclam XL | Text und Kontext | Nr. 16102
2015, 2021 Philipp Reclam jun. Verlag GmbH,
Siemensstraße 32, 71254 Ditzingen
Durchgesehene Ausgabe 2021
Druck und Bindung: Eberl & Koesel GmbH & Co. KG,
Am Buchweg 1, 87452 Altusried-Krugzell
Printed in Germany 2021
RECLAM ist eine eingetragene Marke
der Philipp Reclam jun. GmbH & Co. KG, Stuttgart
ISBN 978-3-15-016102-9

Auch als E-Book erhältlich

www.reclam.de

Die Reihe bietet neben dem Text Worterläuterungen in Form von Fußnoten und Sacherläuterungen in Form von Anmerkungen im Anhang, auf die am Rand mit Pfeilen (↗) verwiesen wird. Quellen im Anhang werden mit dem Zeichen **Q** kenntlich gemacht.

Inhalt

Nathan der Weise.

Ein

Dramatisches Gedicht,

in fünf Aufzügen.

Jntroite, nam et heic Dii sunt!

APVD GELLIVM.

Von

Gotthold Ephraim Lessing.

1779.

5 **Introite … sunt!:** »Tretet ein, denn auch hier sind Götter!«

Personen

Sultan SALADIN ↗
SITTAH, dessen Schwester
NATHAN, ein reicher Jude in Jerusalem
RECHA, dessen angenommene Tochter
DAJA, eine Christin, aber in dem Hause des Juden, als Gesellschafterin der Recha
Ein junger TEMPELHERR ↗
Ein DERWISCH
Der PATRIARCH von Jerusalem ↗
Ein KLOSTERBRUDER
Ein EMIR nebst verschiednen Mamelucken des Saladin

Die Szene ist in Jerusalem.

2 **Sultan:** (arab.) islamischer Herrschertitel; moralische Instanz mit religiöser wie weltlicher Autorität | 8 **Tempelherr:** Angehöriger des Templerordens, Ritter und Mönch, der Pilger im Heiligen Land schützen und den christlichen Einfluss sichern und ausweiten soll | 9 **Derwisch:** (pers.) Armer, Wanderer, Bettler; mohammedanischer Mönch, der von freiwilligen Gaben lebt | 10 **Patriarch:** (griech.) christl. Kirchenoberhaupt mit Rechts- und Verwaltungshoheit | 12 **Emir:** (arab.) Befehlshaber, General, Chef | 12 **Mamelucken:** (arab.) *mameluk* ›in Besitz genommen‹; Sklaven türkischer oder tscherkessischer Herkunft, die in Saladins Reich auch Kriegsdienst leisteten

Erster Aufzug

Erster Auftritt

Szene: Flur in Nathans Hause.
NATHAN *von der Reise kommend.* DAJA *ihm entgegen.*

DAJA. Er ist es! Nathan! – Gott sei ewig Dank,
Dass Ihr doch endlich einmal wiederkommt.
NATHAN. Ja, Daja; Gott sei Dank! Doch warum endlich?
Hab ich denn eher wiederkommen wollen?
Und wiederkommen können? Babylon
Ist von Jerusalem, wie ich den Weg,
Seitab bald rechts, bald links, zu nehmen bin
Genötigt worden, gut zweihundert Meilen;
Und Schulden einkassieren, ist gewiss
Auch kein Geschäft, das merklich födert, das
So von der Hand sich schlagen lässt.
DAJA. O Nathan,
Wie elend, elend hättet Ihr indes
Hier werden können! Euer Haus …
NATHAN. Das brannte.
So hab ich schon vernommen. – Gebe Gott,
Dass ich nur alles schon vernommen habe!
DAJA. Und wäre leicht von Grund aus abgebrannt.
NATHAN. Dann, Daja, hätten wir ein neues uns
Gebaut; und ein bequemeres.
DAJA. Schon wahr! –
Doch Recha wär bei einem Haare mit
Verbrannt.
NATHAN. Verbrannt? Wer? meine Recha? sie? –
Das hab ich nicht gehört. – Nun dann! So hätte
Ich keines Hauses mehr bedurft. – Verbrannt
Bei einem Haare! – Ha! sie ist es wohl!
Ist wirklich wohl verbrannt! – Sag nur heraus!

8 **Meilen:** eine Meile sind seit der Antike 1000 Doppelschritte, etwa 1,5 km | 10 **födert:** vorangeht, vonstatten geht | 11 **von der Hand … schlagen:** schnell erledigen | 19 **bei einem Haare:** um ein Haar, fast

Heraus nur! – Töte mich: und martre mich
Nicht länger. – Ja, sie ist verbrannt.
DAJA. Wenn sie
Es wäre, würdet Ihr von mir es hören?
NATHAN. Warum erschreckest du mich denn? – O Recha!
O meine Recha!
DAJA. Eure? Eure Recha?
NATHAN. Wenn ich mich wieder je entwöhnen müsste,
Dies Kind mein Kind zu nennen!
DAJA. Nennt Ihr alles,
Was Ihr besitzt, mit ebenso viel Rechte
Das Eure?
NATHAN. Nichts mit größerm! Alles, was
Ich sonst besitze, hat Natur und Glück
Mir zugeteilt. Dies Eigentum allein
Dank ich der Tugend.
DAJA. O wie teuer lasst
Ihr Eure Güte, Nathan, mich bezahlen!
Wenn Güt', in solcher Absicht ausgeübt,
Noch Güte heißen kann!
NATHAN. In solcher Absicht?
In welcher?
DAJA. Mein Gewissen …
NATHAN. Daja, lass
Vor allen Dingen dir erzählen …
DAJA. Mein
Gewissen, sag ich …
NATHAN. Was in Babylon
Für einen schönen Stoff ich dir gekauft.
So reich, und mit Geschmack so reich! Ich bringe
Für Recha selbst kaum einen schönern mit.
DAJA. Was hilft's? Denn mein Gewissen, muss ich Euch
Nur sagen, lässt sich länger nicht betäuben.
NATHAN. Und wie die Spangen, wie die Ohrgehenke,
Wie Ring und Kette dir gefallen werden,
Die in Damaskus ich dir ausgesucht:
Verlanget mich zu sehn.

25 **martre:** foltere | 30 **mich wieder je entwöhnen:** mir wieder jemals abgewöhnen | 36 **Tugend:** seit dem frühen Mittelalter die vorbildliche Haltung beim Streben nach dem sittlich Guten und einem geglückten Leben; als Haupt- bzw. Kardinaltugenden galten Klugheit, Gerechtigkeit, Mäßigung und Tapferkeit, alle anderen Tugenden waren diesen zugeordnet | 48 **Ohrgehenke:** Ohrschmuck, Ohrringe

DAJA. So seid Ihr nun!
Wenn Ihr nur schenken könnt! nur schenken könnt!
NATHAN.
Nimm du so gern, als ich dir geb: – und schweig!
DAJA.
Und schweig! – Wer zweifelt, Nathan, dass Ihr nicht
Die Ehrlichkeit, die Großmut selber seid?
Und doch …
NATHAN. Doch bin ich nur ein Jude. – Gelt,
Das willst du sagen?
DAJA. Was ich sagen will,
Das wisst Ihr besser.
NATHAN. Nun so schweig!
DAJA. Ich schweige.
Was Sträfliches vor Gott hierbei geschieht,
Und ich nicht hindern kann, nicht ändern kann, –
Nicht kann, – komm' über Euch!
NATHAN. Komm' über mich! –
Wo aber ist sie denn? wo bleibt sie? – Daja,
Wenn du mich hintergehst! – Weiß Sie es denn,
Dass ich gekommen bin?
DAJA. Das frag ich Euch!
Noch zittert ihr der Schreck durch jede Nerve.
Noch malet Feuer ihre Phantasie
Zu allem, was sie malt. Im Schlafe wacht,
Im Wachen schläft ihr Geist: halb weniger
Als Tier, bald mehr als Engel.
NATHAN. Armes Kind!
Was sind wir Menschen!
DAJA. Diesen Morgen lag
Sie lange mit verschlossnem Aug', und war
Wie tot. Schnell fuhr sie auf, und rief: »Horch! horch!
Da kommen die Kamele meines Vaters!
Horch! seine sanfte Stimme selbst!« – Indem
Brach sich ihr Auge wieder: und ihr Haupt,
Dem seines Armes Stütze sich entzog,

56 **Gelt:** Nicht wahr? | 65 **Nerve:** Nerv | 70 **Was sind wir Menschen!:** Wozu sind wir Menschen im Stande! Was kann mit uns passieren! | 75 **Brach sich ihr Auge wieder:** schlief sie wieder ein

Stürzt auf das Küssen. – Ich, zur Pfort' hinaus!
Und sieh: da kommt Ihr wahrlich! kommt Ihr wahrlich! –
Was Wunder! ihre ganze Seele war
Die Zeit her nur bei Euch – und ihm. –

NATHAN. Bei ihm?
Bei welchem Ihm?

DAJA. Bei ihm, der aus dem Feuer
Sie rettete.

NATHAN. Wer war das? wer? – Wo ist er?
Wer rettete mir meine Recha? wer?

DAJA. Ein junger Tempelherr, den, wenig Tage
Zuvor, man hier gefangen eingebracht,
Und Saladin begnadigt hatte.

NATHAN. Wie?
Ein Tempelherr, dem Sultan Saladin
Das Leben ließ? Durch ein geringres Wunder
War Recha nicht zu retten? Gott!

DAJA. Ohn ihn,
Der seinen unvermuteten Gewinst
Frisch wieder wagte, war es aus mit ihr.

NATHAN. Wo ist er, Daja, dieser edle Mann? –
Wo ist er? Führe mich zu seinen Füßen.
Ihr gabt ihm doch vors Erste, was an Schätzen
Ich euch gelassen hatte? gabt ihm alles?
Verspracht ihm mehr? weit mehr?

DAJA. Wie konnten wir?

NATHAN. Nicht? nicht?

DAJA. Er kam, und niemand weiß woher.
Er ging, und niemand weiß wohin. – Ohn alle
Des Hauses Kundschaft, nur von seinem Ohr
Geleitet, drang, mit vorgespreiztem Mantel,
Er kühn durch Flamm' und Rauch der Stimme nach,
Die uns um Hülfe rief. Schon hielten wir
Ihn für verloren, als aus Rauch und Flamme
Mit eins er vor uns stand, im starken Arm
Empor sie tragend. Kalt und ungerührt

77 **Küssen:** Kissen | 77 **Pfort':** Pforte: Tür | 85 **eingebracht:** hineingebracht, hergebracht | 90 **Gewinnst:** Gewinn | 94 **vors Erste:** fürs Erste | 98 f. **Ohn alle / Des Hauses Kundschaft:** ohne Kenntnis des Aufbaus des Hauses | 102 **Hülfe:** Hilfe | 104 **Mit eins:** mit einem Mal

Vom Jauchzen unsers Danks, setzt seine Beute
Er nieder, drängt sich unters Volk und ist –
Verschwunden!
NATHAN. Nicht auf immer, will ich hoffen.
DAJA. Nachher die ersten Tage sahen wir
Ihn untern Palmen auf und nieder wandeln,
Die dort des Auferstandnen Grab umschatten.
Ich nahte mich ihm mit Entzücken, dankte,
Erhob, entbot, beschwor, – nur einmal noch
Die fromme Kreatur zu sehen, die
Nicht ruhen könne, bis sie ihren Dank
Zu seinen Füßen ausgeweinet.
NATHAN. Nun?
DAJA. Umsonst! Er war zu unsrer Bitte taub;
Und goss so bittern Spott auf mich besonders …
NATHAN. Bis dadurch abgeschreckt …
DAJA. Nichts weniger!
Ich trat ihn jeden Tag von neuem an;
Ließ jeden Tag von neuem mich verhöhnen.
Was litt ich nicht von ihm! Was hätt ich nicht
Noch gern ertragen! – Aber lange schon
Kommt er nicht mehr, die Palmen zu besuchen,
Die unsers Auferstandnen Grab umschatten;
Und niemand weiß, wo er geblieben ist. –
Ihr staunt? Ihr sinnt?
NATHAN. Ich überdenke mir,
Was das auf einen Geist, wie Rechas, wohl
Für Eindruck machen muss. Sich so verschmäht
Von dem zu finden, den man hochzuschätzen
Sich so gezwungen fühlt; so weggestoßen,
Und doch so angezogen werden; – Traun,
Da müssen Herz und Kopf sich lange zanken,
Ob Menschenhass, ob Schwermut siegen soll.
Oft siegt auch keines; und die Phantasie,
Die in den Streit sich mengt, macht Schwärmer,
Bei welchen bald der Kopf das Herz, und bald

111 **des Auferstandnen:** Jesus Christus' | 113 **entbot:** bot an | 120 **trat ihn … an:** trat an ihn heran (um ihn um etwas zu bitten) | 132 **Traun:** wahrhaftig, fürwahr

Das Herz den Kopf muss spielen. – Schlimmer Tausch! –
Das Letztere, verkenn ich Recha nicht,
Ist Rechas Fall: sie schwärmt.
DAJA. Allein so fromm,
So liebenswürdig!
NATHAN. Ist doch auch geschwärmt!
DAJA. Vornehmlich Eine – Grille, wenn Ihr wollt,
Ist ihr sehr wert. Es sei ihr Tempelherr
Kein irdischer und keines irdischen;
Der Engel einer, deren Schutze sich
Ihr kleines Herz, von Kindheit auf, so gern
Vertrauet glaubte, sei aus seiner Wolke,
In die er sonst verhüllt, auch noch im Feuer,
Um sie geschwebt, mit eins als Tempelherr
Hervorgetreten. – Lächelt nicht! – Wer weiß?
Lasst lächelnd wenigstens ihr einen Wahn,
In dem sich Jud' und Christ und Muselmann
Vereinigen; – so einen süßen Wahn!
NATHAN. Auch mir so süß! – Geh, wackre Daja, geh;
Sieh, was sie macht; ob ich sie sprechen kann. –
Sodann such ich den wilden, launigen
Schutzengel auf. Und wenn ihm noch beliebt,
Hiernieden unter uns zu wallen; noch
Beliebt, so ungesittet Ritterschaft
Zu treiben: find ich ihn gewiss; und bring
Ihn her.
DAJA. Ihr unternehmet viel.
NATHAN. Macht dann
Der süße Wahn der süßern Wahrheit Platz: –
Denn, Daja, glaube mir; dem Menschen ist
Ein Mensch noch immer lieber, als ein Engel –
So wirst du doch auf mich, auf mich nicht zürnen,
Die Engelschwärmerin geheilt zu sehn?
DAJA. Ihr seid so gut, und seid zugleich so schlimm!
Ich geh! – Doch hört! doch seht! – Da kommt sie selbst.

139 **verkenn ich Recha nicht:** kenne ich Recha richtig | 142 **Grille:** sonderbarer Einfall, fixe Idee; Laune | 152 **Muselmann:** Muslim; von (arab.) *muslim* (Bekenner des Islam), (pers.) *musliman* | 156 **launigen:** launischen | 157 **wenn ihm noch beliebt:** wenn er noch will | 158 **Hiernieden:** hier auf der Erde (im Gegensatz zum Himmel) | 158 **wallen:** gehen, wandeln, wallfahren

Zweiter Auftritt

RECHA *und die* VORIGEN.

RECHA. So seid Ihr es doch ganz und gar, mein Vater?
Ich glaubt, Ihr hättet Eure Stimme nur
Vorausgeschickt. Wo bleibt Ihr? Was für Berge,
Für Wüsten, was für Ströme trennen uns
Denn noch? Ihr atmet Wand an Wand mit ihr,
Und eilt nicht, Eure Recha zu umarmen?
Die arme Recha, die indes verbrannte! –
Fast, fast verbrannte! Fast nur. Schaudert nicht!
Es ist ein garst'ger Tod, verbrennen. O!
NATHAN. Mein Kind! mein liebes Kind!
RECHA. Ihr musstet über
Den Euphrat, Tigris, Jordan; über – wer
Weiß was für Wasser all? – Wie oft hab ich
Um Euch gezittert, eh das Feuer mir
So nahe kam! Denn seit das Feuer mir
So nahe kam: dünkt mich im Wasser sterben
Erquickung, Labsal, Rettung. – Doch Ihr seid
Ja nicht ertrunken: ich, ich bin ja nicht
Verbrannt. Wie wollen wir uns freun, und Gott,
Gott loben! Er, er trug Euch und den Nachen
Auf Flügeln seiner unsichtbaren Engel
Die ungetreuen Ström' hinüber. Er,
Er winkte meinem Engel, dass er sichtbar
Auf seinem weißen Fittiche, mich durch
Das Feuer trüge –
NATHAN. (Weißem Fittiche!
Ja, ja! der weiße vorgespreizte Mantel
Des Tempelherrn.)
RECHA. Er sichtbar, sichtbar mich
Durchs Feuer trüg, von seinem Fittiche
Verweht. – Ich also, ich hab einen Engel
Von Angesicht zu Angesicht gesehn;
Und meinen Engel.

175 **indes:** inzwischen | 179 **Euphrat, Tigris, Jordan:** große Flüsse in Vorderasien | 183 **dünkt mich:** scheint mir | 184 **Labsal:** Linderung, Erfrischung | 187 **Nachen:** kleines Boot, Kahn | 189 **ungetreuen:** unsicheren, unbeständigen | 191 **Fittiche:** Flügel | 195 f. **von seinem Fittiche / Verweht:** von seinem Flügelschlag gelöscht

NATHAN. Recha wär es wert;
Und würd an ihm nichts Schönres sehn, als er
An ihr.
RECHA *(lächelnd).*
Wem schmeichelt Ihr, mein Vater? wem?
Dem Engel, oder Euch?
NATHAN. Doch hätt auch nur
Ein Mensch – ein Mensch, wie die Natur sie täglich
Gewährt, dir diesen Dienst erzeigt; er müsste
Für dich ein Engel sein. Er müsst und würde.
RECHA. Nicht so ein Engel; nein! ein wirklicher;
Es war gewiss ein wirklicher! – Habt Ihr,
Ihr selbst die Möglichkeit, dass Engel sind,
Dass Gott zum Besten derer, die ihn lieben,
Auch Wunder könne tun, mich nicht gelehrt?
Ich lieb ihn ja.
NATHAN. Und er liebt dich; und tut
Für dich, und deinesgleichen, stündlich Wunder;
Ja, hat sie schon von aller Ewigkeit
Für euch getan.
RECHA. Das hör ich gern.
NATHAN. Wie? weil
Es ganz natürlich, ganz alltäglich klänge,
Wenn dich ein eigentlicher Tempelherr
Gerettet hätte: sollt es darum weniger
Ein Wunder sein? – Der Wunder höchstes ist,
Dass uns die wahren, echten Wunder so
Alltäglich werden können, werden sollen.
Ohn dieses allgemeine Wunder, hätte
Ein Denkender wohl schwerlich Wunder je
Genannt, was Kindern bloß so heißen müsste,
Die gaffend nur das Ungewöhnlichste,
Das Neuste nur verfolgen.
DAJA *(zu Nathan).* Wollt Ihr denn
Ihr ohnedem schon überspanntes Hirn
Durch solcherlei Subtilitäten ganz
Zersprengen?

215 **eigentlicher:** wirklicher, richtiger | 223 **gaffend:** erstaunt anstarrend | 226 **Subtilitäten:** Spitzfindigkeiten

NATHAN. Lass mich! – Meiner Recha wär
Es Wunders nicht genug, dass sie ein *Mensch*
Gerettet, welchen selbst kein kleines Wunder
Erst retten müssen? Ja, kein kleines Wunder!
Denn wer hat schon gehört, dass Saladin
Je eines Tempelherrn verschont? dass je
Ein Tempelherr von ihm verschont zu werden
Verlangt? gehofft? ihm je für seine Freiheit
Mehr als den ledern Gurt geboten, der
Sein Eisen schleppt; und höchstens seinen Dolch?
RECHA. Das schließt für mich, mein Vater. – Darum eben
War das kein Tempelherr; er schien es nur. –
Kömmt kein gefangner Tempelherr je anders
Als zum gewissen Tode nach Jerusalem;
Geht keiner in Jerusalem so frei
Umher: wie hätte mich des Nachts freiwillig
Denn einer retten können?
NATHAN. Sieh! wie sinnreich.
Jetzt, Daja, nimm das Wort. Ich hab es ja
Von dir, dass er gefangen hergeschickt
Ist worden. Ohne Zweifel weißt du mehr.
DAJA. Nun ja. – So sagt man freilich; – doch man sagt
Zugleich, dass Saladin den Tempelherrn
Begnadigt, weil er seiner Brüder einem,
Den er besonders lieb gehabt, so ähnlich sehe.
Doch da es viele zwanzig Jahre her,
Dass dieser Bruder nicht mehr lebt, – er hieß,
Ich weiß nicht wie; – er blieb, ich weiß nicht wo: –
So klingt das ja so gar – so gar unglaublich,
Dass an der ganzen Sache wohl nichts ist.
NATHAN. Ei, Daja! Warum wäre denn das so
Unglaublich? Doch wohl nicht – wie's wohl geschieht –
Um lieber etwas noch Unglaublichers
Zu glauben? – Warum hätte Saladin,
Der sein Geschwister insgesamt so liebt,
In jüngern Jahren einen Bruder nicht

230 **Erst retten müssen:** erst hat retten müssen | 235 **ledern Gurt:** Wehrgehänge; lederner Gurt, an den man die Waffe hängt | 236 **Eisen:** Schwert | 237 **Das schließt für mich:** das ist für mich schlüssig | 239 **Kömmt:** kommt | 240 **gewissen:** sicheren | 260 **sein:** seine

Noch ganz besonders lieben können? – Pflegen
Sich zwei Gesichter nicht zu ähneln? – Ist
Ein alter Eindruck ein verlorner? – Wirkt
Das Nämliche nicht mehr das Nämliche?
Seit wenn? – Wo steckt hier das Unglaubliche? –
Ei freilich, weise Daja, wär's für dich
Kein Wunder mehr; und *deine* Wunder nur
Bedürf … verdienen, will ich sagen, Glauben.

DAJA. Ihr spottet.

NATHAN. Weil du meiner spottest. – Doch
Auch so noch, Recha, bleibet deine Rettung
Ein Wunder, dem nur möglich, der die strengsten
Entschlüsse, die unbändigsten Entwürfe
Der Könige, sein Spiel – wenn nicht sein Spott –
Gern an den schwächsten Fäden lenkt.

RECHA. Mein Vater!
Mein Vater, wenn ich irr, Ihr wisst, ich irre
Nicht gern.

NATHAN. Vielmehr, du lässt dich gern belehren. –
Sieh! eine Stirn, so oder so gewölbt;
Der Rücken einer Nase, so vielmehr
Als so geführet; Augenbraunen, die
Auf einem scharfen oder stumpfen Knochen
So oder so sich schlängeln; eine Linie,
Ein Bug, ein Winkel, eine Falt', ein Mal,
Ein Nichts, auf eines wilden Europäers
Gesicht: – und du entkömmst dem Feu'r, in Asien!
Das wär kein Wunder, wundersücht'ges Volk?
Warum bemüht ihr denn noch einen Engel?

DAJA. Was schadet's – Nathan, wenn ich sprechen darf –
Bei alledem, von einem Engel lieber
Als einem Menschen sich gerettet denken?
Fühlt man der ersten unbegreiflichen
Ursache seiner Rettung nicht sich so
Viel näher?

NATHAN. Stolz! und nichts als Stolz! Der Topf

265 das Nämliche: dasselbe | **266 Seit wenn:** seit wann | **268 f. nur / Bedürf …:** nur Bedürfnis, nur Wunschvorstellungen | **273 unbändigsten:** wildesten | **280 Augenbraunen:** Augenbrauen | **283 Bug:** Krümmung, Bogen | **285 entkömmst:** entkommst

Von Eisen will mit einer silbern Zange
Gern aus der Glut gehoben sein, um selbst
Ein Topf von Silber sich zu dünken. – Pah! –
Und was es schadet, fragst du? was es schadet?
Was hilft es? dürft ich nur hinwieder fragen. –
Denn dein »Sich Gott um so viel näher fühlen«,
Ist Unsinn oder Gotteslästerung. –
Allein es schadet; ja, es schadet allerdings. –
Kommt! hört mir zu. – Nicht wahr? dem Wesen, das
Dich rettete, – es sei ein Engel oder
Ein Mensch, – dem möchtet ihr, und du besonders,
Gern wieder viele große Dienste tun? –
Nicht wahr? – Nun, einem Engel, was für Dienste,
Für große Dienste könnt ihr dem wohl tun?
Ihr könnt ihm danken; zu ihm seufzen, beten;
Könnt in Entzückung über ihn zerschmelzen;
Könnt an dem Tage seiner Feier fasten,
Almosen spenden. – Alles nichts. – Denn mich
Deucht immer, dass ihr selbst und euer Nächster
Hierbei weit mehr gewinnt, als er. Er wird
Nicht fett durch euer Fasten; wird nicht reich
Durch eure Spenden; wird nicht herrlicher
Durch eu'r Entzücken; wird nicht mächtiger
Durch eu'r Vertraun. Nicht wahr? Allein ein Mensch!

DAJA. Ei freilich hätt ein Mensch, etwas für ihn
Zu t u n , uns mehr Gelegenheit verschafft.
Und Gott weiß, wie bereit wir dazu waren!
Allein er wollte ja, bedurfte ja
So völlig nichts; war in sich, mit sich so
Vergnügsam, als nur Engel sind, nur Engel
Sein können.

RECHA. Endlich, als er gar verschwand …

NATHAN. Verschwand? – Wie denn verschwand? – Sich untern Palmen
Nicht ferner sehen ließ? – Wie? oder habt
Ihr wirklich schon ihn weiter aufgesucht?

310 Tage seiner Feier: Gedenktag | **311 Almosen:** Wohltat, milde Gabe | **311 f. mich / Deucht:** mir scheint | **323 Vergnügsam:** genügsam, zufrieden

DAJA. Das nun wohl nicht.
NATHAN. Nicht, Daja? nicht? – Da sieh
Nun was es schad't! – Grausame Schwärmerinnen! –
Wenn dieser Engel nun – nun krank geworden! …
RECHA. Krank!
DAJA. Krank! Er wird doch nicht!
RECHA. Welch kalter Schauer
Befällt mich! – Daja! – Meine Stirne, sonst
So warm, fühl! ist auf einmal Eis.
NATHAN. Er ist
Ein Franke, dieses Klimas ungewohnt;
Ist jung; der harten Arbeit seines Standes,
Des Hungerns, Wachens ungewohnt.
RECHA. Krank! krank!
DAJA. Das wäre möglich, meint ja Nathan nur.
NATHAN. Nun liegt er da! hat weder Freund, noch Geld
Sich Freunde zu besolden.
RECHA. Ah, mein Vater!
NATHAN. Liegt ohne Wartung, ohne Rat und Zusprach,
Ein Raub der Schmerzen und des Todes da!
RECHA. Wo? wo?
NATHAN. Er, der für eine, die er nie
Gekannt, gesehn – genug, es war ein Mensch –
Ins Feu'r sich stürzte …
DAJA. Nathan, schonet ihrer!
NATHAN. Der, was er rettete, nicht näher kennen,
Nicht weiter sehen mocht, – um ihm den Dank
Zu sparen …
DAJA. Schonet ihrer, Nathan!
NATHAN. Weiter
Auch nicht zu sehn verlangt', – es wäre denn,
Dass er zum zweiten Mal es retten sollte –
Denn g'nug, es ist ein Mensch …
DAJA. Hört auf, und seht!
NATHAN. Der, der hat sterbend sich zu laben, nichts –
Als das Bewusstsein dieser Tat!

334 **Ein Franke:** seit dem ersten Kreuzzug (1096–99), der von Frankreich ausging, wurden im vorderen Orient alle europäischen Christen »Franken« genannt | 339 **besolden:** bezahlen | 340 **Wartung:** hier: Pflege, Versorgung | 344 **schonet ihrer!:** verschont sie! | 351 **laben:** stärken, erfrischen

DAJA. Hört auf!
Ihr tötet sie!
NATHAN. Und du hast ihn getötet! –
Hättst so ihn töten können. – Recha! Recha!
Es ist Arznei, nicht Gift, was ich dir reiche.
Er lebt! – komm zu dir! – ist auch wohl nicht krank;
Nicht einmal krank!
RECHA. Gewiss? – nicht tot? nicht krank?
NATHAN. Gewiss, nicht tot! – Denn Gott lohnt Gutes, hier
Getan, auch hier noch. – Geh! – Begreifst du aber,
Wie viel a n d ä c h t i g s c h w ä r m e n leichter, als
G u t h a n d e l n ist? wie gern der schlaffste Mensch
Andächtig schwärmt, um nur, – ist er zuzeiten
Sich schon der Absicht deutlich nicht bewusst –
Um nur gut handeln nicht zu dürfen?
RECHA. Ah,
Mein Vater! lasst, lasst Eure Recha doch
Nie wiederum allein! – Nicht wahr, er kann
Auch wohl verreist nur sein? –
NATHAN. Geht! – Allerdings. –
Ich seh, dort mustert mit neugier'gem Blick
Ein Muselmann mir die beladenen
Kamele. Kennt ihr ihn?
DAJA. Ha! Euer Derwisch.
NATHAN. Wer?
DAJA. Euer Derwisch; Euer Schachgesell!
NATHAN. Al-Hafi? das Al-Hafi?
DAJA. Itzt des Sultans
Schatzmeister.
NATHAN. Wie? Al-Hafi? Träumst du wieder? –
Er ist's! – wahrhaftig, ist's! – kömmt auf uns zu.
Hinein mit Euch, geschwind! – Was werd ich hören!

364 **dürfen:** brauchen, müssen | 369 **Muselmann:** (pers.) Musilman, Muselmane, Muslim | 371 **Schachgesell:** Gegner im Schachspiel | 372 **Itzt:** jetzt

Dritter Auftritt

NATHAN *und der* DERWISCH.

DERWISCH. Reißt nur die Augen auf, so weit Ihr könnt!
NATHAN. Bist du's? bist du es nicht? – In dieser Pracht,
Ein Derwisch! …
DERWISCH. Nun? warum denn nicht? Lässt sich
Aus einem Derwisch denn nichts, gar nichts machen?
NATHAN. Ei wohl, genug! – Ich dachte mir nur immer,
Der Derwisch – so der rechte Derwisch – woll'
Aus sich nichts machen lassen.
DERWISCH. Beim Propheten!
Dass ich kein rechter bin, mag auch wohl wahr sein.
Zwar wenn man muss –
NATHAN. Muss! Derwisch! – Derwisch muss?
Kein Mensch muss müssen, und ein Derwisch müsste?
Was müsst er denn?
DERWISCH. Warum man ihn recht bittet,
Und er für gut erkennt: das muss ein Derwisch.
NATHAN. Bei unserm Gott! da sagst du wahr. – Lass dich
Umarmen, Mensch. – Du bist doch noch mein Freund?
DERWISCH. Und fragt nicht erst, was ich geworden bin?
NATHAN. Trotz dem, was du geworden!
DERWISCH. Könnt ich nicht
Ein Kerl im Staat geworden sein, des Freundschaft
Euch ungelegen wäre?
NATHAN. Wenn dein Herz
Noch Derwisch ist, so wag ich's drauf. Der Kerl
Im Staat, ist nur dein Kleid.
DERWISCH. Das auch geehrt
Will sein. – Was meint Ihr? ratet! – Was wär ich
An Eurem Hofe?
NATHAN. Derwisch; weiter nichts.
Doch nebenher, wahrscheinlich – Koch.
DERWISCH. Nun ja!

382 **Beim Propheten!:** Bei Mohammed! Vergleichbar mit: Bei Gott! | 386 **Warum:** worum | 392 **des:** dessen | 394 **so wag ich's drauf:** so stehe ich dazu, so riskiere ich es | 395 **Kleid:** hier: Verkleidung

Mein Handwerk bei Euch zu verlernen. – Koch!
Nicht Kellner auch? Gesteht, dass Saladin
Mich besser kennt. – Schatzmeister bin ich bei
Ihm worden.

NATHAN. Du? – bei ihm?

DERWISCH. Versteht:
Des kleinern Schatzes, – denn des größern waltet
Sein Vater noch – des Schatzes für sein Haus.

NATHAN. Sein Haus ist groß.

DERWISCH. Und größer, als Ihr glaubt;
Denn jeder Bettler ist von seinem Hause.

NATHAN. Doch ist den Bettlern Saladin so feind –

DERWISCH. Dass er mit Strumpf und Stiel sie zu vertilgen
Sich vorgesetzt, – und sollt er selbst darüber
Zum Bettler werden.

NATHAN. Brav! – So mein ich's eben.

DERWISCH.
Er ist's auch schon, trotz einem! – Denn sein Schatz
Ist jeden Tag mit Sonnenuntergang
Viel leerer noch, als leer. Die Flut, so hoch
Sie morgens eintritt, ist des Mittags längst
Verlaufen –

NATHAN. Weil Kanäle sie zum Teil
Verschlingen, die zu füllen oder zu
Verstopfen, gleich unmöglich ist.

DERWISCH. Getroffen!

NATHAN. Ich kenne das!

DERWISCH. Es taugt nun freilich nichts,
Wenn Fürsten Geier unter Äsern sind.
Doch sind sie Äser unter Geiern, taugt's
Noch zehnmal weniger.

NATHAN. O nicht doch, Derwisch!
Nicht doch!

DERWISCH. Ihr habt gut reden, Ihr! – Kommt an:
Was gebt Ihr mir? so tret ich meine Stell'
Euch ab.

400 **Kellner:** Kellermeister, Verwalter des Weinkellers | 402 **worden:** geworden | 406 **jeder Bettler ist von seinem Hause:** jeder Bettler wird so angesehen, behandelt und bewirtet, als gehöre er zu seinem Hause | 408 **mit Strumpf und Stiel:** (sprichwörtl.) ganz und gar | 409 **vorgesetzt:** vorgenommen hat | 411 **trotz einem!:** so gut wie einer! | 419 **Äsern:** Plural von Aas | 422 **Kommt an:** kommt her, sagt mir

NATHAN. Was bringt dir deine Stelle?
DERWISCH. Mir?
Nicht viel. Doch Euch, Euch kann sie trefflich wuchern.
Denn ist es Ebb' im Schatz, – wie öfters ist, –
So zieht Ihr Eure Schleusen auf: schießt vor,
Und nehmt an Zinsen, was Euch nur gefällt.
NATHAN. Auch Zins vom Zins der Zinsen?
DERWISCH. Freilich!
NATHAN. Bis
Mein Kapital zu lauter Zinsen wird.
DERWISCH. Das lockt Euch nicht? – So schreibet unsrer Freundschaft
Nur gleich den Scheidebrief! Denn wahrlich hab
Ich sehr auf Euch gerechnet.
NATHAN. Wahrlich? Wie
Denn so? wieso denn?
DERWISCH. Dass Ihr mir mein Amt
Mit Ehren würdet führen helfen; dass
Ich allzeit offne Kasse bei Euch hätte. –
Ihr schüttelt?
NATHAN. Nun, verstehn wir uns nur recht!
Hier gibt's zu unterscheiden. – Du? warum
Nicht du? Al-Hafi Derwisch ist zu allem,
Was ich vermag, mir stets willkommen. – Aber
Al-Hafi Defterdar des Saladin,
Der – dem –
DERWISCH. Erriet ich's nicht? Dass Ihr doch immer
So gut als klug, so klug als weise seid? –
Geduld! Was Ihr am Hafi unterscheidet,
Soll bald geschieden wieder sein. – Seht da
Das Ehrenkleid, das Saladin mir gab.
Eh es verschossen ist, eh es zu Lumpen
Geworden, wie sie einen Derwisch kleiden,
Hängt's in Jerusalem am Nagel, und
Ich bin am Ganges, wo ich leicht und barfuß
Den heißen Sand mit meinen Lehrern trete.

425 **wuchern:** etwas einbringen, Zinsen bringen | 426 **Ebb' im Schatz:** Ebbe im Staatshaushalt; es ist kein Geld vorhanden | 432 **Scheidebrief:** Scheidungsurkunde, Kündigung | 437 **Ihr schüttelt?:** Ihr schüttelt den Kopf? | 441 **Defterdar:** (pers.) Schatzmeister | 447 **verschossen:** ausgebleicht | 450 **Ganges:** heiliger Strom der Inder

NATHAN. Dir ähnlich g'nug!
DERWISCH. Und Schach mit ihnen spiele.
NATHAN. Dein höchstes Gut!
DERWISCH. Denkt nur, was mich verführte! –
Damit ich selbst nicht länger betteln dürfte?
Den reichen Mann mit Bettlern spielen könnte?
Vermögend wär im Hui den reichsten Bettler
In einen armen Reichen zu verwandeln?
NATHAN. Das nun wohl nicht.
DERWISCH. Weit etwas Abgeschmackters!
Ich fühlte mich zum ersten Mal geschmeichelt;
Durch Saladins gutherz'gen Wahn geschmeichelt –
NATHAN. Der war?
DERWISCH. »Ein Bettler wisse nur, wie Bettlern
Zumute sei; ein Bettler habe nur
Gelernt, mit guter Weise Bettlern geben.
Dein Vorfahr, sprach er, war mir viel zu kalt,
Zu rau. Er gab so unhold, wenn er gab;
Erkundigte so ungestüm sich erst
Nach dem Empfänger; nie zufrieden, dass
Er nur den Mangel kenne, wollt er auch
Des Mangels Ursach' wissen, um die Gabe
Nach dieser Ursach' filzig abzuwägen.
Das wird Al-Hafi nicht! So unmild mild
Wird Saladin im Hafi nicht erscheinen!
Al-Hafi gleich verstopften Röhren nicht,
Die ihre klar und still empfangnen Wasser
So unrein und so sprudelnd wiedergeben.
Al-Hafi denkt; Al-Hafi fühlt wie ich!« –
So lieblich klang des Voglers Pfeife, bis
Der Gimpel in dem Netze war. – Ich Geck!
Ich eines Gecken Geck!
NATHAN. Gemach, mein Derwisch,
Gemach!
DERWISCH. Ei was! – Es wär nicht Geckerei,
Bei Hunderttausenden die Menschen drücken,

456 **im Hui:** augenblicklich | 458 **Weit etwas Abgeschmackters:** etwas weit Geschmackloseres | 464 **Vorfahr:** Vorgänger | 465 **unhold:** widerwillig | 470 **filzig:** geizig | 477 **des Voglers Pfeife:** Lockpfeife des Vogelfängers | 478 **Gimpel:** Vogelart (Dompfaff); hier: leichtgläubiger, einfältiger Mensch | 478 **Geck:** Narr, eitler Mensch | 479 **Gemach:** nur mit der Ruhe | 481 **Bei Hunderttausenden:** zu Hunderttausenden

Ausmergeln, plündern, martern, würgen; und
Ein Menschenfreund an Einzeln scheinen wollen?
Es wär nicht Geckerei, des Höchsten Milde,
Die sonder Auswahl über Bös' und Gute
Und Flur und Wüstenei, in Sonnenschein
Und Regen sich verbreitet, – nachzuäffen,
Und nicht des Höchsten immer volle Hand
Zu haben? Was? es wär nicht Geckerei ...

NATHAN. Genug! hör auf!

DERWISCH. Lasst meiner Geckerei
Mich doch nur auch erwähnen! – Was? es wäre
Nicht Geckerei, an solchen Geckereien
Die gute Seite dennoch auszuspüren,
Um Anteil, dieser guten Seite wegen,
An dieser Geckerei zu nehmen? He?
Das nicht?

NATHAN. Al-Hafi, mache, dass du bald
In deine Wüste wieder kömmst. Ich fürchte,
Grad unter Menschen möchtest du ein Mensch
Zu sein verlernen.

DERWISCH. Recht, das fürcht ich auch.
Lebt wohl!

NATHAN. So hastig? – Warte doch, Al-Hafi.
Entläuft dir denn die Wüste? – Warte doch! –
Dass er mich hörte! – He, Al-Hafi! hier! –
Weg ist er; und ich hätt ihn noch so gern
Nach unserm Tempelherrn gefragt. Vermutlich,
Dass er ihn kennt.

Vierter Auftritt

DAJA *eilig herbei.* NATHAN.

DAJA. O Nathan, Nathan!

NATHAN. Nun?
Was gibt's?

482 Ausmergeln: entkräften, das Mark auszehren | **485 sonder:** ohne | **486 Flur:** Felder | **486 Wüstenei:** Einöde, Wüste | **498 möchtest du:** wirst du vermutlich

DAJA. Er lässt sich wieder sehn! Er lässt
Sich wieder sehn!
NATHAN. Wer, Daja? wer?
DAJA. Er! er!
NATHAN. Er? Er? – Wann lässt sich der nicht sehn! – Ja so,
Nur euer Er heißt er. – Das sollt er nicht!
Und wenn er auch ein Engel wäre, nicht!
DAJA. Er wandelt untern Palmen wieder auf
Und ab; und bricht von Zeit zu Zeit sich Datteln.
NATHAN. Sie essend? – und als Tempelherr?
DAJA. Was quält
Ihr mich? – Ihr gierig Aug' erriet ihn hinter
Den dicht verschränkten Palmen schon; und folgt
Ihm unverrückt. Sie lässt Euch bitten, – Euch
Beschwören, – ungesäumt ihn anzugehn.
O eilt! Sie wird Euch aus dem Fenster winken,
Ob er hinaufgeht oder weiter ab
Sich schlägt. O eilt!
NATHAN. So wie ich vom Kamele
Gestiegen? – Schickt sich das? – Geh, eile du
Ihm zu; und meld ihm meine Wiederkunft.
Gib acht, der Biedermann hat nur mein Haus
In meinem Absein nicht betreten wollen;
Und kömmt nicht ungern, wenn der Vater selbst
Ihn laden lässt. Geh, sag, ich lass ihn bitten,
Ihn herzlich bitten …
DAJA. All umsonst! Er kömmt
Euch nicht. – Denn kurz; er kömmt zu keinem Juden.
NATHAN. So geh, geh wenigstens ihn anzuhalten;
Ihn wenigstens mit deinen Augen zu
Begleiten. – Geh, ich komme gleich dir nach.
(Nathan eilet hinein, und Daja heraus.)

516 **unverrückt:** beständig, dauerhaft | 517 **ungesäumt ihn anzugehn:** sich ohne Verzögerung an ihn zu wenden | 519 f. **ab / Sich schlägt:** weggeht | 523 **Biedermann:** Ehrenmann | 524 **Absein:** Abwesenheit | 527 f. **Er kömmt / Euch nicht:** er kommt nicht zu Euch

Fünfter Auftritt

Szene: ein Platz mit Palmen,
unter welchen der TEMPELHERR *auf und nieder geht. Ein* KLOSTERBRUDER *folgt ihm in einiger Entfernung von der Seite, immer als ob er ihn anreden wolle.*

TEMPELHERR.
Der folgt mir nicht vor langer Weile! – Sieh,
Wie schielt er nach den Händen! – Guter Bruder, …
Ich kann Euch auch wohl Vater nennen; nicht?
KLOSTERBRUDER.
Nur Bruder – Laienbruder nur; zu dienen.
TEMPELHERR. Ja, guter Bruder, wer nur selbst was hätte!
Bei Gott! bei Gott! ich habe nichts –
KLOSTERBRUDER. Und doch
Recht warmen Dank! Gott geb' Euch tausendfach,
Was Ihr gern geben wolltet. Denn der Wille
Und nicht die Gabe macht den Geber. – Auch
Ward ich dem Herrn Almosens wegen gar
Nicht nachgeschickt.
TEMPELHERR. Doch aber nachgeschickt?
KLOSTERBRUDER. Ja; aus dem Kloster.
TEMPELHERR. Wo ich eben jetzt
Ein kleines Pilgermahl zu finden hoffte?
KLOSTERBRUDER.
Die Tische waren schon besetzt; komm' aber
Der Herr nur wieder mit zurück.
TEMPELHERR. Wozu?
Ich habe Fleisch wohl lange nicht gegessen:
Allein was tut's? Die Datteln sind ja reif.
KLOSTERBRUDER.
Nehm' sich der Herr in Acht mit dieser Frucht.
Zu viel genossen taugt sie nicht; verstopft
Die Milz; macht melancholisches Geblüt.
TEMPELHERR.
Wenn ich nun melancholisch gern mich fühlte? –

532 **vor langer Weile:** aus Langeweile | 533 **Bruder:** Frater, Laienbruder ohne Priesterweihe | 534 **Vater:** Pater, Mönch, Ordenspriester | 541 **Ward:** wurde

Doch dieser Warnung wegen wurdet Ihr
Mir doch nicht nachgeschickt?
KLOSTERBRUDER. O nein! – Ich soll
Mich nur nach Euch erkunden; auf den Zahn
Euch fühlen.
TEMPELHERR. Und das sagt Ihr mir so selbst?
KLOSTERBRUDER. Warum nicht?
TEMPELHERR. (Ein verschmitzter Bruder!) – Hat
Das Kloster Euresgleichen mehr?
KLOSTERBRUDER. Weiß nicht.
Ich muss gehorchen, lieber Herr.
TEMPELHERR. Und da
Gehorcht Ihr denn auch ohne viel zu klügeln?
KLOSTERBRUDER.
Wär's sonst gehorchen, lieber Herr?
TEMPELHERR. (Dass doch
Die Einfalt immer recht behält!) – Ihr dürft
Mir doch auch wohl vertrauen, wer mich gern
Genauer kennen möchte? – Dass Ihr's selbst
Nicht seid, will ich wohl schwören.
KLOSTERBRUDER. Ziemte mir's?
Und frommte mir's?
TEMPELHERR. Wem ziemt und frommt es denn,
Dass er so neubegierig ist? Wem denn?
KLOSTERBRUDER.
Dem Patriarchen; muss ich glauben. – Denn
Der sandte mich Euch nach.
TEMPELHERR. Der Patriarch?
Kennt der das rote Kreuz auf weißem Mantel
Nicht besser?
KLOSTERBRUDER. Kenn ja ich's!
TEMPELHERR. Nun, Bruder? nun? –
Ich bin ein Tempelherr; und ein gefangner. –
Setz ich hinzu: gefangen bei Tebnin,
Der Burg, die mit des Stillstands letzter Stunde
Wir gern erstiegen hätten, um sodann

555 **erkunden:** nachforschen, spionieren | 557 **verschmitzter:** amüsant-hinterhältiger | 560 **zu klügeln:** zu überlegen, zu argumentieren | 563 **vertrauen:** anvertrauen | 565 **Ziemte mir's?:** Wäre das angemessen für mich? | 566 **frommte mir's:** nützte mir's | 567 **neubegierig:** neugierig | 570 **das rote Kreuz auf weißem Mantel:** Kleidung der Ritter des Tempelordens | 574 **Stillstands:** Waffenstillstands

↗ Auf Sidon loszugehn; – setz ich hinzu:
Selbzwanzigster gefangen und allein
Vom Saladin begnadiget: so weiß
Der Patriarch, was er zu wissen braucht; –
Mehr, als er braucht.

KLOSTERBRUDER. Wohl aber schwerlich mehr,
Als er schon weiß. – Er wüsst auch gern, warum
Der Herr vom Saladin begnadigt worden;
Er ganz allein.

TEMPELHERR. Weiß ich das selber? – Schon
Den Hals entblößt, kniet ich auf meinem Mantel,
Den Streich erwartend; als mich schärfer Saladin
Ins Auge fasst, mir näher springt, und winkt.
Man hebt mich auf; ich bin entfesselt; will
Ihm danken; seh sein Aug' in Tränen: stumm
Ist er, bin ich; er geht, ich bleibe. – Wie
Nun das zusammenhängt, enträtsle sich
Der Patriarche selbst.

KLOSTERBRUDER. Er schließt daraus,
Dass Gott zu großen, großen Dingen Euch
Müss' aufbehalten haben.

TEMPELHERR. Ja, zu großen!
Ein Judenmädchen aus dem Feu'r zu retten;
Auf Sinai neugier'ge Pilger zu
Geleiten; und dergleichen mehr.

KLOSTERBRUDER. Wird schon
Noch kommen! – Ist inzwischen auch nicht übel. –
Vielleicht hat selbst der Patriarch bereits
Weit wicht'gere Geschäfte für den Herrn.

TEMPELHERR.
So? meint Ihr, Bruder? – Hat er gar Euch schon
Was merken lassen?

KLOSTERBRUDER. Ei, jawohl! – Ich soll
Den Herrn nur erst ergründen, ob er so
Der Mann wohl ist.

TEMPELHERR. Nun ja; ergründet nur!
(Ich will doch sehn, wie der ergründet!) – Nun?

577 **Selbzwanzigster:** ich selbst als Zwanzigster einer Gruppe | 585 **Streich:** Schlag, Hieb mit einer scharfen Waffe | 587 **entfesselt:** von Fesseln befreit | 593 **aufbehalten:** aufgehoben, aufbewahrt | 600 f. **Hat er … / Was merken lassen?:** Hat er etwas gesagt?

KLOSTERBRUDER.
Das Kürz'ste wird wohl sein, dass ich dem Herrn
Ganz gradezu des Patriarchen Wunsch
Eröffne.
TEMPELHERR. Wohl!
KLOSTERBRUDER. Er hätte durch den Herrn
Ein Briefchen gern bestellt.
TEMPELHERR. Durch mich? Ich bin
Kein Bote. – Das, das wäre das Geschäft,
Das weit glorreicher sei, als Judenmädchen
Dem Feu'r entreißen?
KLOSTERBRUDER. Muss doch wohl! Denn – sagt
Der Patriarch – an diesem Briefchen sei
Der ganzen Christenheit sehr viel gelegen.
Dies Briefchen wohl bestellt zu haben, – sagt
Der Patriarch, – werd einst im Himmel Gott
Mit einer ganz besondern Krone lohnen.
Und dieser Krone, – sagt der Patriarch, –
Sei niemand würd'ger, als mein Herr.
TEMPELHERR. Als ich?
KLOSTERBRUDER. Denn diese Krone zu verdienen, – sagt
Der Patriarch, – sei schwerlich jemand auch
Geschickter, als mein Herr.
TEMPELHERR. Als ich?
KLOSTERBRUDER. Er sei
Hier frei; könn' überall sich hier besehn;
Versteh', wie eine Stadt zu stürmen und
Zu schirmen; könne, – sagt der Patriarch, –
Die Stärk' und Schwäche der von Saladin
Neu aufgeführten, innern, zweiten Mauer
Am besten schätzen, sie am deutlichsten
Den Streitern Gottes, – sagt der Patriarch, –
Beschreiben.
TEMPELHERR. Guter Bruder, wenn ich doch
Nun auch des Briefchens nähern Inhalt wüsste.
KLOSTERBRUDER.
Ja den, – den weiß ich nun wohl nicht so recht.

614 **bestellt:** abgeliefert | 622 **sich hier besehn:** sich hier umsehen | 626 **innern, zweiten Mauer:** in Jerusalem | 628 **Den Streitern Gottes:** den Kreuzrittern

↗ Das Briefchen aber ist an König Philipp. –
Der Patriarch … Ich hab mich oft gewundert,
Wie doch ein Heiliger, der sonst so ganz
Im Himmel lebt, zugleich so unterrichtet
Von Dingen dieser Welt zu sein herab
Sich lassen kann. Es muss ihm sauer werden.

TEMPELHERR. Nun dann? der Patriarch? –

KLOSTERBRUDER. Weiß ganz genau,
Ganz zuverlässig, wie und wo, wie stark,
Von welcher Seite Saladin, im Fall
Es völlig wieder losgeht, seinen Feldzug
Eröffnen wird.

TEMPELHERR. Das weiß er?

KLOSTERBRUDER. Ja, und möcht
Es gern dem König Philipp wissen lassen:
Damit der ungefähr ermessen könne,
Ob die Gefahr denn gar so schrecklich, um
Mit Saladin den Waffenstillestand,
Den Euer Orden schon so brav gebrochen,
Es koste was es wolle, wiederher-
Zustellen.

TEMPELHERR. Welch ein Patriarch! – Ja so!
Der liebe tapfre Mann will mich zu keinem
Gemeinen Boten; will mich – zum Spion. –
Sagt Euerm Patriarchen, guter Bruder,
So viel Ihr mich ergründen können, wär
Das meine Sache nicht. – Ich müsse mich
Noch als Gefangenen betrachten; und
Der Tempelherren einziger Beruf
Sei mit dem Schwerte dreinzuschlagen, nicht
Kundschafterei zu treiben.

KLOSTERBRUDER. Dacht ich's doch! –
Will's auch dem Herrn nicht eben sehr verübeln. –
Zwar kömmt das Beste noch. – Der Patriarch
Hiernächst hat ausgegattert, wie die Veste
Sich nennt, und wo auf Libanon sie liegt,

632 **König Philipp:** Philipp II. (1165–1223) von Frankreich | 637 **sauer:** ärgerlich, nervig | 638 **Nun dann?:** Nun also? | 640 f. **im Fall / Es:** im Fall, dass es, falls es | 647 **brav:** tapfer, tüchtig | 658 **Kundschafterei:** Spionage | 661 **Hiernächst:** als Nächstes | 661 **ausgegattert:** herausgefunden | 661 **Veste:** Festung, Burg

In der die ungeheuern Summen stecken,
Mit welchen Saladins vorsicht'ger Vater
Das Heer besoldet, und die Zurüstungen
Des Kriegs bestreitet. Saladin verfügt
Von Zeit zu Zeit auf abgelegnen Wegen
Nach dieser Veste sich, nur kaum begleitet. –
Ihr merkt doch?

TEMPELHERR. Nimmermehr!

KLOSTERBRUDER. Was wäre da
Wohl leichter, als des Saladins sich zu
Bemächtigen? den Garaus ihm zu machen? –
Ihr schaudert? – O es haben schon ein paar
Gottsfürcht'ge Maroniten sich erboten,
Wenn nur ein wackrer Mann sie führen wolle,
Das Stück zu wagen.

TEMPELHERR. Und der Patriarch
Hätt auch zu diesem wackern Manne mich
Ersehn?

KLOSTERBRUDER. Er glaubt, dass König Philipp wohl
Von Ptolemais aus die Hand hierzu
Am besten bieten könne.

TEMPELHERR. Mir? mir, Bruder?
Mir? Habt Ihr nicht gehört? nur erst gehört,
Was für Verbindlichkeit dem Saladin
Ich habe?

KLOSTERBRUDER.
Wohl hab ich's gehört.

TEMPELHERR. Und doch?

KLOSTERBRUDER.
Ja, – meint der Patriarch, – das wär schon gut:
Gott aber und der Orden …

TEMPELHERR. Ändern nichts!
Gebieten mir kein Bubenstück!

KLOSTERBRUDER. Gewiss nicht! –
Nur, – meint der Patriarch, – sei Bubenstück
Vor Menschen, nicht auch Bubenstück vor Gott.

665 **Zurüstungen:** Ausrüstung, Aufrüstung | 669 **Ihr merkt doch?:** Ihr hört doch zu? | 675 **Das Stück:** die Aktion | 676 **wackern:** tapferen | 681 **Verbindlichkeit:** Verpflichtung, Schuld | 685 **Bubenstück:** Streich, üble Tat, Schurkerei

TEMPELHERR. Ich wär dem Saladin mein Leben schuldig:
Und raubt ihm seines?
KLOSTERBRUDER. Pfui! – Doch bliebe, – meint
Der Patriarch, – noch immer Saladin
Ein Feind der Christenheit, der Euer Freund
Zu sein, kein Recht erwerben könne.
TEMPELHERR. Freund?
An dem ich bloß nicht will zum Schurken werden;
Zum undankbaren Schurken?
KLOSTERBRUDER. Allerdings! –
Zwar, – meint der Patriarch, – des Dankes sei
Man quitt, vor Gott und Menschen quitt, wenn uns
Der Dienst um unsertwillen nicht geschehen.
Und da verlauten wolle, – meint der Patriarch, –
Dass Euch nur darum Saladin begnadet,
Weil ihm in Eurer Mien', in Euerm Wesen,
So was von seinem Bruder eingeleuchtet …
TEMPELHERR. Auch dieses weiß der Patriarch; und doch? –
Ah! wäre das gewiss! Ah, Saladin! –
Wie? die Natur hätt auch nur Einen Zug
Von mir in deines Bruders Form gebildet:
Und dem entspräche nichts in meiner Seele?
Was dem entspräche, könnt ich unterdrücken,
Um einem Patriarchen zu gefallen? –
Natur, so leugst du nicht! So widerspricht
Sich Gott in seinen Werken nicht! – Geht Bruder! –
Erregt mir meine Galle nicht! – Geht! geht!
KLOSTERBRUDER. Ich geh; und geh vergnügter, als ich kam.
Verzeihe mir der Herr. Wir Klosterleute
Sind schuldig, unsern Obern zu gehorchen.

699 **begnadet:** begnadigt | 701 **eingeleuchtet:** auffiel | 709 **leugst:** lügst | 711 **Galle:** hier: Zorn

Sechster Auftritt

Der TEMPELHERR *und* DAJA, *die den Tempelherrn schon eine Zeitlang von weiten beobachtet hatte, und sich nun ihm nähert.*

DAJA. Der Klosterbruder, wie mich dünkt, ließ in
Der besten Laun' ihn nicht. – Doch muss ich mein
Paket nur wagen.
TEMPELHERR. Nun, vortrefflich! – Lügt
Das Sprichwort wohl: dass Mönch und Weib, und Weib
Und Mönch des Teufels beide Krallen sind?
Er wirft mich heut aus einer in die andre.
DAJA. Was seh ich? – Edler Ritter, Euch? – Gott Dank!
Gott tausend Dank! – Wo habt Ihr denn
Die ganze Zeit gesteckt? – Ihr seid doch wohl
Nicht krank gewesen?
TEMPELHERR. Nein.
DAJA. Gesund doch?
TEMPELHERR. Ja.
DAJA. Wir waren Euertwegen wahrlich ganz
Bekümmert.
TEMPELHERR. So?
DAJA. Ihr wart gewiss verreist?
TEMPELHERR. Erraten!
DAJA. Und kamt heut erst wieder?
TEMPELHERR. Gestern.
DAJA. Auch Rechas Vater ist heut angekommen.
Und nun darf Recha doch wohl hoffen?
TEMPELHERR. Was?
DAJA. Warum sie Euch so öfters bitten lassen.
Ihr Vater ladet Euch nun selber bald
Aufs Dringlichste. Er kömmt von Babylon;
Mit zwanzig hochbeladenen Kamelen,
Und allem, was an edeln Spezereien,
An Steinen und an Stoffen, Indien
Und Persien und Syrien, gar Sina,
Kostbares nur gewähren.

715 **mich dünkt:** mir scheint | 717 **Paket … wagen:** ein Vorhaben mit unsicherem Ausgang wagen | 731 **ladet:** lädt | 734 **Spezereien:** Gewürzen | 735 **Steinen:** Edelsteinen | 736 **Sina:** China

TEMPELHERR. Kaufe nichts.
DAJA. Sein Volk verehret ihn als einen Fürsten.
Doch dass es ihn den Weisen Nathan nennt,
Und nicht vielmehr den Reichen, hat mich oft
Gewundert.
TEMPELHERR. Seinem Volk ist reich und weise
Vielleicht das Nämliche.
DAJA. Vor allen aber
Hätt's ihn den Guten nennen müssen. Denn
Ihr stellt Euch gar nicht vor, wie gut er ist.
Als er erfuhr, wie viel Euch Recha schuldig:
Was hätt, in diesem Augenblicke, nicht
Er alles Euch getan, gegeben!
TEMPELHERR. Ei!
DAJA. Versucht's und kommt und seht!
TEMPELHERR. Was denn? wie schnell
Ein Augenblick vorüber ist?
DAJA. Hätt ich,
Wenn er so gut nicht wär, es mir so lange
Bei ihm gefallen lassen? Meint Ihr etwa,
Ich fühle meinen Wert als Christin nicht?
Auch mir ward's vor der Wiege nicht gesungen,
Dass ich nur darum meinem Ehgemahl
Nach Palästina folgen würd, um da
Ein Judenmädchen zu erziehn. Es war
Mein lieber Ehgemahl ein edler Knecht
In Kaiser Friedrichs Heere –
TEMPELHERR. Von Geburt
Ein Schweizer, dem die Ehr' und Gnade ward
Mit Seiner Kaiserlichen Majestät
In einem Flusse zu ersaufen. – Weib!
Wie vielmal habt Ihr mir das schon erzählt?
Hört Ihr denn gar nicht auf mich zu verfolgen?
DAJA. Verfolgen! lieber Gott!
TEMPELHERR. Ja, ja, verfolgen.
Ich will nun einmal Euch nicht weiter sehn!

742 **das Nämliche:** dasselbe | 753 **mir ward's vor der Wiege nicht gesungen:** ward's: wurde es; Redensart, die eine unerwartete Entwicklung ausdrückt, im Sinne von: ich hätte nie geahnt

Nicht hören! Will von Euch an eine Tat
Nicht fort und fort erinnert sein, bei der
Ich nichts gedacht; die, wenn ich drüber denke,
Zum Rätsel von mir selbst mir wird. Zwar möcht
Ich sie nicht gern bereuen. Aber seht;
Eräugnet so ein Fall sich wieder: Ihr
Seid schuld, wenn ich so rasch nicht handle; wenn
Ich mich vorher erkund, – und brennen lasse,
Was brennt.

DAJA. Bewahre Gott!

TEMPELHERR. Von heut an tut
Mir den Gefallen wenigstens, und kennt
Mich weiter nicht. Ich bitt Euch drum. Auch lasst
Den Vater mir vom Halse. Jud' ist Jude.
Ich bin ein plumper Schwab. Des Mädchens Bild
Ist längst aus meiner Seele; wenn es je
Da war.

DAJA. Doch Eures ist aus ihrer nicht.

TEMPELHERR. Was soll's nun aber da? was soll's?

DAJA. Wer weiß!
Die Menschen sind nicht immer, was sie scheinen.

TEMPELHERR. Doch selten etwas Bessers. *(Er geht.)*

DAJA. Wartet doch!
Was eilt Ihr?

TEMPELHERR. Weib, macht mir die Palmen nicht
Verhasst, worunter ich so gern sonst wandle.

DAJA. So geh, du deutscher Bär! so geh! – Und doch
Muss ich die Spur des Tieres nicht verlieren.
(Sie geht ihm von weiten nach.)

771 **Eräugnet:** ereignet | 773 **erkund:** erkundige

Zweiter Aufzug

Erster Auftritt

Die Szene: des Sultans Palast.
SALADIN *und* SITTAH *spielen Schach.*

SITTAH. Wo bist du, Saladin? Wie spielst du heut?
SALADIN. Nicht gut? Ich dächte doch.
SITTAH. Für mich; und kaum.
Nimm diesen Zug zurück.
SALADIN. Warum?
SITTAH. Der Springer
Wird unbedeckt.
SALADIN. Ist wahr. Nun so!
SITTAH. So zieh
Ich in die Gabel.
SALADIN. Wieder wahr. – Schach dann!
SITTAH. Was hilft dir das? Ich setze vor: und du
Bist, wie du warst.
SALADIN. Aus dieser Klemme, seh
Ich wohl, ist ohne Buße nicht zu kommen.
Mag's! nimm den Springer nur.
SITTAH. Ich will ihn nicht.
Ich geh vorbei.
SALADIN. Du schenkst mir nichts. Dir liegt
An diesem Platze mehr, als an dem Springer.
SITTAH. Kann sein.
SALADIN. Mach deine Rechnung nur nicht ohne
Den Wirt. Denn sieh! Was gilt's, das warst du nicht
Vermuten?
SITTAH. Freilich nicht. Wie konnt ich auch
Vermuten, dass du deiner Königin
So müde wärst?
SALADIN. Ich meiner Königin?

791 **Wird unbedeckt:** hat keine Deckung | 792 **Schach:** (fachspr.) Ruf des Spielers, wenn er den König des Gegners bedroht und damit der Gewinn des Spiels in Aussicht steht | 793 **Ich setze vor:** (fachspr.) Ich setze eine schützende Figur vor den König | 795 **Buße:** hier: Opfer | 796 **Mag's!:** Von mir aus! | 800 f. **das warst du nicht / Vermuten:** das hast du nicht vermutet

SITTAH. Ich seh nun schon: ich soll heut meine tausend
Dinar', kein Naserinchen mehr gewinnen.
SALADIN. Wieso?
SITTAH. Frag noch! – Weil du mit Fleiß, mit aller
Gewalt verlieren willst. – Doch dabei find
Ich meine Rechnung nicht. Denn außer, dass
Ein solches Spiel das unterhaltendste
Nicht ist: gewann ich immer nicht am meisten
Mit dir, wenn ich verlor? Wenn hast du mir
Den Satz, mich des verlornen Spieles wegen
Zu trösten, doppelt nicht hernach geschenkt?
SALADIN. Ei sieh! so hättest du ja wohl, wenn du
Verlorst, mit Fleiß verloren, Schwesterchen?
SITTAH. Zum wenigsten kann gar wohl sein, dass deine
Freigebigkeit, mein liebes Brüderchen,
Schuld ist, dass ich nicht besser spielen lernen.
SALADIN. Wir kommen ab vom Spiele. Mach ein Ende!
SITTAH.
So bleibt es? Nun dann: Schach! und doppelt Schach!
SALADIN. Nun freilich; dieses Abschach hab ich nicht
Gesehn, das meine Königin zugleich
Mit niederwirft.
SITTAH. War dem noch abzuhelfen?
Lass sehn.
SALADIN. Nein, nein; nimm nur die Königin.
Ich war mit diesem Steine nie recht glücklich.
SITTAH. Bloß mit dem Steine?
SALADIN. Fort damit! – Das tut
Mir nichts. Denn so ist alles wiederum
Geschützt.
SITTAH. Wie höflich man mit Königinnen
Verfahren müsse: hat mein Bruder mich
Zu wohl gelehrt. *(Sie lässt sie stehen.)*
SALADIN. Nimm, oder nimm sie nicht!
Ich habe keine mehr.
SITTAH. Wozu sie nehmen?
Schach! – Schach!

805 **Dinar':** arab. Goldmünze | 805 **Naserinchen:** kleine Silbermünze | 807 f. **dabei find / Ich meine Rechnung nicht:** das stellt mich nicht zufrieden | 811 **Wenn:** wann | 812 **Satz:** Einsatz | 816 **Zum wenigsten:** zumindest | 820 **doppelt Schach:** (fachspr.) König und Dame sind bedroht | 821 **Abschach:** (fachspr.) Abzugsschach; eine Figur wird gezogen, die dahinter stehende bedroht den feindlichen König

SALADIN. Nur weiter.
SITTAH. Schach! – und Schach! – und Schach! –
SALADIN. Und matt!
SITTAH. Nicht ganz; du ziehst den Springer noch
Dazwischen; oder was du machen willst.
Gleichviel!
SALADIN. Ganz recht! – Du hast gewonnen: und
Al-Hafi zahlt. – Man lass' ihn rufen! gleich! –
Du hattest, Sittah, nicht so unrecht; ich
War nicht so ganz beim Spiele; war zerstreut.
Und dann: wer gibt uns denn die glatten Steine
Beständig? die an nichts erinnern, nichts
Bezeichnen. Hab ich mit dem Iman denn
Gespielt? – Doch was? Verlust will Vorwand. Nicht
Die ungeformten Steine, Sittah, sind's
Die mich verlieren machten: deine Kunst,
Dein ruhiger und schneller Blick …
SITTAH. Auch so
Willst du den Stachel des Verlusts nur stumpfen.
Genug, du warst zerstreut; und mehr als ich.
SALADIN. Als du? Was hätte *dich* zerstreuet?
SITTAH. Deine
Zerstreuung freilich nicht! – O Saladin,
Wenn werden wir so fleißig wieder spielen!
SALADIN. So spielen wir umso viel gieriger! –
Ah! weil es wieder losgeht, meinst du? – Mag's! –
Nur zu! – Ich habe nicht zuerst gezogen;
Ich hätte gern den Stillestand aufs Neue
Verlängert; hätte meiner Sittah gern,
Gern einen guten Mann zugleich verschafft.
Und das muss Richards Bruder sein: er ist
Ja Richards Bruder.
SITTAH. Wenn du deinen Richard
Nur loben kannst!
SALADIN. Wenn unserm Bruder Melek
Dann Richards Schwester wär zuteileworden:

833 **matt!:** (fachspr.) ›Der König ist tot‹; Ende des Spiels | 839 **die glatten Steine:** Spielsteine, die nur Wertbezeichnungen tragen (religiöses Bilderverbot); das Spiel mit ihnen fordert hohe Aufmerksamkeit | 841 **Iman:** muslimischer Geistlicher | 842 **Vorwand:** Rechtfertigung | 846 **stumpfen:** abmildern | 854 **Stillestand:** Waffenstillstand | 860 **zuteileworden:** seine Frau geworden

Ha! welch ein Haus zusammen! Ha, der ersten,
Der besten Häuser in der Welt das beste! –
Du hörst, ich bin mich selbst zu loben, auch
Nicht faul. Ich dünk mich meiner Freunde wert. –
Das hätte Menschen geben sollen! das!

SITTAH. Hab ich des schönen Traums nicht gleich gelacht?
Du kennst die Christen nicht, willst sie nicht kennen.
Ihr Stolz ist: Christen sein; nicht Menschen. Denn
Selbst das, was, noch von ihrem Stifter her,
Mit Menschlichkeit den Aberglauben wirzt,
Das lieben sie, nicht weil es menschlich ist:
Weil's Christus lehrt; weil's Christus hat getan. –
Wohl ihnen, dass er ein so guter Mensch
Noch war! Wohl ihnen, dass sie seine Tugend
Auf Treu und Glaube nehmen können! – Doch
Was Tugend? – Seine Tugend nicht; sein Name
Soll überall verbreitet werden; soll
Die Namen aller guten Menschen schänden,
Verschlingen. Um den Namen, um den Namen
Ist ihnen nur zu tun.

SALADIN. Du meinst: warum
Sie sonst verlangen würden, dass auch ihr,
Auch du und Melek, Christen hießet, eh
Als Ehgemahl ihr Christen lieben wolltet?

SITTAH. Jawohl! Als wär von Christen nur, als Christen,
Die Liebe zu gewärtigen, womit
Der Schöpfer Mann und Männin ausgestattet!

SALADIN. Die Christen glauben mehr Armseligkeiten,
Als dass sie *die* nicht auch noch glauben könnten! –
Und gleichwohl irrst du dich. – Die Tempelherren,
Die Christen nicht, sind schuld: sind nicht, als
Christen,
Als Tempelherren schuld. Durch die allein
Wird aus der Sache nichts. Sie wollen Acca,
Das Richards Schwester unserm Bruder Melek
Zum Brautschatz bringen müsste, schlechterdings

866 **des schönen Traums:** über den schönen Traum | 869 **Stifter:** gemeint ist Jesus Christus | 870 **wirzt:** würzt | 885 **gewärtigen:** erwarten | 886 **Männin:** Frau | 892 **Acca:** Akka, St. Johann von Acre; syrische Stadt am Mittelmeer, die am längsten von Kreuzfahrern beherrscht wurde; vgl. Anm. zu V. 678 | 894 **schlechterdings:** einfach

Nicht fahren lassen. Dass des Ritters Vorteil
Gefahr nicht laufe, spielen sie den Mönch,
Den albern Mönch. Und ob vielleicht im Fluge
Ein guter Streich gelänge: haben sie
Des Waffenstillestandes Ablauf kaum
Erwarten können. – Lustig! Nur so weiter!
Ihr Herren, nur so weiter! – Mir schon recht! –
Wär alles sonst nur, wie es müsste.

SITTAH. Nun?
Was irrte dich denn sonst? Was könnte sonst
Dich aus der Fassung bringen?

SALADIN. Was von je
Mich immer aus der Fassung hat gebracht. –
Ich war auf Libanon, bei unserm Vater.
Er unterliegt den Sorgen noch …

SITTAH. O weh!

SALADIN. Er kann nicht durch; es klemmt sich allerorten;
Es fehlt bald da, bald dort –

SITTAH. Was klemmt? was fehlt?

SALADIN.
Was sonst, als was ich kaum zu nennen würd'ge?
Was, wenn ich's habe, mir so überflüssig,
Und hab ich's nicht, so unentbehrlich scheint. –
Wo bleibt Al-Hafi denn? Ist niemand nach
Ihm aus? – Das leidige, verwünschte Geld! –
Gut, Hafi, dass du kömmst.

Zweiter Auftritt

DER DERWISCH AL-HAFI. SALADIN. SITTAH.

AL-HAFI. Die Gelder aus
Ägypten sind vermutlich angelangt.
Wenn's nur fein viel ist.

SALADIN. Hast du Nachricht?

AL-HAFI. Ich?

895 **Nicht fahren lassen:** einfach nicht aufgeben | 903 **Was irrte dich:** was beirrte, irritierte dich; was macht dich zornig | 908 **es klemmt sich:** es stockt, es ist knapp

Ich nicht. Ich denke, dass ich hier sie in
Empfang soll nehmen.
SALADIN. Zahl an Sittah tausend
Dinare! *(In Gedanken hin und her gehend.)*
AL-HAFI. Zahl! anstatt, empfang! O schön!
Das ist für Was noch weniger als Nichts. –
An Sittah? – wiederum an Sittah? Und
Verloren? – wiederum im Schach verloren? –
Da steht es noch das Spiel!
SITTAH. Du gönnst mir doch
Mein Glück?
AL-HAFI *(das Spiel betrachtend).*
Was gönnen? Wenn – Ihr wisst ja wohl.
SITTAH *(ihm winkend).* Bst! Hafi! bst!
AL-HAFI *(noch auf das Spiel gerichtet).*
Gönnt's Euch nur selber erst!
SITTAH. Al-Hafi! bst!
AL-HAFI *(zu Sittah).* Die Weißen waren Euer?
Ihr bietet Schach?
SITTAH. Gut, dass er nichts gehört!
AL-HAFI. Nun ist der Zug an ihm?
SITTAH *(ihm näher tretend).* So sage doch,
Dass ich mein Geld bekommen kann.
AL-HAFI *(noch auf das Spiel geheftet).* Nun ja;
Ihr sollt's bekommen, wie Ihr's stets bekommen.
SITTAH. Wie? bist du toll?
AL-HAFI. Das Spiel ist ja nicht aus.
Ihr habt ja nicht verloren, Saladin.
SALADIN *(kaum hinhörend).*
Doch! doch! Bezahl! bezahl!
AL-HAFI. Bezahl! bezahl!
Da steht ja Eure Königin.
SALADIN *(noch so).* Gilt nicht;
Gehört nicht mehr ins Spiel.
SITTAH. So mach, und sag,
Dass ich das Geld mir nur kann holen lassen.

930 **geheftet:** fixiert, konzentriert | 932 **toll:** verrückt

AL-HAFI *(noch immer in das Spiel vertieft).*
Versteht sich, so wie immer. – Wenn auch schon;
Wenn auch die Königin nichts gilt: Ihr seid
Doch darum noch nicht matt.
SALADIN *(tritt hinzu und wirft das Spiel um).*
Ich bin es; will
Es sein.
AL-HAFI. Ja so! – Spiel wie Gewinst! So wie
Gewonnen, so bezahlt.
SALADIN *(zu Sittah).* Was sagt er? was?
SITTAH *(von Zeit zu Zeit dem Hafi winkend).*
Du kennst ihn ja. Er sträubt sich gern; lässt gern
Sich bitten; ist wohl gar ein wenig neidisch. –
SALADIN.
Auf dich doch nicht? Auf meine Schwester nicht? –
Was hör ich, Hafi? Neidisch? du?
AL-HAFI. Kann sein!
Kann sein! – Ich hätt ihr Hirn wohl lieber selbst;
Wär lieber selbst so gut, als sie.
SITTAH. Indes
Hat er doch immer richtig noch bezahlt.
Und wird auch heut bezahlen. Lass ihn nur! –
Geh nur, Al-Hafi, geh! Ich will das Geld
Schon holen lassen.
AL-HAFI. Nein; ich spiele länger
Die Mummerei nicht mit. Er muss es doch
Einmal erfahren.
SALADIN. Wer? und was?
SITTAH. Al-Hafi!
Ist dieses dein Versprechen? Hältst du so
Mir Wort?
AL-HAFI. Wie konnt ich glauben, dass es so
Weit gehen würde.
SALADIN. Nun? erfahr ich nichts?
SITTAH. Ich bitte dich, Al-Hafi; sei bescheiden.
SALADIN. Das ist doch sonderbar! Was könnte Sittah

941 **Gewinst:** Gewinn | 953 **Mummerei:** Maske, Verkleidung, hier: Verstellung | 958 **bescheiden:** zurückhaltend, hier: verschwiegen

So feierlich, so warm bei einem Fremden,
Bei einem Derwisch lieber, als bei mir,
Bei ihrem Bruder sich verbitten wollen.
Al-Hafi, nun befehl ich. – Rede, Derwisch!

SITTAH. Lass eine Kleinigkeit, mein Bruder, dir
Nicht näher treten, als sie würdig ist.
Du weißt, ich habe zu verschiednen Malen
Dieselbe Summ' im Schach von dir gewonnen.
Und weil ich itzt das Geld nicht nötig habe;
Weil itzt in Hafis Kasse doch das Geld
Nicht eben allzu häufig ist: so sind
Die Posten stehn geblieben. Aber sorgt
Nur nicht! Ich will sie weder dir, mein Bruder,
Noch Hafi, noch der Kasse schenken.

AL-HAFI. Ja,
Wenn's das nur wäre! das!

SITTAH. Und mehr dergleichen. –
Auch das ist in der Kasse stehn geblieben,
Was du mir einmal ausgeworfen; ist
Seit wenig Monden stehn geblieben.

AL-HAFI. Noch
Nicht alles.

SALADIN. Noch nicht? – Wirst du reden?

AL-HAFI. Seit aus Ägypten wir das Geld erwarten,
Hat sie …

SITTAH *(zu Saladin)*.
Wozu ihn hören?

AL-HAFI. Nicht nur nichts
Bekommen …

SALADIN. Gutes Mädchen! – Auch beiher
Mit vorgeschossen. Nicht?

AL-HAFI. Den ganzen Hof
Erhalten; Euern Aufwand ganz allein
Bestritten.

SALADIN. Ha! das, das ist meine Schwester!
(Sie umarmend.)

962 **sich verbitten:** hier: sich höflich erbitten | 968 **itzt:** jetzt | 976 **ausgeworfen:** als Betrag für Hofhaltung zugesprochen | 977 **Seit wenig Monden:** seit wenigen Monaten | 981 f. **beiher / Mit vorgeschossen:** nebenher (Geld) geliehen

SITTAH. Wer hatte, dies zu können, mich so reich
Gemacht, als du, mein Bruder?
AL-HAFI. Wird schon auch
So bettelarm sie wieder machen, als
Er selber ist.
SALADIN. Ich arm? der Bruder arm?
Wenn hab ich mehr? wenn weniger gehabt? –
Ein Kleid, Ein Schwert, Ein Pferd, – und Einen
Gott!
Was brauch ich mehr? wenn kann's an dem mir fehlen?
Und doch, Al-Hafi, könnt ich mit dir schelten.
SITTAH. Schilt nicht, mein Bruder. Wenn ich unserm Vater
Auch seine Sorgen so erleichtern könnte!
SALADIN. Ah! Ah! Nun schlägst du meine Freudigkeit
Auf einmal wieder nieder! – Mir, für mich
Fehlt nichts, und kann nichts fehlen. Aber ihm,
Ihm fehlet; und in ihm uns allen. – Sagt,
Was soll ich machen? – Aus Ägypten kommt
Vielleicht noch lange nichts. Woran das liegt,
Weiß Gott. Es ist doch da noch alles ruhig. –
Abbrechen, einziehn, sparen, will ich gern,
Mir gern gefallen lassen; wenn es mich,
Bloß mich betrifft; bloß mich, und niemand sonst
Darunter leidet. – Doch was kann das machen?
Ein Pferd, Ein Kleid, Ein Schwert, muss ich doch haben.
Und meinem Gott ist auch nichts abzudingen.
Ihm g'nügt schon so mit wenigem genug;
Mit meinem Herzen. – Auf den Überschuss
Von deiner Kasse, Hafi, hatt ich sehr
Gerechnet.
AL-HAFI. Überschuss? – Sagt selber, ob
Ihr mich nicht hättet spießen, wenigstens
Mich drosseln lassen, wenn auf Überschuss
Ich von Euch wär ergriffen worden. Ja,
Auf Unterschleif! das war zu wagen.
SALADIN. Nun,

989 **Wenn:** wann | 993 **Schilt nicht:** schelte nicht, schimpf nicht | 1002 **Abbrechen:** einschränken, Verzicht üben | 1002 **einziehen:** den Aufwand vermindern | 1007 **abzudingen:** abzuhandeln | 1008 **Ihm g'nügt … genug:** er ist schon jetzt mit wenig genug zufrieden | 1012 **spießen:** pfählen; ein spitzer Pfahl (Spieß) von unten durch den Leib getrieben | 1013 **drosseln:** erdrosseln | 1015 **Unterschleif:** Unterschlagung, Veruntreuung

Was machen wir denn aber? – Konntest du
Vorerst bei niemand andern borgen, als
Bei Sittah?

SITTAH. Würd ich dieses Vorrecht, Bruder,
Mir haben nehmen lassen? Mir von ihm?
Auch noch besteh ich drauf. Noch bin ich auf
Dem Trocknen völlig nicht.

SALADIN. Nur völlig nicht!
Das fehlte noch! – Geh gleich, mach Anstalt, Hafi!
Nimm auf bei wem du kannst! und wie du kannst!
Geh, borg, versprich. – Nur, Hafi, borge nicht
Bei denen, die ich reich gemacht. Denn borgen
Von diesen, möchte wiederfodern heißen.
Geh zu den Geizigsten; die werden mir
Am liebsten leihen. Denn sie wissen wohl,
Wie gut ihr Geld in meinen Händen wuchert.

AL-HAFI. Ich kenne deren keine.

SITTAH. Eben fällt
Mir ein, gehört zu haben, Hafi, dass
Dein Freund zurückgekommen.

AL-HAFI *(betroffen)*. Freund? mein Freund?
Wer wär denn das?

SITTAH. Dein hochgepriesner Jude.

AL-HAFI. Gepriesner Jude? hoch von mir?

SITTAH. Dem Gott, –
Mich denkt des Ausdrucks noch recht wohl, des einst
Du selber dich von ihm bedientest, – dem
Sein Gott von allen Gütern dieser Welt
Das Kleinst' und Größte so in vollem Maß
Erteilet habe. –

AL-HAFI. Sagt ich so? – Was meint
Ich denn damit?

SITTAH. Das Kleinste: Reichtum. Und
Das Größte: Weisheit.

AL-HAFI. Wie? von einem Juden?
Von einem Juden hätt ich das gesagt?

1016 **denn:** dann | 1020 f. **auf / Dem Trocknen:** kein Geld mehr haben | 1022 **mach Anstalt:** unternimm etwas | 1026 **wiederfodern:** zurückfordern | 1035 **Mich denkt des Ausdrucks:** ich erinnere mich an den Ausdruck

SITTAH. Das hättest du von deinem Nathan nicht
Gesagt?
AL-HAFI. Ja so! von dem! vom Nathan! – Fiel
Mir der doch gar nicht bei. – Wahrhaftig? Der
Ist endlich wieder heimgekommen? Ei!
So mag's doch gar so schlecht mit ihm nicht stehn. –
Ganz recht: den nannt einmal das Volk den Weisen!
Den Reichen auch.
SITTAH. Den Reichen nennt es ihn
Itzt mehr als je. Die ganze Stadt erschallt,
Was er für Kostbarkeiten, was für Schätze,
Er mitgebracht.
AL-HAFI. Nun, ist's der Reiche wieder:
So wird's auch wohl der Weise wieder sein.
SITTAH. Was meinst du, Hafi, wenn du diesen angingst?
AL-HAFI.
Und was bei ihm? – Doch wohl nicht borgen? – Ja,
Da kennt Ihr ihn. – Er borgen! – Seine Weisheit
Ist eben, dass er niemand borgt.
SITTAH. Du hast
Mir sonst doch ganz ein ander Bild von ihm
Gemacht.
AL-HAFI. Zur Not wird er Euch Waren borgen.
Geld aber, Geld? Geld nimmermehr! – Es ist
Ein Jude freilich übrigens, wie's nicht
Viel Juden gibt. Er hat Verstand; er weiß
Zu leben; spielt gut Schach. Doch zeichnet er
Im Schlechten sich nicht minder, als im Guten
Von allen andern Juden aus. – Auf den,
Auf den nur rechnet nicht. – Den Armen gibt
Er zwar; und gibt vielleicht trotz Saladin.
Wenn schon nicht ganz so viel: doch ganz so gern;
Doch ganz so sonder Ansehn. Jud' und Christ
Und Muselmann und Parsi, alles ist
Ihm eins.
SITTAH. Und so ein Mann …

1044 f. **Fiel … bei:** fiel … ein | 1054 **angingst:** an ihn herantreten würdest | 1067 **trotz Saladin:** ebenso wie Saladin | 1069 **sonder Ansehn:** ohne Ansehen (der Religionszugehörigkeit) | 1070 **Parsi:** Parsen; indische Anhänger Zoroasters, des Begründers einer altiranischen Religion

SALADIN. Wie kommt es denn,
Dass ich von diesem Manne nie gehört? ...
SITTAH. Der sollte Saladin nicht borgen? nicht
Dem Saladin, der nur für andre braucht,
Nicht sich?
AL-HAFI. Da seht nun gleich den Juden wieder;
Den ganz gemeinen Juden! – Glaubt mir's doch! –
Er ist aufs Geben Euch so eifersüchtig,
So neidisch! Jedes Lohn von Gott, das in
Der Welt gesagt wird, zög er lieber ganz
Allein. Nur darum eben leiht er keinem,
Damit er stets zu geben habe. Weil
Die Mild' ihm im Gesetz geboten; die
Gefälligkeit ihm aber nicht geboten: macht
Die Mild' ihn zu dem ungefälligsten
Gesellen auf der Welt. Zwar bin ich seit
Geraumer Zeit ein wenig übern Fuß
Mit ihm gespannt; doch denkt nur nicht, dass ich
Ihm darum nicht Gerechtigkeit erzeige.
Er ist zu allem gut: bloß dazu nicht;
Bloß dazu wahrlich nicht. Ich will auch gleich
Nur gehn, an andre Türen klopfen ... Da
Besinn ich mich soeben eines Mohren,
Der reich und geizig ist. – Ich geh; ich geh.
SITTAH. Was eilst du, Hafi?
SALADIN. Lass ihn! lass ihn!

Dritter Auftritt

SITTAH. SALADIN.

SITTAH. Eilt
Er doch, als ob er mir nur gern entkäme! –
Was heißt das? – Hat er wirklich sich in ihm
Betrogen, oder – möcht er uns nur gern
Betriegen?

1076 **gemeinen:** gewöhnlichen | 1086 f. **übern Fuß ... gespannt:** in einem angespannten Verhältnis stehend | 1092 **Mohren:** Mauretaniers, Schwarzen | 1098 **Betriegen:** betrügen

SALADIN. Wie? das fragst du mich? Ich weiß
Ja kaum, von wem die Rede war; und höre
Von euerm Juden, euerm Nathan, heut
Zum ersten Mal.
SITTAH. Ist's möglich? dass ein Mann
Dir so verborgen blieb, von dem es heißt,
Er habe Salomons und Davids Gräber
Erforscht, und wisse deren Siegel durch
Ein mächtiges geheimes Wort zu lösen?
Aus ihnen bring' er dann von Zeit zu Zeit
Die unermesslichen Reichtümer an
Den Tag, die keinen mindern Quell verrieten.
SALADIN. Hat seinen Reichtum dieser Mann aus Gräbern,
So waren's sicherlich nicht Salomons,
Nicht Davids Gräber. Narren lagen da
Begraben!
SITTAH. Oder Bösewichter! – Auch
Ist seines Reichtums Quelle weit ergiebiger
Weit unerschöpflicher, als so ein Grab
Voll Mammon.
SALADIN. Denn er handelt; wie ich hörte.
SITTAH. Sein Saumtier treibt auf allen Straßen, zieht
Durch alle Wüsten; seine Schiffe liegen
In allen Häfen. Das hat mir wohl eh'
Al-Hafi selbst gesagt; und voll Entzücken
Hinzugefügt, wie groß, wie edel dieser
Sein Freund anwende, was so klug und emsig
Er zu erwerben für zu klein nicht achte:
Hinzugefügt, wie frei von Vorurteilen
Sein Geist; sein Herz wie offen jeder Tugend,
Wie eingestimmt mit jeder Schönheit sei.
SALADIN. Und itzt sprach Hafi doch so ungewiss,
So kalt von ihm.
SITTAH. Kalt nun wohl nicht; verlegen.
Als halt' er's für gefährlich, ihn zu loben,
Und woll' ihn unverdient doch auch nicht tadeln. –

1104 **Siegel:** hier: geheimnisvoller Verschluss | 1108 **keinen mindern Quell:** keinen geringeren Ursprung | 1115 **Mammon:** Reichtum, Geld | 1116 **Saumtier:** Lasttier | 1125 **eingestimmt:** im Einklang

Wie? oder wär es wirklich so, dass selbst
Der Beste seines Volkes seinem Volke
Nicht ganz entfliehen kann? dass wirklich sich
Al-Hafi seines Freunds von dieser Seite
Zu schämen hätte? – Sei dem, wie ihm wolle! –
Der Jude sei mehr oder weniger
Als Jud', ist er nur reich: genug für uns!

SALADIN. Du willst ihm aber doch das Seine mit
Gewalt nicht nehmen, Schwester?

SITTAH. Ja, was heißt
Bei dir Gewalt? Mit Feu'r und Schwert? Nein, nein,
Was braucht es mit den Schwachen für Gewalt,
Als ihre Schwäche? – Komm vor itzt nur mit
In meinen Haram, eine Sängerin
Zu hören, die ich gestern erst gekauft.
Es reift indes bei mir vielleicht ein Anschlag,
Den ich auf diesen Nathan habe. – Komm!

Vierter Auftritt

Szene: vor dem Hause des Nathan, wo es an
die Palmen stößt.
RECHA *und* NATHAN *kommen heraus. Zu ihnen* DAJA.

RECHA. Ihr habt Euch sehr verweilt, mein Vater. Er
Wird kaum noch mehr zu treffen sein.

NATHAN. Nun, nun;
Wenn hier, hier untern Palmen schon nicht mehr:
Doch anderwärts. – Sei itzt nur ruhig. – Sieh!
Kömmt dort nicht Daja auf uns zu?

RECHA. Sie wird
Ihn ganz gewiss verloren haben.

NATHAN. Auch
Wohl nicht.

RECHA. Sie würde sonst geschwinder kommen.

NATHAN. Sie hat uns wohl noch nicht gesehn …

1141 **vor itzt:** für jetzt, für den Augenblick | 1142 **Haram:** Harem, Frauengemach | 1144 **Anschlag:** Plan | 1146 **verweilt:** verspätet | 1149 **anderwärts:** anderswo | 1152 **geschwinder:** zügiger, schneller

RECHA. Nun sieht
Sie uns.
NATHAN. Und doppelt ihre Schritte. Sieh! –
Sei doch nur ruhig! ruhig!
RECHA. Wolltet Ihr
Wohl eine Tochter, die hier ruhig wäre?
Sich unbekümmert ließe, wessen Wohltat
Ihr Leben sei? Ihr Leben, – das ihr nur
So lieb, weil sie es Euch zuerst verdanket.
NATHAN. Ich möchte dich nicht anders, als du bist:
Auch wenn ich wüsste, dass in deiner Seele
Ganz etwas anders noch sich rege.
RECHA. Was,
Mein Vater?
NATHAN. Fragst du mich? so schüchtern mich?
Was auch in deinem Innern vorgeht, ist
Natur und Unschuld. Lass es keine Sorge
Dir machen. Mir, mir macht es keine. Nur
Versprich mir: wenn dein Herz vernehmlicher
Sich einst erklärt, mir seiner Wünsche keinen
Zu bergen.
RECHA. Schon die Möglichkeit, mein Herz
Euch lieber zu verhüllen, macht mich zittern.
NATHAN. Nichts mehr hiervon! Das ein für alle Mal
Ist abgetan. – Da ist ja Daja. – Nun?
DAJA. Noch wandelt er hier untern Palmen; und
Wird gleich um jene Mauer kommen. – Seht,
Da kömmt er!
RECHA. Ah! und scheinet unentschlossen,
Wohin? ob weiter? ob hinab? ob rechts?
Ob links?
DAJA. Nein, nein; er macht den Weg ums Kloster
Gewiss noch öfter; und dann muss er hier
Vorbei. – Was gilt's?
RECHA. Recht! recht! – Hast du ihn schon
Gesprochen? Und wie ist er heut?

1154 **doppelt:** verdoppelt | 1157 **Sich unbekümmert ließe:** sich nicht darum kümmerte | 1169 **bergen:** verbergen, verheimlichen

DAJA. Wie immer.
NATHAN. So macht nur, dass er euch hier nicht gewahr
Wird. Tretet mehr zurück. Geht lieber ganz
Hinein.
RECHA. Nur einen Blick noch! – Ah! die Hecke,
Die mir ihn stiehlt.
DAJA. Kommt! kommt! Der Vater hat
Ganz recht. Ihr lauft Gefahr, wenn er Euch sieht,
Dass auf der Stell' er umkehrt.
RECHA. Ah! die Hecke!
NATHAN. Und kömmt er plötzlich dort aus ihr hervor:
So kann er anders nicht, er muss euch sehn.
Drum geht doch nur!
DAJA. Kommt! kommt! Ich weiß ein Fenster,
Aus dem wir sie bemerken können.
RECHA. Ja?
(Beide hinein.)

Fünfter Auftritt

NATHAN *und bald darauf der* TEMPELHERR.

NATHAN. Fast scheu ich mich des Sonderlings. Fast macht
Mich seine raue Tugend stutzen. Dass
Ein Mensch doch einen Menschen so verlegen
Soll machen können! – Ha! er kömmt. – Bei Gott!
Ein Jüngling wie ein Mann. Ich mag ihn wohl
Den guten, trotz'gen Blick! den prallen Gang!
Die Schale kann nur bitter sein: der Kern
Ist's sicher nicht. – Wo sah ich doch dergleichen? –
Verzeihet, edler Franke …
TEMPELHERR. Was?
NATHAN. Erlaubt …
TEMPELHERR. Was, Jude? was?
NATHAN. Dass ich mich untersteh,
Euch anzureden.

1181 f. **gewahr / Wird:** bemerkt, erkennt | 1184 **Die mir ihn stiehlt:** die eine Begegnung mit ihm verhindert | 1190 **bemerken:** hier: beobachten | 1191 **scheu ich mich des Sonderlings:** scheue ich mich vor dem Sonderling | 1199 **Franke:** vgl. Fußn. zu V. 334

TEMPELHERR. Kann ich's wehren? Doch
Nur kurz.
NATHAN. Verzieht, und eilet nicht so stolz,
Nicht so verächtlich einem Mann vorüber,
Den Ihr auf ewig Euch verbunden habt.
TEMPELHERR.
Wie das? – Ah, fast errat ich's. Nicht? Ihr seid …
NATHAN. Ich heiße Nathan; bin des Mädchens Vater,
Das Eure Großmut aus dem Feu'r gerettet;
Und komme …
TEMPELHERR. Wenn zu danken: – spart's! Ich hab
Um diese Kleinigkeit des Dankes schon
Zu viel erdulden müssen. – Vollends Ihr,
Ihr seid mir gar nichts schuldig. Wusst ich denn,
Dass dieses Mädchen Eure Tochter war?
Es ist der Tempelherren Pflicht, dem Ersten
Dem Besten beizuspringen, dessen Not
Sie sehn. Mein Leben war mir ohnedem
In diesem Augenblicke lästig. Gern,
Sehr gern ergriff ich die Gelegenheit,
Es für ein andres Leben in die Schanze
Zu schlagen: für ein andres – wenn's auch nur
Das Leben einer Jüdin wäre.
NATHAN. Groß!
Groß und abscheulich! – Doch die Wendung lässt
Sich denken. Die bescheidne Größe flüchtet
Sich hinter das Abscheuliche, um der
Bewundrung auszuweichen. – Aber wenn
Sie so das Opfer der Bewunderung
Verschmäht: was für ein Opfer denn verschmäht
Sie minder? – Ritter, wenn Ihr hier nicht fremd,
Und nicht gefangen wäret, würd ich Euch
So dreist nicht fragen. Sagt, befehlt: womit
Kann man Euch dienen?
TEMPELHERR. Ihr? Mit nichts.
NATHAN. Ich bin
Ein reicher Mann.

1202 **Verzieht:** verweilt, wartet | 1214 **beizuspringen:** zu Hilfe zu kommen | 1218 f. **in die Schanze / Zu schlagen:** aufs Spiel zu setzen

TEMPELHERR. Der reichre Jude war
Mir nie der bessre Jude.
NATHAN. Dürft Ihr denn
Darum nicht nützen, was dem ungeachtet
Er Bessres hat? nicht seinen Reichtum nützen?
TEMPELHERR.
Nun gut, das will ich auch nicht ganz verreden;
Um meines Mantels willen nicht. Sobald
Der ganz und gar verschlissen; weder Stich
Noch Fetze länger halten will: komm ich
Und borge mir bei Euch zu einem neuen,
Tuch oder Geld. – Seht nicht mit eins so finster!
Noch seid Ihr sicher; noch ist's nicht so weit
Mit ihm. Ihr seht; er ist so ziemlich noch
Im Stande. Nur der eine Zipfel da
Hat einen garst'gen Fleck; er ist versengt.
Und das bekam er, als ich Eure Tochter
Durchs Feuer trug.
NATHAN *(der nach dem Zipfel greift und ihn betrachtet).*
Es ist doch sonderbar,
Dass so ein böser Fleck, dass so ein Brandmal
Dem Mann ein bessres Zeugnis redet, als
Sein eigner Mund. Ich möcht ihn küssen gleich –
Den Flecken! – Ah, verzeiht! – Ich tat es ungern.
TEMPELHERR. Was?
NATHAN. Eine Träne fiel darauf.
TEMPELHERR. Tut nichts!
Er hat der Tropfen mehr. – (Bald aber fängt
Mich dieser Jud' an zu verwirren.)
NATHAN. Wärt
Ihr wohl so gut, und schicktet Euern Mantel
Auch einmal meinem Mädchen?
TEMPELHERR. Was damit?
NATHAN. Auch ihren Mund auf diesen Fleck zu drücken.
Denn Eure Kniee selber zu umfassen,
Wünscht sie nun wohl vergebens.

1235 **verreden:** in Abrede stellen; geloben, etwas nicht mehr zu sagen bzw. tun | 1236 **Um meines Mantels willen:** um meiner Ehre als Tempelritter willen | 1237 **Stich:** Naht | 1238 **Fetze:** abwertend für Stoff; Lumpen | 1240 **mit eins:** auf einmal

TEMPELHERR. Aber, Jude –
Ihr heißet Nathan? – Aber, Nathan – Ihr
Setzt Eure Worte sehr – sehr gut – sehr spitz –
Ich bin betreten – Allerdings – ich hätte …
NATHAN. Stellt und verstellt Euch, wie Ihr wollt. Ich find
Auch hier Euch aus. Ihr wart zu gut, zu bieder,
Um höflicher zu sein. – Das Mädchen, ganz
Gefühl; der weibliche Gesandte, ganz
Dienstfertigkeit; der Vater weit entfernt –
Ihr trugt für ihren guten Namen Sorge;
Floht ihre Prüfung; floht, um nicht zu siegen.
Auch dafür dank ich Euch –
TEMPELHERR. Ich muss gestehn,
Ihr wisst, wie Tempelherren denken sollten.
NATHAN. Nur Tempelherren? *sollten* bloß? und bloß
Weil es die Ordensregeln so gebieten?
Ich weiß, wie gute Menschen denken; weiß,
Dass alle Länder gute Menschen tragen.
TEMPELHERR. Mit Unterschied, doch hoffentlich?
NATHAN. Jawohl;
An Farb', an Kleidung, an Gestalt verschieden.
TEMPELHERR. Auch hier bald mehr, bald weniger, als dort.
NATHAN. Mit diesem Unterschied ist's nicht weit her.
Der große Mann braucht überall viel Boden;
Und mehrere, zu nah gepflanzt, zerschlagen
Sich nur die Äste. Mittelgut, wie wir,
Find't sich hingegen überall in Menge.
Nur muss der eine nicht den andern mäkeln.
Nur muss der Knorr den Knuppen hübsch vertragen.
Nur muss ein Gipfelchen sich nicht vermessen,
Dass es allein der Erde nicht entschossen.
TEMPELHERR.
Sehr wohl gesagt! – Doch kennt Ihr auch das Volk,
Das diese Menschenmäkelei zuerst
Getrieben? Wisst Ihr, Nathan, welches Volk
Zuerst das auserwählte Volk sich nannte?

1262 f. **Ich find … Euch aus:** Ich durchschaue Euch | 1263 **bieder:** hier: anständig | 1268 **Floht ihre Prüfung:** erspartet ihr die Versuchung, die Ihr für sie gewesen wäret | 1279 **Mann:** hier: Baum | 1283 **mäkeln:** kleinlich tadeln | 1284 **Nur muss … vertragen:** (Sprichw.) einer muss des anderen Fehler erdulden | 1284 **Knorr:** Ast | 1284 **Knuppen:** Klotz, Geschwulst | 1285 **Gipfelchen:** Baumspitze | 1285 **vermessen:** einbilden

Wie? wenn ich dieses Volk nun, zwar nicht hasste,
Doch wegen seines Stolzes zu verachten,
Mich nicht entbrechen könnte? Seines Stolzes;
Den es auf Christ und Muselmann vererbte,
Nur sein Gott sei der rechte Gott! – Ihr stutzt,
Dass ich, ein Christ, ein Tempelherr, so rede?
Wenn hat, und wo die fromme Raserei,
Den bessern Gott zu haben, diesen bessern
Der ganzen Welt als Besten aufzudringen,
In ihrer schwärzesten Gestalt sich mehr
Gezeigt, als hier, als itzt? Wem hier, wem itzt
Die Schuppen nicht vom Auge fallen … Doch
Sei blind, wer will! – Vergesst, was ich gesagt;
Und lasst mich! *(Will gehen.)*

NATHAN. Ha! Ihr wisst nicht, wie viel fester
Ich nun mich an Euch drängen werde. – Kommt,
Wir müssen, müssen Freunde sein! – Verachtet
Mein Volk so sehr Ihr wollt. Wir haben beide
Uns unser Volk nicht auserlesen. Sind
Wir unser Volk? Was heißt denn Volk?
Sind Christ und Jude eher Christ und Jude,
Als Mensch? Ah! wenn ich einen mehr in Euch
Gefunden hätte, dem es g'nügt, ein Mensch
Zu heißen!

TEMPELHERR. Ja, bei Gott, das habt Ihr, Nathan!
Das habt Ihr! – Eure Hand! – Ich schäme mich
Euch einen Augenblick verkannt zu haben.

NATHAN. Und ich bin stolz darauf. Nur das Gemeine
Verkennt man selten.

TEMPELHERR. Und das Seltene
Vergisst man schwerlich. – Nathan, ja;
Wir müssen, müssen Freunde werden.

NATHAN. Sind
Es schon. – Wie wird sich meine Recha freuen! –
Und ah! welch eine heitre Ferne schließt
Sich meinen Blicken auf! – Kennt sie nur erst!

1293 **entbrechen:** enthalten | 1297 **Wenn:** wann | 1308 **auserlesen:** ausgewählt |
1316 **das Gemeine:** das Übliche, Gewöhnliche

TEMPELHERR. Ich brenne vor Verlangen – Wer stürzt dort
Aus Euerm Hause? Ist's nicht ihre Daja?
NATHAN. Jawohl. So ängstlich?
TEMPELHERR. Unsrer Recha ist
Doch nichts begegnet?

Sechster Auftritt

Die VORIGEN *und* DAJA *eilig.*

DAJA. Nathan! Nathan!
NATHAN. Nun?
DAJA. Verzeihet, edler Ritter, dass ich Euch
Muss unterbrechen.
NATHAN. Nun, was ist's?
TEMPELHERR. Was ist's?
DAJA. Der Sultan hat geschickt. Der Sultan will
Euch sprechen. Gott, der Sultan!
NATHAN. Mich? der Sultan?
Er wird begierig sein, zu sehen, was
Ich Neues mitgebracht. Sag nur, es sei
Noch wenig oder gar nichts ausgepackt.
DAJA. Nein, nein; er will nichts sehen; will Euch sprechen,
Euch in Person, und bald; sobald Ihr könnt.
NATHAN. Ich werde kommen. – Geh nur wieder, geh!
DAJA. Nehmt ja nicht übel auf, gestrenger Ritter. –
Gott, wir sind so bekümmert, was der Sultan
Doch will.
NATHAN. Das wird sich zeigen. Geh nur, geh!

Siebenter Auftritt

NATHAN *und der* TEMPELHERR.

TEMPELHERR.
So kennt Ihr ihn noch nicht? – ich meine, von
Person.

1325 f. **ist / Doch nichts begegnet:** ist doch nichts zugestoßen | 1337 **Nehmt ja nicht übel auf:** Nehmt es ja nicht negativ auf | 1338 **bekümmert:** besorgt | 1340 f. **von / Person:** persönlich

NATHAN. Den Saladin? Noch nicht. Ich habe
Ihn nicht vermieden, nicht gesucht zu kennen.
Der allgemeine Ruf sprach viel zu gut
Von ihm, dass ich nicht lieber glauben wollte,
Als sehn. Doch nun, – wenn anders dem so ist, –
Hat er durch Sparung Eures Lebens …
TEMPELHERR. Ja;
Dem allerdings ist so. Das Leben, das
Ich leb, ist sein Geschenk.
NATHAN. Durch das er mir
Ein doppelt, dreifach Leben schenkte. Dies
Hat alles zwischen uns verändert; hat
Mit eins ein Seil mir umgeworfen, das
Mich seinem Dienst auf ewig fesselt. Kaum,
Und kaum, kann ich es nun erwarten, was
Er mir zuerst befehlen wird. Ich bin
Bereit zu allem; bin bereit ihm zu
Gestehn, dass ich es Euertwegen bin.
TEMPELHERR.
Noch hab ich selber ihm nicht danken können:
Sooft ich auch ihm in den Weg getreten.
Der Eindruck, den ich auf ihn machte, kam
So schnell, als schnell er wiederum verschwunden.
Wer weiß, ob er sich meiner gar erinnert.
Und dennoch muss er, einmal wenigstens,
Sich meiner noch erinnern, um mein Schicksal
Ganz zu entscheiden. Nicht genug, dass ich
Auf sein Geheiß noch bin, mit seinem Willen
Noch leb: ich muss nun auch von ihm erwarten,
Nach wessen Willen ich zu leben habe.
NATHAN. Nicht anders; umso mehr will ich nicht säumen. –
Es fällt vielleicht ein Wort, das mir, auf Euch
Zu kommen, Anlass gibt. – Erlaubt, verzeiht –
Ich eile – Wenn, wenn aber sehn wir Euch
Bei uns?
TEMPELHERR. Sobald ich darf.

1345 **wenn anders dem so ist:** wenn sich das sonst so verhält | 1346 **Sparung:** Aussparung, Schonung | 1371 **Wenn:** wann

NATHAN. Sobald Ihr wollt.
TEMPELHERR. Noch heut.
NATHAN. Und Euer Name? – muss ich bitten.
TEMPELHERR.
Mein Name war – ist Curd von Stauffen. – Curd!
NATHAN. Von Stauffen? – Stauffen? – Stauffen?
TEMPELHERR. Warum fällt
Euch das so auf?
NATHAN. Von Stauffen? – Des Geschlechts
Sind wohl schon mehrere …
TEMPELHERR. O ja! hier waren,
Hier faulen des Geschlechts schon mehrere.
Mein Oheim selbst, – mein Vater will ich sagen, –
Doch warum schärft sich Euer Blick auf mich
Je mehr und mehr?
NATHAN. O nichts! o nichts! Wie kann
Ich Euch zu sehn ermüden?
TEMPELHERR. Drum verlass
Ich Euch zuerst. Der Blick des Forschers fand
Nicht selten mehr, als er zu finden wünschte.
Ich fürcht ihn, Nathan. Lasst die Zeit allmählig.
Und nicht die Neugier, unsre Kundschaft machen.
(Er geht.)
NATHAN *(der ihm mit Erstaunen nachsieht).*
»Der Forscher fand nicht selten mehr, als er
Zu finden wünschte.« – Ist es doch, als ob
In meiner Seel' er lese! – Wahrlich ja;
Das könnt auch mir begegnen. – Nicht allein
Wolfs Wuchs, Wolfs Gang: auch seine Stimme. So,
Vollkommen so, warf Wolf sogar den Kopf;
Trug Wolf sogar das Schwert im Arm', strich Wolf
Sogar die Augenbraunen mit der Hand,
Gleichsam das Feuer seines Blicks zu bergen. –
Wie solche tiefgeprägte Bilder doch
Zuzeiten in uns schlafen können, bis
Ein Wort, ein Laut sie weckt. – Von Stauffen! –

1378 **faulen des Geschlechts schon mehrere:** verwesen schon einige aus dieser Familie | 1379 **Oheim:** Onkel; bis Mitte des 18. Jh. Bruder der Mutter | 1386 **Kundschaft:** Bekanntschaft | 1394 **Augenbraunen:** Augenbrauen | 1395 **bergen:** verbergen

Ganz recht, ganz recht; Filnek und Stauffen. –
Ich will das bald genauer wissen; bald.
Nur erst zum Saladin. – Doch wie? lauscht dort
Nicht Daja? – Nun so komm nur näher, Daja.

Achter Auftritt

DAJA. NATHAN.

NATHAN.
Was gilt's? nun drückt's euch beiden schon das Herz,
Noch ganz was anders zu erfahren, als
Was Saladin mir will.
DAJA. Verdenkt Ihr's ihr?
Ihr fingt soeben an, vertraulicher
Mit ihm zu sprechen: als des Sultans Botschaft
Uns von dem Fenster scheuchte.
NATHAN. Nun so sag
Ihr nur, dass sie ihn jeden Augenblick
Erwarten darf.
DAJA. Gewiss? gewiss?
NATHAN. Ich kann
Mich doch auf dich verlassen, Daja? Sei
Auf deiner Hut; ich bitte dich. Es soll
Dich nicht gereuen. Dein Gewissen selbst
Soll seine Rechnung dabei finden. Nur
Verdirb mir nichts in meinem Plane. Nur
Erzähl und frage mit Bescheidenheit,
Mit Rückhalt …
DAJA. Dass Ihr doch noch erst, so was
Erinnern könnt! – Ich geh; geht Ihr nur auch.
Denn seht! ich glaube gar, da kömmt vom Sultan
Ein zweiter Bot', Al-Hafi, Euer Derwisch.
(Geht ab.)

1405 **mir will:** von mir will | 1405 **Verdenkt Ihr's ihr?:** Nehmt Ihr ihr das übel? | 1411 f. **Sei / Auf deiner Hut:** Sei vorsichtig | 1412 f. **Es soll / Dich nicht gereuen:** Du sollst es nicht bereuen | 1417 **Rückhalt:** Zurückhaltung

Neunter Auftritt

NATHAN. AL-HAFI.

AL-HAFI. Ha! ha! zu Euch wollt ich nun eben wieder.
NATHAN. Ist's denn so eilig? Was verlangt er denn
Von mir?
AL-HAFI. Wer?
NATHAN. Saladin. – Ich komm, ich komme.
AL-HAFI. Zu wem? Zum Saladin?
NATHAN. Schickt Saladin
Dich nicht?
AL-HAFI. Mich? nein. Hat er denn schon geschickt?
NATHAN. Ja freilich hat er.
AL-HAFI. Nun, so ist es richtig.
NATHAN. Was? was ist richtig?
AL-HAFI. Dass … ich bin nicht schuld;
Gott weiß, ich bin nicht schuld. – Was hab ich nicht
Von Euch gesagt, gelogen, um es abzuwenden!
NATHAN. Was abzuwenden? Was ist richtig?
AL-HAFI. Dass
Nun Ihr sein Defterdar geworden. Ich
Betaur' Euch. Doch mit ansehn will ich's nicht.
Ich geh von Stund an; geh, Ihr habt es schon
Gehört, wohin; und wisst den Weg. – Habt Ihr
Des Wegs was zu bestellen; sagt: ich bin
Zu Diensten. Freilich muss es mehr nicht sein,
Als was ein Nackter mit sich schleppen kann.
Ich geh, sagt bald.
NATHAN. Besinn dich doch, Al-Hafi.
Besinn dich, dass ich noch von gar nichts weiß.
Was plauderst du denn da?
AL-HAFI. Ihr bringt sie doch
Gleich mit, die Beutel?
NATHAN. Beutel?
AL-HAFI. Nun, das Geld,
Das Ihr dem Saladin vorschießen sollt.

1431 **Defterdar:** (pers.) Schatzmeister | 1432 **Betaur':** (ich) bedaure | 1435 **zu bestellen:** zuzustellen, weiterbefördern | 1436 **muss:** darf

NATHAN. Und weiter ist es nichts?
AL-HAFI. Ich sollt' es wohl
Mit ansehn, wie er Euch von Tag zu Tag
Aushöhlen wird bis auf die Zehen? Sollt'
Es wohl mit ansehn, dass Verschwendung aus
Der weisen Milde sonst nie leeren Scheuern
So lange borgt, und borgt, und borgt, bis auch
Die armen eingebornen Mäuschen drin
Verhungern? – Bildet Ihr vielleicht Euch ein,
Wer Euers Gelds bedürftig sei, der werde
Doch Euerm Rate wohl auch folgen? – Ja;
Er Rate folgen! Wenn hat Saladin
Sich raten lassen? – Denkt nur, Nathan, was
Mir eben itzt mit ihm begegnet.
NATHAN. Nun?
AL-HAFI. Da komm ich zu ihm, eben dass er Schach
Gespielt mit seiner Schwester. Sittah spielt
Nicht übel; und das Spiel, das Saladin
Verloren glaubte, schon gegeben hatte,
Das stand noch ganz so da. Ich seh Euch hin,
Und sehe, dass das Spiel noch lange nicht
Verloren.
NATHAN. Ei! das war für dich ein Fund!
AL-HAFI. Er durfte mit dem König an den Bauer
Nur rücken, auf ihr Schach – Wenn ich's Euch gleich
Nur zeigen könnte!
NATHAN. O ich traue dir!
AL-HAFI. Denn so bekam der Roche Feld: und sie
War hin. – Das alles will ich ihm nun weisen
Und ruf ihn. – Denkt! …
NATHAN. Er ist nicht deiner Meinung?
AL-HAFI. Er hört mich gar nicht an, und wirft verächtlich
Das ganze Spiel in Klumpen.
NATHAN. Ist das möglich?
AL-HAFI. Und sagt: er wolle matt nun einmal sein;
Er wolle! Heißt das spielen?

1447 **Scheuern:** Scheunen | 1453 **Wenn:** wann | 1466 **bekam der Roche Feld:** (fachspr.) erhielt der Turm Raum

NATHAN. Schwerlich wohl;
Heißt mit dem Spiele spielen.
AL-HAFI. Gleichwohl galt
Es keine taube Nuss.
NATHAN. Geld hin, Geld her!
Das ist das Wenigste. Allein dich gar
Nicht anzuhören! über einen Punkt
Von solcher Wichtigkeit dich nicht einmal
Zu hören! deinen Adlerblick nicht zu
Bewundern! das, das schreit um Rache; nicht?
AL-HAFI. Ach was? Ich sag Euch das nur so, damit
Ihr sehen könnt, was für ein Kopf er ist.
Kurz, ich, ich halt's mit ihm nicht länger aus.
Da lauf ich nun bei allen schmutz'gen Mohren
Herum, und frage, wer ihm borgen will.
Ich, der ich nie für mich gebettelt habe,
Soll nun für andre borgen. Borgen ist
Viel besser nicht als betteln: so wie leihen,
Auf Wucher leihen, nicht viel besser ist,
Als stehlen. Unter meinen Ghebern, an
Dem Ganges, brauch ich beides nicht, und brauche
Das Werkzeug beider nicht zu sein. Am Ganges,
Am Ganges nur gibt's Menschen. Hier seid Ihr
Der Einzige, der noch so würdig wäre,
Dass er am Ganges lebte. – Wollt Ihr mit? –
Lasst ihm mit eins den Plunder ganz im Stiche,
Um den es ihm zu tun. Er bringt Euch nach
Und nach doch drum. So wär die Plackerei
Auf einmal aus. Ich schaff Euch einen Delk.
Kommt! kommt!
NATHAN. Ich dächte zwar, das blieb' uns ja
Noch immer übrig. Doch, Al-Hafi, will
Ich's überlegen. Warte …
AL-HAFI. Überlegen?
Nein, so was überlegt sich nicht.
NATHAN. Nur bis

1488 **Auf Wucher:** zu überhöhten Zinsen | 1489 **Ghebern:** auch Parsen; indische Anhänger Zoroasters, des Begründers einer altiranischen Religion | 1490 **Ganges:** heiliger Strom der Inder | 1495 **mit eins den Plunder:** mit all dem Zeug | 1496 **Um den es ihm zu tun:** um den es ihm geht | 1498 **Delk:** Mönchsgewand eines Derwischs

Ich von dem Sultan wiederkomme; bis
Ich Abschied erst …

AL-HAFI. Wer überlegt, der sucht
Bewegungsgründe, nicht zu dürfen. Wer
Sich Knall und Fall, ihm selbst zu leben, nicht
Entschließen kann, der lebet andrer Sklav'
Auf immer. – Wie Ihr wollt! – Lebt wohl! wie's Euch
Wohl dünkt. – Mein Weg liegt dort; und Eurer da.

NATHAN. Al-Hafi! Du wirst selbst doch erst das Deine
Berichtigen?

AL-HAFI. Ach Possen! Der Bestand
Von meiner Kass' ist nicht des Zählens wert;
Und meine Rechnung bürgt – Ihr oder Sittah.
Lebt wohl! *(Ab.)*

NATHAN *(ihm nachsehend).*
Die bürg ich! – Wilder, guter, edler –
Wie nenn ich ihn? – Der wahre Bettler ist
Doch einzig und allein der wahre König!
(Von einer andern Seite ab.)

1506 **Knall und Fall:** Knall auf Fall, plötzlich, unvermittelt | 1506 **ihm selbst zu leben:** für sich selbst zu leben | 1507 **andrer Sklav':** als Sklave anderer Leute | 1509 **dünkt:** erscheint | 1510 f. **das Deine / Berichtigen:** deine Schulden begleichen | 1511 **Possen:** Unfug | 1513 **meine Rechnung bürgt:** für meine Rechnung bürgt

Dritter Aufzug

Erster Auftritt

Szene: in Nathans Hause.
RECHA *und* DAJA.

RECHA. Wie, Daja, drückte sich mein Vater aus?
»Ich dürf ihn jeden Augenblick erwarten?«
Das klingt – nicht wahr? – als ob er noch so bald
Erscheinen werde. – Wie viel Augenblicke
Sind aber schon vorbei! – Ah nun: wer denkt
An die verflossenen? – Ich will allein
In jedem nächsten Augenblicke leben.
Er wird doch einmal kommen, der ihn bringt.
DAJA. O der verwünschten Botschaft von dem Sultan!
Denn Nathan hätte sicher ohne sie
Ihn gleich mit hergebracht.
RECHA. Und wenn er nun
Gekommen dieser Augenblick; wenn denn
Nun meiner Wünsche wärmster, innigster
Erfüllet ist: was dann? – was dann?
DAJA. Was dann?
Dann hoff ich, dass auch meiner Wünsche wärmster
Soll in Erfüllung gehen.
RECHA. Was wird dann
In meiner Brust an dessen Stelle treten,
Die schon verlernt, ohn einen herrschenden
Wunsch aller Wünsche sich zu dehnen? – Nichts?
Ah, ich erschrecke! …
DAJA. Mein, mein Wunsch wird dann
An des erfüllten Stelle treten; meiner.
Mein Wunsch, dich in Europa, dich in Händen
Zu wissen, welche deiner würdig sind.
RECHA. Du irrst. – Was diesen Wunsch zu deinem macht,

Das Nämliche verhindert, dass er meiner
Je werden kann. Dich zieht dein Vaterland:
Und meines, meines sollte mich nicht halten?
Ein Bild der Deinen, das in deiner Seele
Noch nicht verloschen, sollte mehr vermögen,
Als die ich sehn, und greifen kann, und hören,
Die Meinen?

DAJA. Sperre dich, soviel du willst!
Des Himmels Wege sind des Himmels Wege.
Und wenn es nun dein Retter selber wäre,
Durch den sein Gott, für den er kämpft, dich in
Das Land, dich zu dem Volke führen wollte,
Für welche du geboren wurdest?

RECHA. Daja!
Was sprichst du da nun wieder, liebe Daja!
Du hast doch wahrlich deine sonderbaren
Begriffe! »Sein, sein Gott! für den er kämpft!«
Wem eignet Gott? was ist das für ein Gott,
Der einem Menschen eignet? der für sich
Muss kämpfen lassen? – Und wie weiß
Man denn, *für* welchen Erdkloß man geboren,
Wenn man's für den nicht ist, *auf* welchem man
Geboren? – Wenn mein Vater dich so hörte! –
Was tat er dir, mir immer nur mein Glück
So weit von ihm als möglich vorzuspiegeln?
Was tat er dir, den Samen der Vernunft,
Den er so rein in meine Seele streute,
Mit deines Landes Unkraut oder Blumen
So gern zu mischen? – Liebe, liebe Daja,
Er will nun deine bunten Blumen nicht
Auf meinem Boden! – Und ich muss dir sagen,
Ich selber fühle meinen Boden, wenn
Sie noch so schön ihn kleiden, so entkräftet,
So ausgezehrt durch deine Blumen; fühle
In ihrem Dufte, sauersüßem Dufte,
Mich so betäubt, so schwindelnd! – Dein Gehirn

1541 **das Nämliche:** dasselbe | 1544 **der Deinen:** deiner Verwandten | 1547 **Sperre dich:** Sträube dich | 1559 **Erdkloß:** der Boden, auf dem man geboren ist und wo man seine religiösen Wurzeln hat

Ist dessen mehr gewohnt. Ich tadle drum
Die stärkern Nerven nicht, die ihn vertragen.
Nur schlägt er mir nicht zu; und schon dein Engel,
Wie wenig fehlte, dass er mich zur Närrin
Gemacht? – Noch schäm ich mich vor meinem Vater
Der Posse!

DAJA. Posse! – Als ob der Verstand
Nur hier zu Hause wäre! Posse! Posse!
Wenn ich nur reden dürfte!

RECHA. Darfst du nicht?
Wenn war ich nicht ganz Ohr, sooft es dir
Gefiel, von deinen Glaubenshelden mich
Zu unterhalten? Hab ich ihren Taten
Nicht stets Bewunderung; und ihren Leiden
Nicht immer Tränen gern gezollt? Ihr Glaube
Schien freilich mir das Heldenmäßigste
An ihnen nie. Doch so viel tröstender
War mir die Lehre, dass Ergebenheit
In Gott von unserm Wähnen über Gott
So ganz und gar nicht abhängt. – Liebe Daja,
Das hat mein Vater uns so oft gesagt;
Darüber hast du selbst mit ihm so oft
Dich einverstanden: warum untergräbst
Du denn allein, was du mit ihm zugleich
Gebauet? – Liebe Daja, das ist kein
Gespräch, womit wir unserm Freund' am besten
Entgegensehn. Für mich zwar, ja! Denn mir,
Mir liegt daran unendlich, ob auch er …
Horch, Daja! – Kommt es nicht an unsre Türe?
Wenn Er es wäre! horch!

1577 **schlägt er mir nicht zu:** vertrage ich ihn nicht | 1580 **Posse:** Possenspiel, Mätzchen, Unfug | 1591 **Wähnen:** Spekulieren, Betrachtungen anstellen

Zweiter Auftritt

RECHA. DAJA *und der* TEMPELHERR, *dem jemand von außen die Türe öffnet, mit den Worten:*

Nur hier herein!
RECHA *(fährt zusammen, fasst sich, und will ihm zu Füßen fallen).* Er ist's – Mein Retter, ah!
TEMPELHERR. Dies zu vermeiden
Erschien ich bloß so spät: und doch –
RECHA. Ich will
Ja zu den Füßen dieses stolzen Mannes
Nur Gott noch einmal danken; nicht dem Manne.
Der Mann will keinen Dank; will ihn so wenig
Als ihn der Wassereimer will, der bei
Dem Löschen so geschäftig sich erwiesen.
Der ließ sich füllen, ließ sich leeren, mir
Nichts, dir nichts: also auch der Mann. Auch der
Ward nun so in die Glut hineingestoßen;
Da fiel ich ungefähr ihm in den Arm;
Da blieb ich ungefähr, so wie ein Funken
Auf seinem Mantel, ihm in seinen Armen;
Bis wiederum, ich weiß nicht was, uns beide
Herausschmiss aus der Glut. – Was gibt es da
Zu danken? – In Europa treibt der Wein
Zu noch weit andern Taten. – Tempelherren,
Die müssen einmal nun so handeln; müssen
Wie etwas besser zugelernte Hunde,
Sowohl aus Feuer, als aus Wasser holen.
TEMPELHERR *(der sie mit Erstaunen und Unruhe die Zeit über betrachtet).* O Daja, Daja! Wenn in Augenblicken
Des Kummers und der Galle, meine Laune
Dich übel anließ, warum jede Torheit,
Die meiner Zung' entfuhr, ihr hinterbringen?
Das hieß sich zu empfindlich rächen, Daja!
Doch wenn du nur von nun an, besser mich
Bei ihr vertreten willst.

1612 **Ward:** wurde | 1613 **ungefähr:** zufällig. | 1621 **zugelernte:** abgerichtete | 1624 **Galle:** hier für: Zorn; vgl. Anm. zu V. 711 | 1625 **übel anließ:** heftig anfuhr | 1626 **hinterbringen:** übermitteln

DAJA. Ich denke, Ritter,
Ich denke nicht, dass diese kleinen Stacheln,
Ihr an das Herz geworfen, Euch da sehr
Geschadet haben.

RECHA. Wie? Ihr hattet Kummer?
Und wart mit Euerm Kummer geiziger
Als Euerm Leben?

TEMPELHERR. Gutes, holdes Kind! –
Wie ist doch meine Seele zwischen Auge
Und Ohr geteilt! – Das war das Mädchen nicht,
Nein, nein, das war es nicht, das aus dem Feuer
Ich holte. – Denn wer hätte die gekannt,
Und aus dem Feuer nicht geholt? Wer hätte
Auf mich gewartet? – Zwar – verstellt – der Schreck
(Pause, unter der er, in Anschauung ihrer, sich wie verliert.)

RECHA. Ich aber find Euch noch den Nämlichen. –
(Dergleichen; bis sie fortfährt, um ihn in seinem Anstaunen zu unterbrechen.)
Nun, Ritter, sagt uns doch, wo Ihr so lange
Gewesen? – Fast dürft ich auch fragen: wo
Ihr itzo seid?

TEMPELHERR. Ich bin, – wo ich vielleicht
Nicht sollte sein. –

RECHA. Wo Ihr gewesen? – Auch
Wo Ihr vielleicht nicht solltet sein gewesen?
Das ist nicht gut.

TEMPELHERR. Auf – auf – wie heißt der Berg?
Auf Sinai.

RECHA. Auf Sinai? – Ah schön!
Nun kann ich zuverlässig doch einmal
Erfahren, ob es wahr …

TEMPELHERR. Was? was? Ob's wahr,
Dass noch daselbst der Ort zu sehn, wo Moses
Vor Gott gestanden, als …

RECHA. Nun das wohl nicht.
Denn wo er stand, stand er vor Gott. Und davon

1640 verstellt: entstellt, verändert | **1641 den Nämlichen:** denselben | **1644 itzo:** jetzt, im Moment

Ist mir zur G'nüge schon bekannt. – Ob's wahr,
Möcht ich nur gern von Euch erfahren, dass –
Dass es bei weitem nicht so mühsam sei,
Auf diesen Berg hinaufzusteigen, als
Herab? – Denn seht; so viel ich Berge noch
Gestiegen bin, war's just das Gegenteil. –
Nun, Ritter? – Was? – Ihr kehrt Euch von mir ab?
Wollt mich nicht sehn?

TEMPELHERR. Weil ich Euch hören will.

RECHA. Weil Ihr mich nicht wollt merken lassen, dass
Ihr meiner Einfalt lächelt; dass Ihr lächelt,
Wie ich Euch doch so gar nichts Wichtigers
Von diesem heiligen Berg' aller Berge
Zu fragen weiß? Nicht wahr?

TEMPELHERR. So muss
Ich doch Euch wieder in die Augen sehn. –
Was? Nun schlagt Ihr sie nieder? nun verbeißt
Das Lächeln Ihr? wie ich noch erst in Mienen,
In zweifelhaften Mienen lesen will,
Was ich so deutlich hör, Ihr so vernehmlich
Mir sagt – verschweigt? – Ah Recha! Recha! Wie
Hat er so wahr gesagt: »Kennt sie nur erst!«

RECHA. Wer hat? – von wem? – Euch das gesagt?

TEMPELHERR. »Kennt sie
Nur erst!« hat Euer Vater mir gesagt;
Von Euch gesagt.

DAJA. Und ich nicht etwa auch?
Ich denn nicht auch?

TEMPELHERR. Allein wo ist er denn?
Wo ist denn Euer Vater? Ist er noch
Beim Sultan?

RECHA. Ohne Zweifel.

TEMPELHERR. Noch, noch da? –
O mich Vergesslichen! Nein, nein; da ist
Er schwerlich mehr. – Er wird dort unten bei
Dem Kloster meiner warten; ganz gewiss.

1659 **just:** genau | 1663 **meiner Einfalt lächelt:** über meine Einfalt lächelt

So red'ten, mein ich, wir es ab. Erlaubt!
Ich geh, ich hol ihn …
DAJA. Das ist meine Sache.
Bleibt, Ritter, bleibt. Ich bring ihn unverzüglich.
TEMPELHERR.
Nicht so, nicht so! Er sieht mir selbst entgegen;
Nicht Euch. Dazu, er könnte leicht … wer weiß? …
Er könnte bei dem Sultan leicht, … Ihr kennt
Den Sultan nicht! … leicht in Verlegenheit
Gekommen sein. – Glaubt mir; es hat Gefahr,
Wenn ich nicht geh.
RECHA. Gefahr? was für Gefahr?
TEMPELHERR. Gefahr für mich, für Euch, für ihn: wenn ich
Nicht schleunig, schleunig geh. *(Ab.)*

Dritter Auftritt

RECHA *und* DAJA.

RECHA. Was ist das, Daja? –
So schnell? – Was kömmt ihm an? Was fiel ihm auf?
Was jagt ihn?
DAJA. Lasst nur, lasst. Ich denk, es ist
Kein schlimmes Zeichen.
RECHA. Zeichen? und wovon?
DAJA. Dass etwas vorgeht innerhalb. Es kocht,
Und soll nicht überkochen. Lasst ihn nur.
Nun ist's an Euch.
RECHA. Was ist an mir? Du wirst,
Wie er, mir unbegreiflich.
DAJA. Bald nun könnt
Ihr ihm die Unruh' all vergelten, die
Er Euch gemacht hat. Seid nur aber auch
Nicht allzu streng, nicht allzu rachbegierig.
RECHA. Wovon du sprichst, das magst du selber wissen.
DAJA. Und seid denn Ihr bereits so ruhig wieder?

1683 **red'ten … ab:** verabredeten | 1690 **es hat Gefahr:** es ist gefährlich | 1693 **schleunig:** unverzüglich, sofort | 1694 **Was kömmt ihm an:** Was ist mit ihm? | 1701 **die Unruh' all:** die ganze Unruhe

RECHA. Das bin ich; ja das bin ich …
DAJA. Wenigstens
Gesteht, dass Ihr Euch seiner Unruh' freut;
Und seiner Unruh' danket, was Ihr itzt
Von Ruh' genießt.
RECHA. Mir völlig unbewusst!
Denn was ich höchstens dir gestehen könnte,
Wär, dass es mich – mich selbst befremdet, wie
Auf einen solchen Sturm in meinem Herzen
So eine Stille plötzlich folgen können.
Sein voller Anblick, sein Gespräch, sein Tun
Hat mich …
DAJA. Gesättigt schon?
RECHA. Gesättigt, will
Ich nun nicht sagen; nein – bei weitem nicht –
DAJA. Den heißen Hunger nur gestillt.
RECHA. Nun ja;
Wenn du so willst.
DAJA. Ich eben nicht.
RECHA. Er wird
Mir ewig wert; mir ewig werter, als
Mein Leben bleiben: wenn auch schon mein Puls
Nicht mehr bei seinem bloßen Namen wechselt;
Nicht mehr mein Herz, sooft ich an ihn denke,
Geschwinder, stärker schlägt – Was schwatz ich? Komm,
Komm, liebe Daja, wieder an das Fenster,
Das auf die Palmen sieht.
DAJA. So ist er doch
Wohl noch nicht ganz gestillt, der heiße Hunger.
RECHA. Nun werd ich auch die Palmen wieder sehn:
Nicht ihn bloß untern Palmen.
DAJA. Diese Kälte
Beginnt auch wohl ein neues Fieber nur.
RECHA. Was Kält'? Ich bin nicht kalt. Ich sehe wahrlich
Nicht minder gern, was ich mit Ruhe sehe.

Vierter Auftritt

Szene: ein Audienzsaal in dem Palaste des Saladin.
SALADIN *und* SITTAH.

SALADIN *(im Hereintreten, gegen die Türe).*
Hier bringt den Juden her, sobald er kömmt.
Er scheint sich eben nicht zu übereilen.
SITTAH. Er war auch wohl nicht bei der Hand; nicht gleich
Zu finden.
SALADIN. Schwester! Schwester!
SITTAH. Tust du doch
Als stünde dir ein Treffen vor.
SALADIN. Und das
Mit Waffen, die ich nicht gelernt zu führen.
Ich soll mich stellen; soll besorgen lassen;
Soll Fallen legen; soll auf Glatteis führen.
Wenn hätt ich das gekonnt? Wo hätt ich das
Gelernt? – Und soll das alles, ah, wozu?
Wozu? – Um Geld zu fischen; Geld! – Um Geld,
Geld einem Juden abzubangen; Geld!
Zu solchen kleinen Listen wär ich endlich
Gebracht, der Kleinigkeiten kleinste mir
Zu schaffen?
SITTAH. Jede Kleinigkeit, zu sehr
Verschmäht, die rächt sich, Bruder.
SALADIN. Leider wahr. –
Und wenn nun dieser Jude gar der gute,
Vernünft'ge Mann ist, wie der Derwisch dir
Ihn ehedem beschrieben?
SITTAH. O nun dann!
Was hat es dann für Not! Die Schlinge liegt
Ja nur dem geizigen, besorglichen,
Furchtsamen Juden: nicht dem guten, nicht
Dem weisen Manne. Dieser ist ja so
Schon unser, ohne Schlinge. Das Vergnügen

1736 **Als stünde dir ein Treffen vor:** hier: als stünde dir ein Gefecht bevor | 1738 **mich stellen:** mich verstellen, heucheln | 1738 **besorgen lassen:** Furcht erregen | 1740 **Wenn:** wann | 1743 **abzubangen:** durch Bedrohung abzupressen | 1750 **ehedem:** damals

Zu hören, wie ein solcher Mann sich ausred't;
Mit welcher dreisten Stärk' entweder, er
Die Stricke kurz zerreißet; oder auch
Mit welcher schlauen Vorsicht er die Netze
Vorbei sich windet: dies Vergnügen hast
Du obendrein.

SALADIN. Nun, das ist wahr. Gewiss;
Ich freue mich darauf.

SITTAH. So kann dich ja
Auch weiter nichts verlegen machen. Denn
Ist's einer aus der Menge bloß; ist's bloß
Ein Jude, wie ein Jude: gegen den
Wirst du dich doch nicht schämen, so zu scheinen
Wie er die Menschen all sich denkt? Vielmehr;
Wer sich ihm besser zeigt, der zeigt sich ihm
Als Geck, als Narr.

SALADIN. So muss ich ja wohl gar
Schlecht handeln, dass von mir der Schlechte nicht
Schlecht denke?

SITTAH. Traun! wenn du schlecht handeln nennst,
Ein jedes Ding nach seiner Art zu brauchen.

SALADIN. Was hätt ein Weiberkopf erdacht, das er
Nicht zu beschönen wüsste!

SITTAH. Zu beschönen!

SALADIN. Das feine, spitze Ding, besorg ich nur,
In meiner plumpen Hand zerbricht! – So was
Will ausgeführt sein, wie's erfunden ist:
Mit aller Pfiffigkeit, Gewandtheit. – Doch,
Mag's doch nur, mag's! Ich tanze, wie ich kann;
Und könnt es freilich, lieber – schlechter noch
Als besser.

SITTAH. Trau dir auch nur nicht zu wenig!
ich stehe dir für dich! Wenn du nur willst. –
Dass uns die Männer deinesgleichen doch
So gern bereden möchten, nur ihr Schwert,
Ihr Schwert nur habe sie so weit gebracht.

1759 f. **die Netze / Vorbei sich windet:** sich an den Netzen vorbei windet | 1769 **Geck:** Narr, eitler Mensch | 1771 **Traun:** wahrlich, fürwahr | 1774 **beschönen:** beschönigen | 1775 **besorg:** fürchte | 1784 **bereden:** einreden

Der Löwe schämt sich freilich, wenn er mit
Dem Fuchse jagt: – des Fuchses, nicht der List.

SALADIN. Und dass die Weiber doch so gern den Mann
Zu sich herunter hätten! – Geh nur, geh! –
Ich glaube meine Lektion zu können.

SITTAH. Was? ich soll gehn?

SALADIN. Du wolltest doch nicht bleiben?

SITTAH.
Wenn auch nicht bleiben … im Gesicht euch bleiben –
Doch hier im Nebenzimmer –

SALADIN. Da zu horchen?
Auch das nicht, Schwester; wenn ich soll bestehn. –
Fort, fort! der Vorhang rauscht; er kömmt! – doch dass
Du ja nicht da verweilst! Ich sehe nach.
(Indem sie sich durch die eine Türe entfernt, tritt Nathan zu der andern herein; und Saladin hat sich gesetzt.)

Fünfter Auftritt

SALADIN *und* NATHAN.

SALADIN. Tritt näher, Jude! – Näher! – Nur ganz her! –
Nur ohne Furcht!

NATHAN. Die bleibe deinem Feinde!

SALADIN. Du nennst dich Nathan?

NATHAN. Ja.

SALADIN. Den weisen Nathan?

NATHAN. Nein.

SALADIN. Wohl! nennst du dich nicht; nennt dich das Volk.

NATHAN. Kann sein; das Volk!

SALADIN. Du glaubst doch nicht, dass ich
Verächtlich von des Volkes Stimme denke? –
Ich habe längst gewünscht, den Mann zu kennen,
Den es den Weisen nennt.

NATHAN. Und wenn es ihn

1792 **im Gesicht euch bleiben:** unter euren Augen bleiben

Zum Spott so nennte? Wenn dem Volke weise
Nichts weiter wär als klug? und klug nur der,
Der sich auf seinen Vorteil gut versteht?
SALADIN. Auf seinen wahren Vorteil, meinst du doch?
NATHAN. Dann freilich wär der Eigennützigste
Der Klügste. Dann wär freilich klug und weise
Nur eins.
SALADIN. Ich höre dich erweisen, was
Du widersprechen willst. – Des Menschen wahre
Vorteile, die das Volk nicht kennt – kennst du.
Hast du zu kennen wenigstens gesucht;
Hast drüber nachgedacht: das auch allein
Macht schon den Weisen.
NATHAN. Der sich jeder dünkt
Zu sein.
SALADIN. Nun der Bescheidenheit genug!
Denn sie nur immerdar zu hören, wo
Man trockene Vernunft erwartet, ekelt.
(Er springt auf.)
Lass uns zur Sache kommen! Aber, aber
Aufrichtig, Jud', aufrichtig!
NATHAN. Sultan, ich
Will sicherlich dich so bedienen, dass
Ich deiner fernern Kundschaft würdig bleibe.
SALADIN. Bedienen? wie?
NATHAN. Du sollst das Beste haben
Von allem; sollst es um den billigsten
Preis haben.
SALADIN. Wovon sprichst du? doch wohl nicht
Von deinen Waren? – Schachern wird mit dir
Schon meine Schwester. (Das der Horcherin!) –
Ich habe mit dem Kaufmann nichts zu tun.
NATHAN. So wirst du ohne Zweifel wissen wollen,
Was ich auf meinem Wege von dem Feinde,
Der allerdings sich wieder reget, etwa
Bemerkt, getroffen? – Wenn ich unverhohlen …

1823 **fernern:** weiteren | 1827 **Schachern:** handeln

SALADIN. Auch darauf bin ich eben nicht mir dir
Gesteuert. Davon weiß ich schon, so viel
Ich nötig habe. – Kurz; –
NATHAN. Gebiete, Sultan.
SALADIN. Ich heische deinen Unterricht in ganz
Was anderm; ganz was anderm. – Da du nun
So weise bist: so sage mir doch einmal –
Was für ein Glaube, was für ein Gesetz
Hat dir am meisten eingeleuchtet?
NATHAN. Sultan,
Ich bin ein Jud'.
SALADIN. Und ich ein Muselmann.
Der Christ ist zwischen uns. – Von diesen drei
Religionen kann doch eine nur
Die wahre sein. – Ein Mann, wie du, bleibt da
Nicht stehen, wo der Zufall der Geburt
Ihn hingeworfen: oder wenn er bleibt,
Bleibt er aus Einsicht, Gründen, Wahl des Bessern.
Wohlan! so teile deine Einsicht mir
Dann mit. Lass mich die Gründe hören, denen
Ich selber nachzugrübeln, nicht die Zeit
Gehabt. Lass mich die Wahl, die diese Gründe
Bestimmt, – versteht sich, im Vertrauen – wissen,
Damit ich sie zu meiner mache. – Wie?
Du stutzest? wägst mich mit dem Auge? – Kann
Wohl sein, dass ich der erste Sultan bin,
Der eine solche Grille hat; die mich
Doch eines Sultans eben nicht so ganz
Unwürdig dünkt. – Nicht wahr? – So rede doch!
Sprich! – Oder willst du einen Augenblick,
Dich zu bedenken? Gut; ich geb ihn dir. –
(Ob sie wohl horcht? Ich will sie doch belauschen;
Will hören, ob ich's recht gemacht. –) Denk nach!
Geschwind denk nach! Ich säume nicht, zurück-
Zukommen. *(Er geht in das Nebenzimmer, nach welchem sich Sittah begeben.)*

1834 f. darauf bin ich eben nicht mit dir / Gesteuert: darauf wollte ich das Gespräch nicht lenken | **1837 heische deinen Unterricht:** erwarte begierig deine Unterweisung | **1855 wägst mich:** betrachtest mich prüfend | **1857 eine … Grille:** einen sonderbaren Einfall, eine fixe Idee | **1859 dünkt:** scheint

Sechster Auftritt

NATHAN *allein.*

Hm! hm! – wunderlich! – Wie ist
Mir denn? – Was will der Sultan? was? – Ich bin
Auf Geld gefasst; und er will – Wahrheit. Wahrheit!
Und will sie so, – so bar, so blank, – als ob
Die Wahrheit Münze wäre! – Ja, wenn noch
Uralte Münze, die gewogen ward! –
Das ginge noch! Allein so neue Münze,
Die nur der Stempel macht, die man aufs Brett
Nur zählen darf, das ist sie doch nun nicht!
Wie Geld in Sack, so striche man in Kopf
Auch Wahrheit ein? Wer ist denn hier der Jude?
Ich oder er? – Doch wie? Sollt er auch wohl
Die Wahrheit nicht in Wahrheit fodern? – Zwar,
Zwar der Verdacht, dass er die Wahrheit nur
Als Falle brauche, wär auch gar zu klein! –
Zu klein? – Was ist für einen Großen denn
Zu klein? – Gewiss, gewiss: er stürzte mit
Der Türe so ins Haus! Man pocht doch, hört
Doch erst, wenn man als Freund sich naht. – Ich muss
Behutsam gehn! – Und wie? wie das? – So ganz
Stockjude sein zu wollen, geht schon nicht. –
Und ganz und gar nicht Jude, geht noch minder.
Denn, wenn kein Jude, dürft er mich nur fragen,
Warum kein Muselmann? – Das war's! Das kann
Mich retten! – Nicht die Kinder bloß, speist man
Mit Märchen ab. – Er kömmt. Er komme nur!

Siebenter Auftritt

SALADIN *und* NATHAN.

SALADIN. (So ist das Feld hier rein!) – Ich komm dir doch
Nicht zu geschwind zurück? Du bist zu Rande

1870 **ward:** wurde | 1872 **Brett:** zum Geldzählen benutztes Zahlbrett | 1877 **fodern:** fordern | 1885 **Stockjude:** durch und durch Jude | 1892 **zu Rande:** fertig

Mit deiner Überlegung. – Nun so rede!
Es hört uns keine Seele.

NATHAN. Möcht auch doch
Die ganze Welt uns hören.

SALADIN. So gewiss
Ist Nathan seiner Sache? Ha! das nenn
Ich einen Weisen! Nie die Wahrheit zu
Verhehlen! für sie alles auf das Spiel
Zu setzen! Leib und Leben! Gut und Blut!

NATHAN. Ja! ja! wann's nötig ist und nutzt.

SALADIN. Von nun
An darf ich hoffen, einen meiner Titel,
Verbesserer der Welt und des Gesetzes,
Mit Recht zu führen.

NATHAN. Traun, ein schöner Titel!
Doch, Sultan, eh ich mich dir ganz vertraue,
Erlaubst du wohl, dir ein Geschichtchen zu
Erzählen?

SALADIN. Warum das nicht? Ich bin stets
Ein Freund gewesen von Geschichtchen, gut
Erzählt.

NATHAN. Ja, gut erzählen, das ist nun
Wohl eben meine Sache nicht.

SALADIN. Schon wieder
So stolz bescheiden? – Mach! erzähl, erzähle!

NATHAN. Vor grauen Jahren lebt' ein Mann in Osten,
Der einen Ring von unschätzbarem Wert'
Aus lieber Hand besaß. Der Stein war ein
Opal, der hundert schöne Farben spielte,
Und hatte die geheime Kraft, vor Gott
Und Menschen angenehm zu machen, wer
In dieser Zuversicht ihn trug. Was Wunder,
Dass ihn der Mann in Osten darum nie
Vom Finger ließ; und die Verfügung traf,
Auf ewig ihn bei seinem Hause zu
Erhalten? Nämlich so. Er ließ den Ring

1898 **Verhehlen:** verbergen | 1900 **wann's:** wenn es | 1903 **Traun:** wahrlich, fürwahr | 1911 **in Osten:** im Orient | 1914 **Opal:** Schmuckstein mit besonders schönem buntfleckigen Farbenspiel | 1914 **Farben spielte:** in Farben schillerte

Von seinen Söhnen dem geliebtesten;
Und setzte fest, dass dieser wiederum
Den Ring von seinen Söhnen dem vermache,
Der ihm der liebste sei; und stets der Liebste,
Ohn Ansehn der Geburt, in Kraft allein
Des Rings, das Haupt, der Fürst des Hauses werde. –
Versteh mich, Sultan.

SALADIN. Ich versteh dich. Weiter!

NATHAN. So kam nun dieser Ring, von Sohn zu Sohn,
Auf einen Vater endlich von drei Söhnen;
Die alle drei ihm gleich gehorsam waren,
Die alle drei er folglich gleich zu lieben
Sich nicht entbrechen konnte. Nur von Zeit
Zu Zeit schien ihm bald der, bald dieser, bald
Der dritte, – sowie jeder sich mit ihm
Allein befand, und sein ergießend Herz
Die andern zwei nicht teilten, – würdiger
Des Ringes; den er denn auch einem jeden
Die fromme Schwachheit hatte, zu versprechen.
Das ging nun so, solang es ging. – Allein
Es kam zum Sterben, und der gute Vater
Kömmt in Verlegenheit. Es schmerzt ihn, zwei
Von seinen Söhnen, die sich auf sein Wort
Verlassen, so zu kränken. – Was zu tun? –
Er sendet in geheim zu einem Künstler,
Bei dem er, nach dem Muster seines Ringes,
Zwei andere bestellt, und weder Kosten
Noch Mühe sparen heißt, sie jenem gleich,
Vollkommen gleich zu machen. Das gelingt
Dem Künstler. Da er ihm die Ringe bringt,
Kann selbst der Vater seinen Musterring
Nicht unterscheiden. Froh und freudig ruft
Er seine Söhne, jeden insbesondre;
Gibt jedem insbesondre seinen Segen, –
Und seinen Ring, – und stirbt. – Du hörst doch,
Sultan?

1926 **in Kraft allein:** kraft, vermöge, durch | 1933 **entbrechen:** enthalten | 1936 **ergießend:** überfließendes | 1945 **in geheim:** insgeheim, heimlich | 1953 **insbesondre:** für sich allein

SALADIN *(der sich betroffen von ihm gewandt).*
Ich hör, ich höre! – Komm mit deinem Märchen
Nur bald zu Ende. – Wird's?

NATHAN. Ich bin zu Ende.
Denn was noch folgt, versteht sich ja von selbst. –
Kaum war der Vater tot, so kömmt ein jeder
Mit seinem Ring', und jeder will der Fürst
Des Hauses sein. Man untersucht, man zankt,
Man klagt. Umsonst; der rechte Ring war nicht
Erweislich; – *(nach einer Pause, in welcher er des Sultans Antwort erwartet)*
Fast so unerweislich, als
Uns itzt – der rechte Glaube.

SALADIN. Wie? das soll
Die Antwort sein auf meine Frage? …

NATHAN. Soll
Mich bloß entschuldigen, wenn ich die Ringe,
Mir nicht getrau zu unterscheiden, die
Der Vater in der Absicht machen ließ,
Damit sie nicht zu unterscheiden wären.

SALADIN.
Die Ringe! – Spiele nicht mit mir! – Ich dächte,
Dass die Religionen, die ich dir
Genannt, doch wohl zu unterscheiden wären.
Bis auf die Kleidung; bis auf Speis und Trank!

NATHAN. Und nur von Seiten ihrer Gründe nicht. –
Denn gründen alle sich nicht auf Geschichte?
Geschrieben oder überliefert! – Und
Geschichte muss doch wohl allein auf Treu
Und Glauben angenommen werden? – Nicht? –
Nun wessen Treu und Glauben zieht man denn
Am wenigsten in Zweifel? Doch der Seinen?
Doch deren Blut wir sind? doch deren, die
Von Kindheit an uns Proben ihrer Liebe
Gegeben? die uns nie getäuscht, als wo
Getäuscht zu werden uns heilsamer war? –

Wie kann ich meinen Vätern weniger,
Als du den deinen glauben? Oder umgekehrt. –
Kann ich von dir verlangen, dass du deine
Vorfahren Lügen strafst, um meinen nicht
Zu widersprechen? Oder umgekehrt.
Das Nämliche gilt von den Christen. Nicht? –

SALADIN. (Bei dem Lebendigen! Der Mann hat Recht.
Ich muss verstummen.)

NATHAN. Lass auf unsre Ring'
Uns wieder kommen. Wie gesagt: die Söhne
Verklagten sich; und jeder schwur dem Richter,
Unmittelbar aus seines Vaters Hand
Den Ring zu haben. – Wie auch wahr! – Nachdem
Er von ihm lange das Versprechen schon
Gehabt, des Ringes Vorrecht einmal zu
Genießen. – Wie nicht minder wahr! – Der Vater,
Beteu'rte jeder, könne gegen ihn
Nicht falsch gewesen sein; und eh er dieses
Von ihm, von einem solchen lieben Vater,
Argwohnen lass': eh müss' er seine Brüder,
So gern er sonst von ihnen nur das Beste
Bereit zu glauben sei, des falschen Spiels
Bezeihen; und er wolle die Verräter
Schon auszufinden wissen; sich schon rächen.

SALADIN.
Und nun, der Richter? – Mich verlangt zu hören,
Was du den Richter sagen lässest. Sprich!

NATHAN.
Der Richter sprach: Wenn ihr mir nun den Vater
Nicht bald zur Stelle schafft, so weis ich euch
Von meinem Stuhle. Denkt ihr, dass ich Rätsel
Zu lösen da bin? Oder harret ihr,
Bis dass der rechte Ring den Mund eröffne? –
Doch halt! Ich höre ja, der rechte Ring
Besitzt die Wunderkraft beliebt zu machen;
Vor Gott und Menschen angenehm. Das muss

1990 **Das Nämliche:** dasselbe | 1999 **minder:** weniger | 2003 **Argwohnen lass':** als Verdächtigung zuließe | 2006 **Bezeihen:** beschuldigen, bezichtigen | 2013 **harret ihr:** wartet ihr darauf

Entscheiden! Denn die falschen Ringe werden
Doch das nicht können! – Nun; wen lieben zwei
Von euch am meisten? – Macht, sagt an! Ihr schweigt?
Die Ringe wirken nur zurück? und nicht
Nach außen? Jeder liebt sich selber nur
Am meisten? – O so seid ihr alle drei
Betrogene Betrieger! Eure Ringe
Sind alle drei nicht echt. Der echte Ring
Vermutlich ging verloren. Den Verlust
Zu bergen, zu ersetzen, ließ der Vater
Die drei für einen machen.

SALADIN. Herrlich! herrlich!

NATHAN. Und also; fuhr der Richter fort, wenn ihr
Nicht meinen Rat, statt meines Spruches, wollt:
Geht nur! – Mein Rat ist aber der: ihr nehmt
Die Sache völlig wie sie liegt. Hat von
Euch jeder seinen Ring von seinem Vater:
So glaube jeder sicher seinen Ring
Den echten. – Möglich; dass der Vater nun
Die Tyrannei des Einen Rings nicht länger
In seinem Hause dulden wollen! – Und gewiss;
Dass er euch alle drei geliebt, und gleich
Geliebt: indem er zwei nicht drücken mögen,
Um einen zu begünstigen. – Wohlan!
Es eifre jeder seiner unbestochnen
Von Vorurteilen freien Liebe nach!
Es strebe von euch jeder um die Wette,
Die Kraft des Steins in seinem Ring' an Tag
Zu legen! komme dieser Kraft mit Sanftmut,
Mit herzlicher Verträglichkeit, mit Wohltun,
Mit innigster Ergebenheit in Gott,
Zu Hülf'! Und wenn sich dann der Steine Kräfte
Bei euern Kindes-Kindeskindern äußern:
So lad ich über tausend tausend Jahre,
Sie wiederum vor diesen Stuhl. Da wird
Ein weisrer Mann auf diesem Stuhle sitzen,

2024 **Betrieger:** Betrüger | 2027 **bergen:** verbergen | 2039 **drücken:** benachteiligen, zurücksetzen | 2048 **Zu Hülf':** zur Hilfe

Als ich; und sprechen. Geht! – So sagte der
Bescheidne Richter.

SALADIN. Gott! Gott!

NATHAN. Saladin,
Wenn du dich fühlest, dieser weisere
Versprochne Mann zu sein: …

SALADIN *(der auf ihn zustürzt, und seine Hand ergreift, die er bis zu Ende nicht wieder fahren lässt).*
Ich Staub? Ich Nichts?
O Gott!

NATHAN. Was ist dir, Sultan?

SALADIN. Nathan, lieber Nathan! –
Die tausend tausend Jahre deines Richters
Sind noch nicht um. – Sein Richterstuhl ist nicht
Der meine. – Geh! – Geh! – Aber sei mein Freund.

NATHAN. Und weiter hätte Saladin mir nichts
Zu sagen?

SALADIN. Nichts.

NATHAN. Nichts?

SALADIN. Gar nichts. – Und warum?

NATHAN. Ich hätte noch Gelegenheit gewünscht,
Dir eine Bitte vorzutragen.

SALADIN. Braucht's
Gelegenheit zu einer Bitte? – Rede!

NATHAN.
Ich komm von einer weiten Reis', auf welcher
Ich Schulden eingetrieben. – Fast hab ich
Des baren Gelds zu viel. – Die Zeit beginnt
Bedenklich wiederum zu werden; – und
Ich weiß nicht recht, wo sicher damit hin. –
Da dacht ich, ob nicht du vielleicht, – weil doch
Ein naher Krieg des Geldes immer mehr
Erfodert, – etwas brauchen könntest.

SALADIN *(ihm steif in die Augen sehend).* Nathan! –
Ich will nicht fragen, ob Al-Hafi schon
Bei dir gewesen; – will nicht untersuchen,

2073 **Erfodert:** erfordert

Ob dich nicht sonst ein Argwohn treibt, mir dieses
Erbieten freierdings zu tun: …

NATHAN. Ein Argwohn?

SALADIN.
Ich bin ihn wert. – Verzeih mir! – denn was hilft's?
Ich muss dir nur gestehen, – dass ich im
Begriffe war –

NATHAN. Doch nicht, das Nämliche
An mich zu suchen?

SALADIN. Allerdings.

NATHAN. So wär
Uns beiden ja geholfen! – Dass ich aber
Dir alle meine Barschaft nicht kann schicken,
Das macht der junge Tempelherr. – Du kennst
Ihn ja. – Ihm hab ich eine große Post
Vorher noch zu bezahlen.

SALADIN. Tempelherr?
Du wirst doch meine schlimmsten Feinde nicht
Mit deinem Geld auch unterstützen wollen?

NATHAN. Ich spreche von dem einen nur, dem du
Das Leben spartest …

SALADIN. Ah! woran erinnerst
Du mich! – Hab ich doch diesen Jüngling ganz
Vergessen! – Kennst du ihn? – Wo ist er?

NATHAN. Wie?
So weißt du nicht, wie viel von deiner Gnade
Für ihn, durch ihn auf mich geflossen? Er,
Er mit Gefahr des neu erhaltnen Lebens,
Hat meine Tochter aus dem Feu'r gerettet.

SALADIN. Er? Hat er das? – Ha! darnach sah er aus.
Das hätte traun mein Bruder auch getan,
Dem er so ähnelt! – Ist er denn noch hier?
So bring ihn her! – Ich habe meine Schwester
Von diesem ihren Bruder, den sie nicht
Gekannt, so viel erzählet, dass ich sie
Sein Ebenbild doch auch muss sehen lassen! –

2076 **Argwohn:** Verdacht, Misstrauen | 2077 **freierdings:** aus freien Stücken, freiwillig | 2083 **Barschaft:** gesamtes Bargeld | 2085 **eine große Post:** einen großen Posten, viel | 2090 **spartest:** schontest | 2097 **darnach:** danach | 2098 **traun:** wahrlich

Geh, hol ihn! – Wie aus Einer guten Tat,
Gebar sie auch schon bloße Leidenschaft,
Doch so viel andre gute Taten fließen!
Geh, hol ihn!

NATHAN *(indem er Saladins Hand fahren lässt).*
Augenblicks! Und bei dem andern
Bleibt es doch auch? *(Ab.)*

SALADIN. Ah! dass ich meine Schwester
Nicht horchen lassen! – Zu ihr! zu ihr! – Denn
Wie soll ich alles das ihr nun erzählen?
(Ab von der andern Seite.)

Achter Auftritt

Die Szene: unter den Palmen, in der Nähe des Klosters, wo der Tempelherr Nathans wartet.

DER TEMPELHERR *(geht, mit sich selbst kämpfend, auf und ab; bis er losbricht).*
– Hier hält das Opfertier ermüdet still. –
Nun gut! Ich mag nicht, mag nicht näher wissen,
Was in mir vorgeht; mag voraus nicht wittern,
Was vorgehn wird. – Genug, ich bin umsonst
Geflohn! umsonst. – Und weiter konnt ich doch
Auch nichts, als fliehn? – Nun komm', was kommen soll! –
Ihm auszubeugen, war der Streich zu schnell
Gefallen; unter den zu kommen, ich
So lang und viel mich weigerte. – Sie sehn,
Die ich zu sehn so wenig lüstern war, –
Sie sehn, und der Entschluss, sie wieder aus
Den Augen nie zu lassen – Was Entschluss?
Entschluss ist Vorsatz, Tat: und ich, ich litt',
Ich litte bloß. – Sie sehn, und das Gefühl,
An sie verstrickt, in sie verwebt zu sein,
War eins. – Bleibt eins. – Von ihr getrennt

2105 **Gebar:** brachte hervor | 2111 **Opfertier:** zur rituellen Schlachtung ausgewähltes Tier (in islamischer und jüdischer Religion) | 2113 **wittern:** ahnen | 2117 **auszubeugen:** auszuweichen | 2117 **Streich:** hier: listige Handlung | 2120 **lüstern:** begierig

Zu leben, ist mir ganz undenkbar; wär
Mein Tod, – und wo wir immer nach dem Tode
Noch sind, auch da mein Tod. – Ist das nun Liebe:
So – liebt der Tempelritter freilich, – liebt
Der Christ das Judenmädchen freilich. – Hm!
Was tut's? – Ich hab in dem gelobten Lande, –
Und drum auch mir g e l o b t auf immerdar! –
Der Vorurteile mehr schon abgelegt. –
Was will mein Orden auch? Ich Tempelherr
Bin tot; war von dem Augenblick ihm tot,
Der mich zu Saladins Gefangnen machte.
Der Kopf, den Saladin mir schenkte, wär
Mein alter? – Ist ein neuer; der von allem
Nichts weiß, was jenem eingeplaudert ward,
Was jenen band. – Und ist ein bessrer; für
Den väterlichen Himmel mehr gemacht.
Das spür ich ja. Denn erst mit ihm beginn
Ich so zu denken, wie mein Vater hier
Gedacht muss haben; wenn man Märchen nicht
Von ihm mir vorgelogen. – Märchen? – doch
Ganz glaubliche; die glaublicher mir nie,
Als itzt geschienen, da ich nur Gefahr
Zu straucheln laufe, wo er fiel. – Er fiel?
Ich will mit Männern lieber fallen, als
Mit Kindern stehn. – Sein Beispiel bürget mir
Für seinen Beifall. Und an wessen Beifall
Liegt mir denn sonst? – An Nathans? – O an dessen
Ermuntrung mehr, als Beifall, kann es mir
Noch weniger gebrechen. – Welch ein Jude! –
Und der so ganz nur Jude scheinen will!
Da kömmt er; kömmt mit Hast; glüht heitre Freude.
Wer kam vom Saladin je anders? – He!
He, Nathan!

2132 **in dem gelobten Lande:** in Israel | 2140 **ward:** wurde | 2147 **glaubliche:** glaubwürdige | 2155 **gebrechen:** fehlen

Neunter Auftritt

NATHAN *und der* TEMPELHERR.

NATHAN. Wie? seid Ihr's?
TEMPELHERR. Ihr habt
Sehr lang Euch bei dem Sultan aufgehalten.
NATHAN. So lange nun wohl nicht. Ich ward im Hingehn
Zu viel verweilt. – Ah, wahrlich Curd; der Mann
Steht seinen Ruhm. Sein Ruhm ist bloß sein Schatten. –
Doch lasst vor allen Dingen Euch geschwind
Nur sagen …
TEMPELHERR. Was?
NATHAN. Er will Euch sprechen; will,
Dass ungesäumt Ihr zu ihm kommt. Begleitet
Mich nur nach Hause, wo ich noch für ihn
Erst etwas anders zu verfügen habe:
Und dann, so gehn wir.
TEMPELHERR. Nathan, Euer Haus
Betret ich wieder eher nicht …
NATHAN. So seid
Ihr doch indes schon da gewesen? habt
Indes sie doch gesprochen? – Nun? – Sagt: wie
Gefällt Euch Recha?
TEMPELHERR. Über allen Ausdruck! –
Allein, – sie wiedersehn – das werd ich nie!
Nie! nie! – Ihr müsstet mir zur Stelle denn
Versprechen: – dass ich sie auf immer, immer –
Soll können sehn.
NATHAN. Wie wollt Ihr, dass ich das
Versteh?
TEMPELHERR *(nach einer kurzen Pause ihm plötzlich um den Hals fallend).*
Mein Vater!
NATHAN. – Junger Mann!
TEMPELHERR *(ihn ebenso plötzlich wieder lassend).*
Nicht Sohn? –
Ich bitt Euch, Nathan! –

2162 **verweilt:** aufgehalten | 2162 f. **der Mann / Steht seinen Ruhm:** der Mann entspricht seinem Ruhm | 2166 **ungesäumt:** sofort, zügig | 2170 **Betret ich wieder eher nicht:** betrete ich nicht eher wieder | 2173 **Über allen Ausdruck:** besser, als ich es je mit Worten ausdrücken könnte | 2175 **zur Stelle:** auf der Stelle

NATHAN. Lieber junger Mann!

TEMPELHERR.
Nicht Sohn? – Ich bitt Euch, Nathan! – Ich beschwör
Euch bei den ersten Banden der Natur! –
Zieht ihnen spätre Fesseln doch nicht vor! –
Begnügt Euch doch ein Mensch zu sein! – Stoßt mich
Nicht von Euch!

NATHAN. Lieber, lieber Freund! …

TEMPELHERR. Und Sohn?
Sohn nicht? – Auch dann nicht, dann nicht einmal, wenn
Erkenntlichkeit zum Herzen Eurer Tochter
Der Liebe schon den Weg gebahnet hätte?
Auch dann nicht einmal, wenn in eins zu schmelzen
Auf Euern Wink nur beide warteten? –
Ihr schweigt?

NATHAN. Ihr überrascht mich, junger Ritter.

TEMPELHERR.
Ich überrasch Euch? – überrasch Euch, Nathan,
Mit Euern eigenen Gedanken? – Ihr
Verkennt sie doch in meinem Munde nicht? –
Ich überrasch Euch?

NATHAN. Eh ich einmal weiß,
Was für ein Stauffen Euer Vater denn
Gewesen ist!

TEMPELHERR. Was sagt Ihr, Nathan? was? –
In diesem Augenblicke fühlt Ihr nichts,
Als Neubegier?

NATHAN. Denn seht! Ich habe selbst
Wohl einen Stauffen ehedem gekannt,
Der Conrad hieß.

TEMPELHERR. Nun – wenn mein Vater denn
Nun ebenso geheißen hätte?

NATHAN. Wahrlich?

TEMPELHERR. Ich heiße selber ja nach meinem Vater: Curd
Ist Conrad.

2181 **bei den ersten Banden der Natur:** bei den ersten natürlichen Bindungen | 2186 **Erkenntlichkeit:** Dankbarkeit | 2193 **Verkennt sie … nicht:** verkennt (die Liebe) nicht, beurteilt sie doch nicht falsch | 2198 **Neubegier:** Neugier

NATHAN. Nun – so war mein Conrad doch
Nicht Euer Vater. Denn mein Conrad war,
Was Ihr; war Tempelherr; war nie vermählt.
TEMPELHERR. O darum!
NATHAN. Wie?
TEMPELHERR. O darum könnt er doch
Mein Vater wohl gewesen sein.
NATHAN. Ihr scherzt.
TEMPELHERR.
Und Ihr nehmt's wahrlich zu genau! – Was wär's
Denn nun? So was von Bastard oder Bankert!
Der Schlag ist auch nicht zu verachten. – Doch
Entlasst mich immer meiner Ahnenprobe.
Ich will Euch Eurer wiederum entlassen.
Nicht zwar, als ob ich den geringsten Zweifel
In Euern Stammbaum setzte. Gott behüte!
Ihr könnt ihn Blatt vor Blatt bis Abraham
Hinauf belegen. Und von da so weiter,
Weiß ich ihn selbst; will ich ihn selbst beschwören.
NATHAN. Ihr werdet bitter. – Doch verdien ich's? Schlug
Ich denn Euch schon was ab? – Ich will Euch ja
Nur bei dem Worte nicht den Augenblick
So fassen. – Weiter nichts.
TEMPELHERR. Gewiss? – Nichts weiter?
O so vergebt! ...
NATHAN. Nun kommt nur, kommt!
TEMPELHERR. Wohin?
Nein! – Mit in Euer Haus? – Das nicht! das nicht! –
Da brennt's! – Ich will Euch hier erwarten. Geht! –
Soll ich sie wiedersehn: so seh ich sie
Noch oft genug. Wo nicht: so sah ich sie
Schon viel zu viel ...
NATHAN. Ich will mich möglichst eilen.

2209 **Bastard:** uneheliches Kind eines Adeligen mit einer nicht standesgemäßen Frau | 2209 **Bankert:** uneheliches Kind | 2210 **Schlag:** Art, Gattung | 2215 **Abraham:** nach dem Alten Testament der Stammesvater Israels; vgl. Altes Testament, Genesis 12–15 | 2227 **möglichst eilen:** beeilen, so schnell wie möglich fertig werden

Zehnter Auftritt

Der TEMPELHERR *und bald darauf* DAJA.

TEMPELHERR.
Schon mehr als g'nug! – Des Menschen Hirn fasst so
Unendlich viel; und ist doch manchmal auch
So plötzlich voll! von einer Kleinigkeit
So plötzlich voll! – Taugt nichts, taugt nichts; es sei
Auch voll wovon es will. – Doch nur Geduld!
Die Seele wirkt den aufgedunsnen Stoff
Bald ineinander, schafft sich Raum, und Licht
Und Ordnung kommen wieder. – Lieb ich denn
Zum ersten Male? – Oder war, was ich
Als Liebe kenne, Liebe nicht? – Ist Liebe
Nur was ich itzt empfinde? …

DAJA *(die sich von der Seite herbeigeschlichen).*
Ritter! Ritter!

TEMPELHERR. Wer ruft? – Ha, Daja, Ihr?

DAJA. Ich habe mich
Bei ihm vorbeigeschlichen. Aber noch
Könnt er uns sehn, wo Ihr da steht. – Drum kommt
Doch näher zu mir, hinter diesen Baum.

TEMPELHERR.
Was gibt's denn? – So geheimnisvoll? – Was ist's?

DAJA. Ja wohl betrifft es ein Geheimnis, was
Mich zu Euch bringt; und zwar ein doppeltes.
Das eine weiß nur ich; das andre wisst
Nur Ihr. – Wie wär es, wenn wir tauschten?
Vertraut mir Euers: so vertrau ich Euch
Das Meine.

TEMPELHERR. Mit Vergnügen. – Wenn ich nur
Erst weiß, was Ihr für Meines achtet. Doch
Das wird aus Euerm wohl erhellen. – Fangt
Nur immer an.

DAJA. Ei denkt doch! – Nein, Herr Ritter:
Erst Ihr; ich folge. – Denn versichert, mein

2233 **wirkt:** formt | 2233 **aufgedunsnen:** aufgedunsenen, aufgeblähten | 2251 **erhellen:** klar werden | 2253 **versichert:** seid gewiss

Geheimnis kann Euch gar nichts nutzen, wenn
Ich nicht zuvor das Eure habe. – Nur
Geschwind! – Denn frag ich's Euch erst ab: so habt
Ihr nichts vertrauet. Mein Geheimnis dann
Bleibt mein Geheimnis; und das Eure seid
Ihr los. – Doch armer Ritter! – Dass ihr Männer
Ein solch Geheimnis vor uns Weibern haben
Zu können, auch nur glaubt!

TEMPELHERR. Das wir zu haben
Oft selbst nicht wissen.

DAJA. Kann wohl sein. Drum muss
Ich freilich erst, Euch selbst damit bekannt
Zu machen, schon die Freundschaft haben. – Sagt:
Was hieß denn das, dass Ihr so Knall und Fall
Euch aus dem Staube machtet? dass Ihr uns
So sitzen ließet? – dass Ihr nun mit Nathan
Nicht wiederkommt? – Hat Recha denn so wenig
Auf Euch gewirkt? wie? oder auch, so viel? –
So viel! so viel! – Lehrt Ihr des armen Vogels,
Der an der Rute klebt, Geflattre mich
Doch kennen! – Kurz: gesteht es mir nur gleich,
Dass Ihr sie liebt, liebt bis zum Unsinn; und
Ich sag Euch was …

TEMPELHERR. Zum Unsinn? Wahrlich; Ihr
Versteht Euch trefflich drauf.

DAJA. Nun gebt mir nur
Die Liebe zu; den Unsinn will ich Euch
Erlassen.

TEMPELHERR. Weil er sich von selbst versteht? –
Ein Tempelherr ein Judenmädchen lieben! …

DAJA. Scheint freilich wenig Sinn zu haben. – Doch
Zuweilen ist des Sinns in einer Sache
Auch mehr, als wir vermuten; und es wäre
So unerhört doch nicht, dass uns der Heiland
Auf Wegen zu sich zöge, die der Kluge
Von selbst nicht leicht betreten würde.

2256 **frag ich's Euch … ab:** erfahre ich es von euch durch Fragen | 2257 **vertrauet:** hier: vertrauensvoll ausgeplaudert | 2264 **die Freundschaft haben:** hier: die Freundlichkeit haben | 2265 **Knall und Fall:** plötzlich | 2270–72 **Lehrt ihr … mich / Doch kennen:** Verratet mir doch, was euer Verhalten antreibt | 2271 **an der Rute klebt:** Fangmethode für kleinere Vögel | 2273 **Unsinn:** Sinnlosigkeit, Unvernunft

TEMPELHERR. Das
So feierlich? – (Und setz ich statt des Heilands
Die Vorsicht: hat sie denn nicht Recht? –) Ihr macht
Mich neubegieriger, als ich wohl sonst
Zu sein gewohnt bin.

DAJA. O! das ist das Land
Der Wunder!

TEMPELHERR. (Nun! – des Wunderbaren. Kann
Es auch wohl anders sein? Die ganze Welt
Drängt sich ja hier zusammen.) – Liebe Daja,
Nehmt für gestanden an, was Ihr verlangt:
Dass ich sie liebe; dass ich nicht begreife,
Wie ohne sie ich leben werde; dass …

DAJA. Gewiss? gewiss? – So schwört mir, Ritter, sie
Zur Eurigen zu machen; sie zu retten;
Sie zeitlich hier, sie ewig dort zu retten.

TEMPELHERR.
Und wie? – Wie kann ich? – Kann ich schwören, was
In meiner Macht nicht steht?

DAJA. In Eurer Macht
Steht es. Ich bring es durch ein einzig Wort
In Eure Macht.

TEMPELHERR. Dass selbst der Vater nichts
Dawider hätte?

DAJA. Ei, was Vater! Vater!
Der Vater soll schon müssen.

TEMPELHERR. Müssen, Daja? –
Noch ist er unter Räuber nicht gefallen. –
Er muss nicht müssen.

DAJA. Nun, so muss er wollen;
Muss gern am Ende wollen.

TEMPELHERR. Muss und gern! –
Doch, Daja, wenn ich Euch nun sage, dass
Ich selber diese Sait' ihm anzuschlagen
Bereits versucht?

DAJA. Was? und er fiel nicht ein?

2286 **Die Vorsicht:** die Vorsehung | 2287 **neubegieriger:** neugieriger | 2297 **zeitlich:** in der Zeit, in der vergänglichen Welt | 2302 **Dawider:** dagegen | 2308 **Sait':** Saite, wie bei einem Musikinstrument

TEMPELHERR.
Er fiel mit einem Misslaut ein, der mich –
Beleidigte.
DAJA. Was sagt Ihr? – Wie? Ihr hättet
Den Schatten eines Wunsches nur nach Recha
Ihm blicken lassen: und er wär vor Freuden
Nicht aufgesprungen? hätte frostig sich
Zurückgezogen? hätte Schwierigkeiten
Gemacht?
TEMPELHERR. So ungefähr.
DAJA. So will ich denn
Mich länger keinen Augenblick bedenken –
(Pause.)
TEMPELHERR. Und Ihr bedenkt Euch doch?
DAJA. Der Mann ist sonst
So gut! – Ich selber bin so viel ihm schuldig! –
Dass er doch gar nicht hören will! – Gott weiß,
Das Herze blutet mir, ihn so zu zwingen.
TEMPELHERR.
Ich bitt Euch, Daja, setzt mich kurz und gut
Aus dieser Ungewissheit. Seid Ihr aber
Noch selber ungewiss; ob, was Ihr vorhabt,
Gut oder böse, schändlich oder löblich
Zu nennen: – schweigt! Ich will vergessen, dass
Ihr etwas zu verschweigen habt.
DAJA. Das spornt
Anstatt zu halten. Nun; so wisst denn: Recha
Ist keine Jüdin; ist – ist eine Christin.
TEMPELHERR *(kalt)*.
So? Wünsch Euch Glück! Hat's schwer gehalten? Lasst
Euch nicht die Wehen schrecken! – Fahret ja
Mit Eifer fort, den Himmel zu bevölkern;
Wenn Ihr die Erde nicht mehr könnt!
DAJA. Wie, Ritter?
Verdienet meine Nachricht diesen Spott?
Dass Recha eine Christin ist: das freuet

2327 **spornt:** spornt an

Euch, einen Christen, einen Tempelherrn,
Der Ihr sie liebt, nicht mehr?

TEMPELHERR. Besonders, da
Sie eine Christin ist von Eurer Mache.

DAJA. Ah! so versteht Ihr's? So mag's gelten! – Nein!
Den will ich sehn, der die bekehren soll!
Ihr Glück ist, längst zu sein, was sie zu werden
Verdorben ist.

TEMPELHERR. Erklärt Euch, oder – geht!

DAJA. Sie ist ein Christenkind; von Christeneltern
Geboren; ist getauft …

TEMPELHERR *(hastig)*. Und Nathan?

DAJA. Nicht
Ihr Vater!

TEMPELHERR. Nathan nicht ihr Vater? – Wisst
Ihr, was Ihr sagt?

DAJA. Die Wahrheit, die so oft
Mich blut'ge Tränen weinen machen. – Nein,
Er ist ihr Vater nicht …

TEMPELHERR. Und hätte sie,
Als seine Tochter nur erzogen? hätte
Das Christenkind als eine Jüdin sich
Erzogen?

DAJA. Ganz gewiss.

TEMPELHERR. Sie wüsste nicht,
Was sie geboren sei? – Sie hätt es nie
Von ihm erfahren, dass sie eine Christin
Geboren sei, und keine Jüdin?

DAJA. Nie!

TEMPELHERR. Er hätt in diesem Wahne nicht das Kind
Bloß auferzogen? ließ das Mädchen noch
In diesem Wahne?

DAJA. Leider!

TEMPELHERR. Nathan – Wie? –
Der weise gute Nathan hätte sich
Erlaubt, die Stimme der Natur so zu

2341 f. **was sie zu werden / Verdorben ist:** hier: was sie (schändlich) werden sollte | 2352 **Was:** als was | 2355 **in diesem Wahne:** in diesem Glauben

Verfälschen? – Die Ergießung eines Herzens
So zu verlenken, die, sich selbst gelassen,
Ganz andre Wege nehmen würde? – Daja,
Ihr habt mir allerdings etwas vertraut –
Von Wichtigkeit, – was Folgen haben kann, –
Was mich verwirrt, – worauf ich gleich nicht weiß,
Was mir zu tun. – Drum lasst mir Zeit. – Drum geht!
Er kömmt hier wiederum vorbei. Er möcht
Uns überfallen. Geht!

DAJA. Ich wär des Todes!

TEMPELHERR. Ich bin ihn itzt zu sprechen ganz und gar
Nicht fähig. Wenn Ihr ihm begegnet, sagt
Ihm nur, dass wir einander bei dem Sultan
Schon finden würden.

DAJA. Aber lasst Euch ja
Nichts merken gegen ihn. – Das soll nur so
Den letzten Druck dem Dinge geben; soll
Euch, Rechas wegen, alle Skrupel nur
Benehmen! – Wenn Ihr aber dann, sie nach
Europa führt: so lasst Ihr doch mich nicht
Zurück?

TEMPELHERR. Das wird sich finden. Geht nur, geht!

2360 **Ergießung:** hier: das, was von Herzen kommt | 2361 **verlenken:** in die falsche Richtung lenken | 2361 **sich selbst gelassen:** sich selbst überlassen | 2363 **vertraut:** anvertraut | 2376 **Benehmen:** nehmen, wegnehmen

Vierter Aufzug

Erster Auftritt

Szene: in den Kreuzgängen des Klosters.
Der KLOSTERBRUDER *und bald darauf der* TEMPELHERR.

KLOSTERBRUDER. Ja, ja! er hat schon Recht, der Patriarch!
Es hat mir freilich noch von alledem
Nicht viel gelingen wollen, was er mir
So aufgetragen. – Warum trägt er mir
Auch lauter solche Sachen auf? – Ich mag
Nicht fein sein; mag nicht überreden; mag
Mein Näschen nicht in alles stecken; mag
Mein Händchen nicht in allem haben. – Bin
Ich darum aus der Welt geschieden, ich
Für mich; um mich für andre mit der Welt
Noch erst recht zu verwickeln?

TEMPELHERR *(mit Hast auf ihn zukommend).*
Guter Bruder!
Da seid Ihr ja. Ich hab Euch lange schon
Gesucht.

KLOSTERBRUDER.
Mich, Herr?

TEMPELHERR. Ihr kennt mich schon nicht mehr?

KLOSTERBRUDER.
Doch, doch! Ich glaubte nur, dass ich den Herrn
In meinem Leben wieder nie zu sehn
Bekommen würde. Denn ich hofft es zu
Dem lieben Gott. – Der liebe Gott, der weiß
Wie sauer mir der Antrag ward, den ich
Dem Herrn zu tun verbunden war. Er weiß,
Ob ich gewünscht, ein offnes Ohr bei Euch
Zu finden; weiß, wie sehr ich mich gefreut,
Im Innersten gefreut, dass Ihr so rund
Das alles, ohne viel Bedenken, von

2394 f. **ich hofft es zu … Gott:** ich hoffte es bei Gott | 2396 **sauer:** beschwerlich | 2396 **Antrag:** hier: Auftrag | 2396 **ward:** wurde | 2397 **verbunden:** verpflichtet

Euch wies't, was einem Ritter nicht geziemt. –
Nun kommt Ihr doch; nun hat's doch nachgewirkt!
TEMPELHERR. Ihr wisst es schon, warum ich komme? Kaum
Weiß ich es selbst.
KLOSTERBRUDER. Ihr habt's nun überlegt;
Habt nun gefunden, dass der Patriarch
So Unrecht doch nicht hat; dass Ehr' und Geld
Durch seinen Anschlag zu gewinnen; dass
Ein Feind ein Feind ist, wenn er unser Engel
Auch siebenmal gewesen wäre. Das,
Das habt Ihr nun mit Fleisch und Blut erwogen,
Und kommt, und tragt Euch wieder an. – Ach Gott!
TEMPELHERR.
Mein frommer, lieber Mann! gebt Euch zufrieden.
Deswegen komm ich nicht; deswegen will
Ich nicht den Patriarchen sprechen. Noch,
Noch denk ich über jenen Punkt, wie ich
Gedacht, und wollt um alles in der Welt
Die gute Meinung nicht verlieren, deren
Mich ein so grader, frommer, lieber Mann
Einmal gewürdiget. – Ich komme bloß,
Den Patriarchen über eine Sache
Um Rat zu fragen …
KLOSTERBRUDER. Ihr den Patriarchen?
Ein Ritter, einen – Pfaffen?
(Sich schüchtern umsehend.)
TEMPELHERR. Ja; – die Sach'
Ist ziemlich pfäffisch.
KLOSTERBRUDER. Gleichwohl fragt der Pfaffe
Den Ritter nie, die Sache sei auch noch
So ritterlich.
TEMPELHERR. Weil er das Vorrecht hat,
Sich zu vergehn; das unsereiner ihm
Nicht sehr beneidet. – Freilich, wenn ich nur
Für mich zu handeln hätte; freilich, wenn
Ich Rechenschaft nur mir zu geben hätte:

2402 **geziemt:** ansteht, angemessen ist | 2408 **Anschlag:** Vorhaben, Plan | 2412 **tragt Euch wieder an:** bietet euch wieder an | 2423 **Pfaffen:** abwertende Bezeichnung für einen Geistlichen | 2427 **Sich zu vergehn:** hier: Fehler zu machen, Straftaten zu begehen

Was braucht' ich Euers Patriarchen? Aber
Gewisse Dinge will ich lieber schlecht,
Nach andrer Willen, machen; als allein
Nach meinem, gut. – Zudem, ich seh nun wohl,
Religion ist auch Partei; und wer
Sich drob auch noch so unparteiisch glaubt,
Hält, ohn es selbst zu wissen, doch nur seiner
Die Stange. Weil das einmal nun so ist:
Wird's so wohl recht sein.

KLOSTERBRUDER. Dazu schweig ich lieber.
Denn ich versteh den Herrn nicht recht.

TEMPELHERR. Und doch! –
(Lass sehn, warum mir eigentlich zu tun!
Um Machtspruch oder Rat? – Um lautern, oder
Gelehrten Rat?) – Ich dank Euch, Bruder; dank
Euch für den guten Wink. – Was Patriarch? –
Seid Ihr mein Patriarch! Ich will ja doch
Den Christen mehr im Patriarchen, als
Den Patriarchen in dem Christen fragen. –
Die Sach' ist die …

KLOSTERBRUDER. Nicht weiter, Herr, nicht weiter!
Wozu? – Der Herr verkennt mich. – Wer viel weiß,
Hat viel zu sorgen; und ich habe ja
Mich Einer Sorge nur gelobt. – O gut!
Hört! seht! Dort kömmt, zu meinem Glück, er selbst.
Bleibt hier nur stehn. Er hat Euch schon erblickt.

Zweiter Auftritt

Der PATRIARCH, *welcher mit allem geistlichen Pomp den einen Kreuzgang heraufkömmt, und die* VORIGEN.

TEMPELHERR.
Ich wich' ihm lieber aus. – Wär nicht mein Mann! –
Ein dicker, roter, freundlicher Prälat!
Und welcher Prunk!

2435 **Partei:** Zugehörigkeit, Parteinahme | 2436 **drob:** darüber | 2437 f. **Hält … / Die Stange:** hält zu, unterstützt | 2441 **warum mir eigentlich zu tun:** worum es mir eigentlich geht | 2442 **lautern:** redlichen, ehrlichen | nach 2453 **Pomp:** übertrieben prachtvolle Aufmachung, Prunk | 2455 **Prälat:** geistlicher Würdenträger

KLOSTERBRUDER. Ihr sollt ihn erst sehn,
Nach Hofe sich erheben. Itzo kömmt
Er nur von einem Kranken.
TEMPELHERR. Wie sich da
Nicht Saladin wird schämen müssen!
PATRIARCH *(indem er näher kömmt, winkt dem Bruder).*
Hier! –
Das ist ja wohl der Tempelherr. Was will
Er?
KLOSTERBRUDER.
Weiß nicht.
PATRIARCH *(auf ihn zugehend, indem der Bruder und das Gefolge zurücktreten).*
Nun, Herr Ritter! – Sehr erfreut
Den braven jungen Mann zu sehn! – Ei, noch
So gar jung! – Nun, mit Gottes Hülfe, daraus
Kann etwas werden.
TEMPELHERR. Mehr, ehrwürd'ger Herr,
Wohl schwerlich, als schon ist. Und eher noch,
Was weniger.
PATRIARCH. Ich wünsche wenigstens,
Dass so ein frommer Ritter lange noch
Der lieben Christenheit, der Sache Gottes
Zu Ehr' und Frommen blühn und grünen möge!
Das wird denn auch nicht fehlen, wenn nur fein
Die junge Tapferkeit dem reifen Rate
Des Alters folgen will! – Womit wär sonst
Dem Herrn zu dienen?
TEMPELHERR. Mit dem nämlichen,
Woran es meiner Jugend fehlt: mit Rat.
PATRIARCH.
Recht gern! – Nur ist der Rat auch anzunehmen.
TEMPELHERR. Doch blindlings nicht?
PATRIARCH. Wer sagt denn das? – Ei freilich
Muss niemand die Vernunft, die Gott ihm gab,
Zu brauchen unterlassen, – wo sie hin-

2457 **Nach Hofe sich erheben:** sich an den Hof begeben | 2457 **Itzo:** Jetzt | 2463 **gar jung:** sehr jung | 2466 **Was:** etwas, ein wenig | 2469 **Frommen:** Nutzen

Gehört. – Gehört sie aber überall
Denn hin? – O nein! – Zum Beispiel: wenn uns Gott
Durch einen seiner Engel, – ist zu sagen,
Durch einen Diener seines Worts, – ein Mittel
Bekannt zu machen würdiget, das Wohl
Der ganzen Christenheit, das Heil der Kirche,
Auf irgendeine ganz besondre Weise
Zu fördern, zu befestigen: wer darf
Sich da noch unterstehn, die Willkür des,
Der die Vernunft erschaffen, nach Vernunft
Zu untersuchen? und das ewige
Gesetz der Herrlichkeit des Himmels, nach
Den kleinen Regeln einer eiteln Ehre
Zu prüfen? – Doch hiervon genug. – Was ist
Es denn, worüber unsern Rat für itzt
Der Herr verlangt?

TEMPELHERR. Gesetzt, ehrwürd'ger Vater,
Ein Jude hätt ein einzig Kind, – es sei
Ein Mädchen, – das er mit der größten Sorgfalt
Zu allem Guten auferzogen, das
Er liebe mehr als seine Seele, das
Ihn wieder mit der frömmsten Liebe liebe.
Und nun würd unsereinem hinterbracht,
Dies Mädchen sei des Juden Tochter nicht;
Er hab' es in der Kindheit aufgelesen,
Gekauft, gestohlen, – was Ihr wollt; man wisse,
Das Mädchen sei ein Christenkind, und sei
Getauft; der Jude hab' es nur als Jüdin
Erzogen; lass es nur als Jüdin und
Als seine Tochter so verharren: – sagt,
Ehrwürd'ger Vater, was wär hierbei wohl
Zu tun?

PATRIARCH. Mich schaudert! – Doch zuallererst
Erkläre sich der Herr, ob so ein Fall
Ein Faktum oder eine Hypothes'.
Das ist zu sagen: ob der Herr sich das

2487 **des:** dessen | 2511 **Faktum:** Tatsache | 2511 **Hypothes':** Hypothese: Annahme | 2512 f. **sich das … dichtet:** sich das ausdenkt

Nur bloß so dichtet, oder ob's geschehn,
Und fortfährt zu geschehn.

TEMPELHERR. Ich glaubte, das
Sei eins, um Euer Hochehrwürden Meinung
Bloß zu vernehmen.

PATRIARCH. Eins? – Da seh' der Herr
Wie sich die stolze menschliche Vernunft
Im Geistlichen doch irren kann. – Mitnichten!
Denn ist der vorgetragne Fall nur so
Ein Spiel des Witzes: so verlohnt es sich
Der Mühe nicht, im Ernst ihn durchzudenken.
Ich will den Herrn damit auf das Theater
Verwiesen haben, wo dergleichen pro
Et contra sich mit vielem Beifall könnte
Behandeln lassen. – Hat der Herr mich aber
Nicht bloß mit einer theatral'schen Schnurre
Zum Besten; ist der Fall ein Faktum; hätt
Er sich wohl gar in unsrer Diözes',
In unsrer lieben Stadt Jerusalem,
Eräugnet: – ja alsdann –

TEMPELHERR. Und was alsdann?

PATRIARCH. Dann wäre mit dem Juden fördersamst
Die Strafe zu vollziehn, die päpstliches
Und kaiserliches Recht so einem Frevel,
So einer Lastertat bestimmen.

TEMPELHERR. So?

PATRIARCH. Und zwar bestimmen obbesagte Rechte
Dem Juden, welcher einen Christen zur
Apostasie verführt, – den Scheiterhaufen, –
Den Holzstoß –

TEMPELHERR. So?

PATRIARCH. Und wie viel mehr dem Juden,
Der mit Gewalt ein armes Christenkind
Dem Bunde seiner Tauf' entreißt! Denn ist
Nicht alles, was man Kindern tut, Gewalt? –
Zu sagen: – ausgenommen, was die Kirch'
An Kindern tut.

2520 **des Witzes:** hier: des Denkens, des Scharfsinns | 2523 f. **pro / Et contra:** (lat.) für und wider | 2526 **Schnurre:** scherzhafte Erzählung | 2528 **Diözes':** Diözese: Amtsgebiet des Bischofs, Bistum | 2530 **Eräugnet:** ereignet | 2531 **fördersamst:** schnellstens, unverzüglich | 2535 **obbesagte:** oben besagte | 2537 **Apostasie:** (fachspr., griech.-lat.) Abfall vom christlichen Glauben

TEMPELHERR. Wenn aber nun das Kind,
Erbarmte seiner sich der Jude nicht,
Vielleicht im Elend umgekommen wäre?
PATRIARCH.
Tut nichts! der Jude wird verbrannt. – Denn besser,
Es wäre hier im Elend umgekommen,
Als dass zu seinem ewigen Verderben
Es so gerettet ward. – Zudem, was hat
Der Jude Gott denn vorzugreifen? Gott
Kann, wen er retten will, schon ohn ihn retten.
TEMPELHERR.
Auch trotz ihm, sollt ich meinen, – selig machen.
PATRIARCH. Tut nichts! der Jude wird verbrannt.
TEMPELHERR. Das geht
Mir nah'! Besonders, da man sagt, er habe
Das Mädchen nicht sowohl in seinem, als
Vielmehr in keinem Glauben auferzogen,
Und sie von Gott nicht mehr nicht weniger
Gelehrt, als der Vernunft genügt.
PATRIARCH. Tut nichts!
Der Jude wird verbrannt ... Ja, wär allein
Schon dieserwegen wert, dreimal verbrannt
Zu werden! – Was? ein Kind ohn allen Glauben
Erwachsen lassen? – Wie? die große Pflicht
Zu glauben, ganz und gar ein Kind nicht lehren?
Das ist zu arg! – Mich wundert sehr, Herr Ritter,
Euch selbst ...
TEMPELHERR. Ehrwürd'ger Herr, das Übrige,
Wenn Gott will, in der Beichte. *(Will gehn.)*
PATRIARCH. Was? mir nun
Nicht einmal Rede stehn? – Den Bösewicht,
Den Juden mir nicht nennen? – mir ihn nicht
Zur Stelle schaffen? – O da weiß ich Rat!
Ich geh sogleich zum Sultan. – Saladin,
Vermöge der Kapitulation,
Die er beschworen, muss uns, muss uns schützen;

2552 **trotz ihm:** ihm zum Trotz | 2553 **Tut nichts!:** Das ist egal! | 2560 **dieserwegen:** deswegen | 2571 **Vermöge:** mithilfe von | 2571 **Kapitulation:** völker- bzw. staatsrechtlicher Vertrag

Bei allen Rechten, allen Lehren schützen,
Die wir zu unsrer allerheiligsten
Religion nur immer rechnen dürfen!
Gottlob! wir haben das Original.
Wir haben seine Hand, sein Siegel. Wir! –
Auch mach ich ihm gar leicht begreiflich, wie
Gefährlich selber für den Staat es ist,
Nichts glauben! Alle bürgerliche Bande
Sind aufgelöset, sind zerrissen, wenn
Der Mensch nichts glauben darf. – Hinweg! hinweg
Mit solchem Frevel! …
TEMPELHERR. Schade, dass ich nicht
Den trefflichen Sermon mit bessrer Muße
Genießen kann! Ich bin zum Saladin
Gerufen.
PATRIARCH. Ja? – Nun so – Nun freilich – Dann –
TEMPELHERR. Ich will den Sultan vorbereiten, wenn
Es Eurer Hochehrwürden so gefällt.
PATRIARCH. O, oh! – Ich weiß, der Herr hat Gnade funden
Vor Saladin! – Ich bitte meiner nur
Im Besten bei ihm eingedenk zu sein. –
Mich treibt der Eifer Gottes lediglich.
Was ich zu viel tu, tu ich ihm. – Das wolle
Doch ja der Herr erwägen! – Und nicht wahr,
Herr Ritter? das vorhin Erwähnte von
Dem Juden, war nur ein Problema? – ist
Zu sagen –
TEMPELHERR. Ein Problema. *(Geht ab.)*
PATRIARCH. (Dem ich tiefer
Doch auf den Grund zu kommen suchen muss.
Das wär so wiederum ein Auftrag für
Den Bruder Bonafides.) – Hier, mein Sohn!
(Er spricht im Abgehn mit dem Klosterbruder.)

2577 **Hand:** Handschrift, Unterschrift | 2580 **Bande:** Bindungen, Regeln | 2584 **Sermon:** Rede, Predigt | 2584 **mit bessrer Muße:** mit mehr Entspanntheit | 2589 **funden:** gefunden | 2593 **ihm:** für ihn, zu seinem Nutzen | 2596 **Problema:** wissenschaftliche Aufgabe oder Streitfrage | 2600 **Bonafides:** (lat.) guter Glaube; sprechender Name

Dritter Auftritt

Szene: ein Zimmer im Palaste des Saladin, in welches von Sklaven eine Menge Beutel getragen, und auf dem Boden nebeneinander gestellt werden.
SALADIN *und bald darauf* SITTAH.

SALADIN *(der dazukömmt).*
Nun wahrlich! das hat noch kein Ende. – Ist
Des Dings noch viel zurück?
EIN SKLAVE. Wohl noch die Hälfte.
SALADIN. So tragt das Übrige zu Sittah. – Und
Wo bleibt Al-Hafi? Das hier soll sogleich
Al-Hafi zu sich nehmen. – Oder ob
Ich's nicht vielmehr dem Vater schicke? Hier
Fällt mir es doch nur durch die Finger. – Zwar
Man wird wohl endlich hart; und nun gewiss
Soll's Künste kosten, mir viel abzuzwacken.
Bis wenigstens die Gelder aus Ägypten
Zur Stelle kommen, mag das Armut sehn
Wie's fertig wird! – Die Spenden bei dem Grabe,
Wenn die nur fortgehn! Wenn die Christenpilger
Mit leeren Händen nur nicht abziehn dürfen!
Wenn nur –
SITTAH. Was soll nun das? Was soll das Geld
Bei mir?
SALADIN. Mach dich davon bezahlt; und leg
Auf Vorrat, wenn was übrig bleibt.
SITTAH. Ist Nathan
Noch mit dem Tempelherrn nicht da?
SALADIN. Er sucht
Ihn allerorten.
SITTAH. Sieh doch, was ich hier,
Indem mir so mein alt Geschmeide durch
Die Hände geht, gefunden.
(Ihm ein klein Gemälde zeigend.)
SALADIN. Ha! mein Bruder!
Das ist er, ist er! – War er! war er! ah! –

2601 f. Ist / Des Dings noch viel zurück?: Ist davon noch viel übrig? | **2609 Künste kosten:** Mühe machen | **2609 abzuzwacken:** wegzunehmen | **2611 das Armut:** die armen Leute | **2616 Mach dich davon bezahlt:** Nimm deinen Teil | **2620 Geschmeide:** Schmuck | **vor 2621 klein Gemälde:** vermutlich ein Medaillon, das ein kleines Bild enthält
vor 2648 auf einen Sofa: (veraltet: der Sofa) auf ein Sofa | **2648 sein Ton:** hier: seine Stimme

Ah wackrer lieber Junge, dass ich dich
So früh verlor! Was hätt ich erst mit dir,
An deiner Seit' erst unternommen! – Sittah,
Lass mir das Bild. Auch kenn ich's schon: er gab
Es deiner ältern Schwester, seiner Lilla,
Die eines Morgens ihn so ganz und gar
Nicht aus den Armen lassen wollt. Es war
Der letzte, den er ausritt. – Ah, ich ließ
Ihn reiten, und allein! – Ah, Lilla starb
Vor Gram, und hat mir's nie vergeben, dass
Ich so allein ihn reiten lassen. – Er
Blieb weg!

SITTAH. Der arme Bruder!

SALADIN. Lass nur gut
Sein! – Einmal bleiben wir doch alle weg! –
Zudem, – wer weiß? Der Tod ist's nicht allein,
Der einem Jüngling seiner Art das Ziel
Verrückt. Er hat der Feinde mehr; und oft
Erliegt der Stärkste gleich dem Schwächsten. – Nun,
Sei wie ihm sei! – Ich muss das Bild doch mit
Dem jungen Tempelherrn vergleichen; muss
Doch sehn, wie viel mich meine Phantasie
Getäuscht.

SITTAH. Nur darum bring ich's. Aber gib
Doch, gib! Ich will dir das wohl sagen; das
Versteht ein weiblich Aug' am besten.

SALADIN *(zu einem Türsteher, der hereintritt).* Wer
Ist da? – der Tempelherr? – Er komm'!

SITTAH. Euch nicht
Zu stören: ihn mit meiner Neugier nicht
Zu irren –
(Sie setzt sich seitwärts auf einen Sofa und lässt den Schleier fallen.)

SALADIN. Gut so! gut! – (Und nun sein Ton!
Wie der wohl sein wird! – Assads Ton
Schläft auch wohl wo in meiner Seele noch!)

2653 **dir ziemt:** sich für dich gehört | 2660 **wider:** gegen | 2663 f. **mich mit dir in nichts / Betrogen:** mich in dir in keinem Punkt getäuscht | 2668 **Ginnistan:** Dschinnistân,

Vierter Auftritt

Der TEMPELHERR *und* SALADIN.

TEMPELHERR. Ich, dein Gefangner, Sultan …
SALADIN. Mein Gefangner?
Wenn ich das Leben schenke, werd ich dem
Nicht auch die Freiheit schenken?
TEMPELHERR. Was dir ziemt
Zu tun, ziemt mir, erst zu vernehmen, nicht
Vorauszusetzen. Aber, Sultan, – Dank,
Besondern Dank dir für mein Leben zu
Beteuern, stimmt mit meinem Stand und meinem
Charakter nicht. – Es steht in allen Fällen
Zu deinen Diensten wieder.
SALADIN. Brauch es nur
Nicht wider mich! – Zwar ein paar Hände mehr,
Die gönnt ich meinem Feinde gern. Allein
Ihm so ein Herz auch mehr zu gönnen, fällt
Mir schwer. – Ich habe mich mit dir in nichts
Betrogen, braver junger Mann! Du bist
Mit Seel und Leib mein Assad. Sieh! ich könnte
Dich fragen: wo du denn die ganze Zeit
Gesteckt? in welcher Höhle du geschlafen?
In welchem Ginnistan, von welcher guten
Div diese Blume fort und fort so frisch
Erhalten worden? Sieh! ich könnte dich
Erinnern wollen, was wir dort und dort
Zusammen ausgeführt. Ich könnte mit
Dir zanken, dass du Ein Geheimnis doch
Vor mir gehabt! Ein Abenteuer mir
Doch unterschlagen: – Ja, das könnt ich; wenn
Ich dich nur säh', und nicht auch mich. – Nun, mag's!
Von dieser süßen Träumerei ist immer
Doch so viel wahr, dass mir in meinem Herbst
Ein Assad wieder blühen soll. – Du bist
Es doch zufrieden, Ritter?

Feenland; Dschinn sind Geister im arabischen Volksglauben | 2669 **Div:** Fee | 2670 f. **dich / Erinnern wollen:** dich daran erinnern wollen | 2676 **mag's:** von mir aus
2684 **Um mir:** für mich, um meinetwillen | 2684 **Muselmann:** Muslim | 2685 **Jamerlonk:**

TEMPELHERR. Alles, was
Von dir mir kömmt, – sei was es will – das lag
Als Wunsch in meiner Seele.

SALADIN. Lass uns das
Sogleich versuchen. – Bliebst du wohl bei mir?
Um mir? – Als Christ, als Muselmann: gleichviel!
Im weißen Mantel, oder Jamerlonk;
Im Tulban, oder deinem Filze: wie
Du willst! Gleichviel! Ich habe nie verlangt,
Dass allen Bäumen Eine Rinde wachse.

TEMPELHERR.
Sonst wärst du wohl auch schwerlich, der du bist:
Der Held, der lieber Gottes Gärtner wäre.

SALADIN.
Nun dann; wenn du nicht schlechter von mir denkst:
So wären wir ja halb schon richtig?

TEMPELHERR. Ganz!

SALADIN *(ihm die Hand bietend)*.
Ein Wort?

TEMPELHERR *(einschlagend)*.
Ein Mann! – Hiermit empfange mehr
Als du mir nehmen konntest. Ganz der Deine!

SALADIN. Zu viel Gewinn für einen Tag! zu viel! –
Kam er nicht mit?

TEMPELHERR. Wer?

SALADIN. Nathan.

TEMPELHERR *(frostig)*. Nein. Ich kam
Allein.

SALADIN. Welch eine Tat von dir! Und welch
Ein weises Glück, dass eine solche Tat
Zum Besten eines solchen Mannes ausschlug.

TEMPELHERR. Ja, ja!

SALADIN. So kalt? – Nein, junger Mann! wenn Gott
Was Gutes durch uns tut, muss man so kalt
Nicht sein! – selbst aus Bescheidenheit so kalt
Nicht scheinen wollen!

arabischer Mantel | 2686 **Tulban:** Turban | 2686 **Filze:** Filzkappe | 2692 **So wären wir … richtig:** So wären wir uns … einig

TEMPELHERR. Dass doch in der Welt
Ein jedes Ding so manche Seiten hat! –
Von denen oft sich gar nicht denken lässt,
Wie sie zusammenpassen!
SALADIN. Halte dich
Nur immer an die best', und preise Gott!
Der weiß, wie sie zusammenpassen. – Aber,
Wenn du so schwierig sein willst, junger Mann:
So werd auch ich ja wohl auf meiner Hut
Mich mit dir halten müssen? Leider bin
Auch ich ein Ding von vielen Seiten, die
Oft nicht so recht zu passen scheinen mögen.
TEMPELHERR.
Das schmerzt! – Denn Argwohn ist so wenig sonst
Mein Fehler –
SALADIN. Nun, so sage doch, mit wem
Du's hast? – Es schien ja gar, mit Nathan. Wie?
Auf Nathan Argwohn? du? – Erklär dich! sprich!
Komm, gib mir deines Zutrauns erste Probe.
TEMPELHERR. Ich habe wider Nathan nichts. Ich zürn
Allein mit mir –
SALADIN. Und über was?
TEMPELHERR. Dass mir
Geträumt, ein Jude könn' auch wohl ein Jude
Zu sein verlernen; dass mir wachend so
Geträumt.
SALADIN. Heraus mit diesem wachen Traume!
TEMPELHERR. Du weißt von Nathans Tochter, Sultan. Was
Ich für sie tat, das tat ich, – weil ich's tat.
Zu stolz, Dank einzuernten, wo ich ihn
Nicht säete, verschmäht ich Tag für Tag
Das Mädchen noch einmal zu sehn. Der Vater
War fern; er kömmt; er hört; er sucht mich auf;
Er dankt; er wünscht, dass seine Tochter mir
Gefallen möge; spricht von Aussicht, spricht
Von heitern Fernen. – Nun, ich lasse mich

2710 f. auf meiner Hut / Mich mit dir halten: vor dir auf der Hut sein | **2714 Argwohn:** Misstrauen | **2719 wider:** gegen | **2732 Von heitern Fernen:** Von einer heiteren Zukunft

Beschwatzen, komme, sehe, finde wirklich
Ein Mädchen ... Ah, ich muss mich schämen, Sultan! –
SALADIN. Dich schämen? – dass ein Judenmädchen auf
Dich Eindruck machte: doch wohl nimmermehr?
TEMPELHERR. Dass diesem Eindruck, auf das liebliche
Geschwätz des Vaters hin, mein rasches Herz
So wenig Widerstand entgegensetzte! –
Ich Tropf! ich sprang zum zweiten Mal ins Feuer. –
Denn nun warb i c h , und nun ward i c h verschmäht.
SALADIN. Verschmäht?
TEMPELHERR. Der weise Vater schlägt nun wohl
Mich platterdings nicht aus. Der weise Vater
Muss aber doch sich erst erkunden, erst
Besinnen. Allerdings! Tat ich denn das
Nicht auch? Erkundete, besann ich denn
Mich erst nicht auch, als sie im Feuer schrie? –
Fürwahr! bei Gott! Es ist doch gar was Schönes,
So weise, so bedächtig sein!
SALADIN. Nun, nun!
So sieh doch einem Alten etwas nach!
Wie lange können seine Weigerungen
Denn dauern? Wird er denn von dir verlangen,
Dass du erst Jude werden sollst?
TEMPELHERR. Wer weiß!
SALADIN. Wer weiß? – der diesen Nathan besser kennt.
TEMPELHERR. Der Aberglaub', in dem wir aufgewachsen,
Verliert, auch wenn wir ihn erkennen, darum
Doch seine Macht nicht über uns. – Es sind
Nicht alle frei, die ihrer Ketten spotten.
SALADIN.
Sehr reif bemerkt! Doch Nathan wahrlich, Nathan ...
TEMPELHERR.
Der Aberglauben schlimmster ist, den seinen
Für den erträglichern zu halten ...
SALADIN. Mag
Wohl sein! Doch Nathan ...

2743 platterdings: ohne weiteres

TEMPELHERR. Dem allein
Die blöde Menschheit zu vertrauen, bis
Sie hellern Wahrheitstag gewöhne; dem
Allein …
SALADIN. Gut! Aber Nathan! – Nathans Los
Ist diese Schwachheit nicht.
TEMPELHERR. So dacht ich auch! …
Wenn gleichwohl dieser Ausbund aller Menschen
So ein gemeiner Jude wäre, dass
Er Christenkinder zu bekommen suche,
Um sie als Juden aufzuziehn: – wie dann?
SALADIN. Wer sagt ihm so was nach?
TEMPELHERR. Das Mädchen selbst,
Mit welcher er mich körnt, mit deren Hoffnung
Er gern mir zu bezahlen schiene, was
Ich nicht umsonst für sie getan soll haben: –
Dies Mädchen selbst, ist seine Tochter – nicht;
Ist ein verzettelt Christenkind.
SALADIN. Das er
Dem ungeachtet dir nicht geben wollte?
TEMPELHERR *(heftig)*.
Woll' oder wolle nicht! Er ist entdeckt.
Der tolerante Schwätzer ist entdeckt!
Ich werde hinter diesen jüd'schen Wolf
Im philosoph'schen Schafpelz, Hunde schon
Zu bringen wissen, die ihn zausen sollen!
SALADIN *(ernst)*. Sei ruhig, Christ!
TEMPELHERR. Was? ruhig Christ? – Wenn Jud'
Und Muselmann, auf Jud', auf Muselmann
Bestehen: soll allein der Christ den Christen
Nicht machen dürfen?
SALADIN *(noch ernster)*. Ruhig, Christ!
TEMPELHERR *(gelassen)*. Ich fühle
Des Vorwurfs ganze Last, – die Saladin
In diese Silbe presst! Ah, wenn ich wüsste,
Wie Assad, – Assad sich an meiner Stelle
Hierbei genommen hätte!

2763 **blöde:** hier: nicht aufgeklärte | 2763 **zu vertrauen:** anzuvertrauen | 2764 **hellern Wahrheitstag gewöhne:** an die Wahrheit gewöhnt sei | 2767 **Ausbund:** Inbegriff, Muster | 2772 **körnt:** ködert, lockt | 2776 **verzettelt:** verstreutes, verirrtes | 2778 **entdeckt:** entlarvt | 2782 **zausen:** zerzausen | 2789 f. **sich … genommen:** sich benommen

SALADIN. Nicht viel besser! –
Vermutlich, ganz so brausend! – Doch, wer hat
Denn dich auch schon gelehrt, mich so wie er
Mit Einem Worte zu bestechen? Freilich
Wenn alles sich verhält, wie du mir sagest:
Kann ich mich selber kaum in Nathan finden. –
Indes, er ist mein Freund, und meiner Freunde
Muss keiner mit dem andern hadern. – Lass
Dich weisen! Geh behutsam! Gib ihn nicht
Sofort den Schwärmern deines Pöbels preis!
Verschweig, was deine Geistlichkeit, an ihm
Zu rächen, mir so nahe legen würde!
Sei keinem Juden, keinem Muselmanne
Zum Trotz ein Christ!

TEMPELHERR. Bald wär's damit zu spät!
Doch dank der Blutbegier des Patriarchen,
Des Werkzeug mir zu werden graute!

SALADIN. Wie?
Du kamst zum Patriarchen eher, als
Zu mir?

TEMPELHERR. Im Sturm der Leidenschaft, im Wirbel
Der Unentschlossenheit! – Verzeih! – Du wirst
Von deinem Assad, fürcht ich, ferner nun
Nichts mehr in mir erkennen wollen.

SALADIN. Wär
Es diese Furcht nicht selbst! Mich dünkt, ich weiß,
Aus welchen Fehlern unsre Tugend keimt.
Pfleg diese ferner nur, und jene sollen
Bei mir dir wenig schaden. – Aber geh!
Such du nun Nathan, wie er dich gesucht;
Und bring ihn her. Ich muss euch doch zusammen
Verständigen. – Wär um das Mädchen dir
Im Ernst zu tun: sei ruhig. Sie ist dein!
Auch soll es Nathan schon empfinden, dass
Er ohne Schweinefleisch ein Christenkind
Erziehen dürfen! – Geh!
(Der Tempelherr geht ab, und Sittah verlässt den Sofa.)

2791 **ganz so brausend:** genauso aufbrausend | 2797 **hadern:** Vorwürfe machen | 2799 **Schwärmern deines Pöbels:** hier: den Fanatikern unter den einfachen Christen | 2811 **Mich dünkt:** Mir scheint | 2817 f. **Wär um das Mädchen dir … zu tun:** Wenn es dir um das Mädchen … geht

Fünfter Auftritt

SALADIN *und* SITTAH.

SITTAH. Ganz sonderbar!
SALADIN. Gelt, Sittah? Muss mein Assad nicht ein braver,
Ein schöner junger Mann gewesen sein?
SITTAH. Wenn er so war, und nicht zu diesem Bilde
Der Tempelherr vielmehr gesessen! – Aber
Wie hast du doch vergessen können dich
Nach seinen Eltern zu erkundigen?
SALADIN. Und insbesondre wohl nach seiner Mutter?
Ob seine Mutter hierzulande nie
Gewesen sei? – Nicht wahr?
SITTAH. Das machst du gut!
SALADIN. O, möglicher wär nichts! Denn Assad war
Bei hübschen Christendamen so willkommen,
Auf hübsche Christendamen so erpicht,
Dass einmal gar die Rede ging – Nun, nun;
Man spricht nicht gern davon. – Genug; ich hab
Ihn wieder! – will mit allen seinen Fehlern,
Mit allen Launen seines weichen Herzens
Ihn wieder haben! – Oh! das Mädchen muss
Ihm Nathan geben. Meinst du nicht?
SITTAH. Ihm geben?
Ihm lassen!
SALADIN. Allerdings! Was hätte Nathan,
Sobald er nicht ihr Vater ist, für Recht
Auf sie? Wer ihr das Leben so erhielt,
Tritt einzig in die Rechte des, der ihr
Es gab.
SITTAH. Wie also, Saladin? wenn du
Nur gleich das Mädchen zu dir nähmst? Sie nur
Dem unrechtmäßigen Besitzer gleich
Entzögest?
SALADIN. Täte das wohl Not?
SITTAH. Not nun

2822 **Gelt:** Nicht wahr? | 2822 **braver:** tapferer | 2825 **gesessen:** Modell gesessen (wie beim Maler) | 2833 **erpicht:** versessen | 2843 **des:** dessen

Wohl eben nicht! – Die liebe Neubegier
Treibt mich allein, dir diesen Rat zu geben.
Denn von gewissen Männern mag ich gar
Zu gern, so bald wie möglich, wissen, was
Sie für ein Mädchen lieben können.

SALADIN. Nun,
So schick und lass sie holen.

SITTAH. Darf ich, Bruder?

SALADIN. Nur schone Nathans! Nathan muss durchaus
Nicht glauben, dass man mit Gewalt ihn von
Ihr trennen wolle.

SITTAH. Sorge nicht.

SALADIN. Und ich,
Ich muss schon selbst sehn, wo Al-Hafi bleibt.

Sechster Auftritt

Szene: die offne Flur in Nathans Hause, gegen die Palmen zu; wie im ersten Auftritte des ersten Aufzuges.
Ein Teil der Waren und Kostbarkeiten liegt ausgekramt, deren ebendaselbst gedacht wird. NATHAN *und* DAJA.

DAJA. O, alles herrlich! alles auserlesen!
O, alles – wie nur Ihr es geben könnt.
Wo wird der Silberstoff mit goldnen Ranken
Gemacht? Was kostet er? – Das nenn ich noch
Ein Brautkleid! Keine Königin verlangt
Es besser.

NATHAN. Brautkleid? Warum Brautkleid eben?

DAJA. Je nun! Ihr dachtet daran freilich nicht,
Als Ihr ihn kauftet. – Aber wahrlich, Nathan,
Der und kein andrer muss es sein! Er ist
Zum Brautkleid wie bestellt. Der weiße Grund;
Ein Bild der Unschuld: und die goldnen Ströme,
Die allerorten diesen Grund durchschlängeln;
Ein Bild des Reichtums. Seht Ihr? Allerliebst!

2854 **schone Nathans:** veraltete Genitiv-Bildung | 2856 **Sorge nicht:** Sorge dich nicht | vor 2858 **offne Flur:** Vorplatz, Hauseingang | vor 2858 **gegen … zu:** in Richtung

NATHAN. Was witzelst du mir da? Von wessen Brautkleid
Sinnbilderst du mir so gelehrt? – Bist du
Denn Braut?
DAJA. Ich?
NATHAN. Nun wer denn?
DAJA. Ich? – lieber Gott!
NATHAN.
Wer denn? Von wessen Brautkleid sprichst du denn? –
Das alles ist ja dein, und keiner andern.
DAJA. Ist mein? Soll mein sein? – Ist für Recha nicht?
NATHAN. Was ich für Recha mitgebracht, das liegt
In einem andern Ballen. Mach! nimm weg!
Trag deine Siebensachen fort!
DAJA. Versucher!
Nein, wären es die Kostbarkeiten auch
Der ganzen Welt! Nicht rühr an! wenn Ihr mir
Vorher nicht schwört, von dieser einzigen
Gelegenheit, dergleichen Euch der Himmel
Nicht zweimal schicken wird, Gebrauch zu machen.
NATHAN. Gebrauch? von was? – Gelegenheit? wozu?
DAJA. O stellt Euch nicht so fremd! – Mit kurzen Worten!
Der Tempelherr liebt Recha: gebt sie ihm,
So hat doch einmal Eure Sünde, die
Ich länger nicht verschweigen kann, ein Ende.
So kömmt das Mädchen wieder unter Christen;
Wird wieder was sie ist; ist wieder, was
Sie ward: und Ihr, Ihr habt mit all dem Guten,
Das wir Euch nicht genug verdanken können,
Nicht Feuerkohlen bloß auf Euer Haupt
Gesammelt.
NATHAN. Doch die alte Leier wieder? –
Mit einer neuen Saite nur bezogen,
Die, fürcht ich, weder stimmt noch hält.
DAJA. Wieso?
NATHAN.
Mir wär der Tempelherr schon recht. Ihm gönnt

2872 **Sinnbilderst:** phantasierst | 2879 **Versucher:** Verführer; jemand, der in Versuchung führt | 2881 **Nicht rühr an!:** Ich rühre sie nicht an! | 2897 **hält:** hier: den Ton hält

Ich Recha mehr als einem in der Welt.
Allein … Nun, habe nur Geduld.
DAJA. Geduld?
Geduld, ist Eure alte Leier nun
Wohl nicht?
NATHAN. Nur wenig Tage noch Geduld! …
Sieh doch! – Wer kömmt denn dort? Ein Klosterbruder?
Geh, frag ihn was er will.
DAJA. Was wird er wollen?
(Sie geht auf ihn zu und fragt.)
NATHAN. So gib! – und eh er bittet. – (Wüsst ich nur
Dem Tempelherrn erst beizukommen, ohne
Die Ursach meiner Neugier ihm zu sagen!
Denn wenn ich sie ihm sag, und der Verdacht
Ist ohne Grund: so hab ich ganz umsonst
Den Vater auf das Spiel gesetzt.) – Was ist's?
DAJA. Er will Euch sprechen.
NATHAN. Nun, so lass ihn kommen;
Und geh indes.

Siebenter Auftritt

NATHAN *und der* KLOSTERBRUDER.

NATHAN. (Ich bliebe Rechas Vater
Doch gar zu gern! – Zwar kann ich's denn nicht bleiben,
Auch wenn ich aufhör, es zu heißen? – Ihr,
Ihr selbst werd ich's doch immer auch noch heißen,
Wenn sie erkennt, wie gern ich's wäre.) – Geh! –
Was ist zu Euern Diensten, frommer Bruder?
KLOSTERBRUDER.
Nicht eben viel. – Ich freue mich, Herr Nathan,
Euch annoch wohl zu sehn.
NATHAN. So kennt Ihr mich?
KLOSTERBRUDER.
Je nu; wer kennt Euch nicht? Ihr habt so manchem

2919 annoch: noch | **2919 wohl:** wohlauf, gesund | **2920 Je nu:** Ja nun

Ja Euern Namen in die Hand gedrückt.
Er steht in meiner auch, seit vielen Jahren.

NATHAN *(nach seinem Beutel langend).*
Kommt, Bruder, kommt; ich frisch ihn auf.

KLOSTERBRUDER. Habt Dank!
Ich würd es Ärmern stehlen; nehme nichts. –
Wenn Ihr mir nur erlauben wollt, ein wenig
Euch meinen Namen aufzufrischen. Denn
Ich kann mich rühmen, auch in Eure Hand
Etwas gelegt zu haben, was nicht zu
Verachten war.

NATHAN. Verzeiht! – Ich schäme mich –
Sagt, was? – und nehmt zur Buße siebenfach
Den Wert desselben von mir an.

KLOSTERBRUDER. Hört doch
Vor allen Dingen, wie ich selber nur
Erst heut an dies mein Euch vertrautes Pfand
Erinnert worden.

NATHAN. Mir vertrautes Pfand?

KLOSTERBRUDER. Vor kurzem saß ich noch als Eremit
Auf Quarantana, unweit Jericho.
Da kam arabisch Raubgesindel, brach
Mein Gotteshäuschen ab und meine Zelle,
Und schleppte mich mit fort. Zum Glück entkam
Ich noch, und floh hierher zum Patriarchen,
Um mir ein ander Plätzchen auszubitten,
Allwo ich meinem Gott in Einsamkeit
Bis an mein selig Ende dienen könne.

NATHAN. Ich steh auf Kohlen, guter Bruder. Macht
Es kurz. Das Pfand! das mir vertraute Pfand!

KLOSTERBRUDER.
Sogleich, Herr Nathan. – Nun, der Patriarch
Versprach mir eine Siedelei auf Tabor,
Sobald als eine leer; und hieß inzwischen
Im Kloster mich als Laienbruder bleiben.
Da bin ich itzt, Herr Nathan; und verlange

2935 **Eremit:** (griech.-lat.) Einsiedler | 2941 **ein ander:** ein anderes | 2942 **Allwo:** wo | 2944 **Ich steh auf Kohlen:** Ich habe es eilig

Des Tags wohl hundertmal auf Tabor. Denn
Der Patriarch braucht mich zu allerlei,
Wovor ich großen Ekel habe. Zum
Exempel:

NATHAN. Macht, ich bitt Euch!

KLOSTERBRUDER. Nun, es kömmt! –
Da hat ihm jemand heut ins Ohr gesetzt:
Es lebe hier herum ein Jude, der
Ein Christenkind als seine Tochter sich
Erzöge.

NATHAN. Wie? *(Betroffen.)*

KLOSTERBRUDER. Hört mich nur aus! – Indem
Er mir nun aufträgt, diesem Juden stracks,
Wo möglich, auf die Spur zu kommen, und
Gewaltig sich ob eines solchen Frevels
Erzürnt, der ihm die wahre Sünde wider
Den heil'gen Geist bedünkt; – das ist, die Sünde,
Die aller Sünden größte Sünd' uns gilt,
Nur dass wir, Gott sei Dank, so recht nicht wissen,
Worin sie eigentlich besteht: – da wacht
Mit einmal mein Gewissen auf; und mir
Fällt bei, ich könnte selber wohl vorzeiten
Zu dieser unverzeihlich großen Sünde
Gelegenheit gegeben haben. – Sagt:
Hat Euch ein Reitknecht nicht vor achtzehn Jahren
Ein Töchterchen gebracht von wenig Wochen?

NATHAN. Wie das? – Nun freilich – allerdings –

KLOSTERBRUDER. Ei, seht
Mich doch recht an! – Der Reitknecht, der bin ich.

NATHAN.
Seid Ihr?

KLOSTERBRUDER.
Der Herr, von welchem ich's Euch brachte,
War – ist mir recht – ein Herr von Filnek. – Wolf
Von Filnek!

NATHAN. Richtig!

2954 **Exempel:** Beispiel | 2958 **Hört mich nur aus!:** Hört mir nur bis zum Ende zu! | 2959 **stracks:** sofort, umgehend | 2962 **wider:** gegen | 2963 **bedünkt:** erscheint | 2967 f. **mir / Fällt bei:** mir fällt ein | 2976 **ist mir recht:** wenn ich mich richtig erinnere

KLOSTERBRUDER. Weil die Mutter kurz
Vorher gestorben war; und sich der Vater
↗ Nach – mein ich – Gazza plötzlich werfen musste,
Wohin das Würmchen ihm nicht folgen konnte:
So sandt' er's Euch. Und traf ich Euch damit
↗ Nicht in Darun?

NATHAN. Ganz recht!

KLOSTERBRUDER. Es wär kein Wunder,
Wenn mein Gedächtnis mich betrög'. Ich habe
Der braven Herrn so viel gehabt; und diesem
Hab ich nur gar zu kurze Zeit gedient.
↗ Er blieb bald drauf bei Askalon; und war
Wohl sonst ein lieber Herr.

NATHAN. Jawohl! jawohl!
Dem ich so viel, so viel zu danken habe!
Der mehr als einmal mich dem Schwert entrissen!

KLOSTERBRUDER.
O schön! So werd't Ihr seines Töchterchens
Euch umso lieber angenommen haben.

NATHAN. Das könnt Ihr denken.

KLOSTERBRUDER. Nun, wo ist es denn?
Es ist doch wohl nicht etwa gar gestorben? –
Lasst's lieber nicht gestorben sein! – Wenn sonst
Nur niemand um die Sache weiß: so hat
Es gute Wege.

NATHAN. Hat es?

KLOSTERBRUDER. Traut mir, Nathan!
Denn seht, ich denke so! Wenn an das Gute,
Das ich zu tun vermeine, gar zu nah
Was gar zu Schlimmes grenzt: so tu ich lieber
Das Gute nicht; weil wir das Schlimme zwar
So ziemlich zuverlässig kennen, aber
Bei weiten nicht das Gute. – War ja wohl
Natürlich; wenn das Christentöchterchen
Recht gut von Euch erzogen werden sollte:
Dass Ihr's als Euer eigen Töchterchen

2984 braven: hier: tüchtigen | 2986 **blieb:** fiel, starb | 2995 f. **hat / Es gute Wege:** ist alles in Ordnung | 2998 **vermeine:** beabsichtige

Erzögt. – Das hättet Ihr mit aller Lieb'
Und Treue nun getan, und müsstet so
Belohnet werden? Das will mir nicht ein.
Ei freilich, klüger hättet Ihr getan;
Wenn Ihr die Christin durch die zweite Hand
Als Christin auferziehen lassen: aber
So hättet Ihr das Kindchen Eures Freunds
Auch nicht geliebt. Und Kinder brauchen Liebe,
Wär's eines wilden Tieres Lieb' auch nur,
In solchen Jahren mehr, als Christentum.
Zum Christentume hat's noch immer Zeit.
Wenn nur das Mädchen sonst gesund und fromm
Vor Euern Augen aufgewachsen ist,
So blieb's vor Gottes Augen, was es war.
Und ist denn nicht das ganze Christentum
Aufs Judentum gebaut? Es hat mich oft
Geärgert, hat mir Tränen g'nug gekostet,
Wenn Christen gar so sehr vergessen konnten,
Dass unser Herr ja selbst ein Jude war.

NATHAN. Ihr, guter Bruder, müsst mein Fürsprach sein,
Wenn Hass und Gleisnerei sich gegen mich
Erheben sollten, – wegen einer Tat –
Ah, wegen einer Tat! – Nur Ihr, Ihr sollt
Sie wissen! – Nehmt sie aber mit ins Grab!
Noch hat mich nie die Eitelkeit versucht,
Sie jemand andern zu erzählen. Euch
Allein erzähl ich sie. Der frommen Einfalt
Allein erzähl ich sie. Weil die allein
Versteht, was sich der gottergebne Mensch
Für Taten abgewinnen kann.

KLOSTERBRUDER. Ihr seid
Gerührt, und Euer Auge steht voll Wasser?

NATHAN. Ihr traft mich mit dem Kinde zu Darun.
Ihr wisst wohl aber nicht, dass wenig Tage
Zuvor, in Gath die Christen alle Juden
Mit Weib und Kind ermordet hatten; wisst

3008 Das will mir nicht ein: Das leuchtet mir nicht ein | 3025 **Fürsprach:** Fürsprecher, Anwalt | 3026 **Gleisnerei:** Heuchlerei

Wohl nicht, dass unter diesen meine Frau
Mit sieben hoffnungsvollen Söhnen sich
Befunden, die in meines Bruders Hause,
Zu dem ich sie geflüchtet, insgesamt
Verbrennen müssen.

KLOSTERBRUDER. Allgerechter!

NATHAN. Als
Ihr kamt, hatt ich drei Tag' und Nächt' in Asch'
Und Staub vor Gott gelegen, und geweint. –
Geweint? Beiher mit Gott auch wohl gerechtet,
Gezürnt, getobt, mich und die Welt verwünscht;
Der Christenheit den unversöhnlichsten
Hass zugeschworen –

KLOSTERBRUDER. Ach! Ich glaub's Euch wohl!

NATHAN. Doch nun kam die Vernunft allmählig wieder.
Sie sprach mit sanfter Stimm': »Und doch ist Gott!
Doch war auch Gottes Ratschluss das! Wohlan!
Komm! übe, was du längst begriffen hast;
Was sicherlich zu üben schwerer nicht,
Als zu begreifen ist, wenn du nur willst.
Steh auf!« – Ich stand! und rief zu Gott: ich will!
Willst du nur, dass ich will! – Indem stiegt Ihr
Vom Pferd', und überreichtet mir das Kind,
In Euern Mantel eingehüllt. – Was Ihr
Mir damals sagtet; was ich Euch: hab ich
Vergessen. So viel weiß ich nur; ich nahm
Das Kind, trug's auf mein Lager, küsst es, warf
Mich auf die Knie' und schluchzte: Gott! auf Sieben
Doch nun schon Eines wieder!

KLOSTERBRUDER. Nathan! Nathan!
Ihr seid ein Christ! – Bei Gott, Ihr seid ein Christ!
Ein bessrer Christ war nie!

NATHAN. Wohl uns! Denn was
Mich Euch zum Christen macht, das macht Euch mir
Zum Juden! – Aber lasst uns länger nicht
Einander nur erweichen. Hier braucht's Tat!
Und ob mich siebenfache Liebe schon

3048 **Beiher:** nebenher, nebenbei | 3059 **Indem:** im selben Augenblick

Bald an dies einz'ge fremde Mädchen band;
Ob der Gedanke mich schon tötet, dass
Ich meine sieben Söhn' in ihr aufs Neue
Verlieren soll: – wenn sie von meinen Händen
Die Vorsicht wieder fodert, – ich gehorche!

KLOSTERBRUDER.
Nun vollends! – Eben das bedacht ich mich
So viel, Euch anzuraten! Und so hat's
Euch Euer guter Geist schon angeraten!

NATHAN. Nur muss der erste Beste mir sie nicht
Entreißen wollen!

KLOSTERBRUDER. Nein, gewiss nicht!

NATHAN. Wer
Auf sie nicht größre Rechte hat, als ich;
Muss frühere zum mind'sten haben –

KLOSTERBRUDER. Freilich!

NATHAN. Die ihm Natur und Blut erteilen.

KLOSTERBRUDER. So
Mein ich es auch!

NATHAN. Drum nennt mir nur geschwind
Den Mann, der ihr als Bruder oder Ohm,
Als Vetter oder sonst als Sipp' verwandt:
Ihm will ich sie nicht vorenthalten – Sie,
Die jedes Hauses, jedes Glaubens Zierde
Zu sein erschaffen und erzogen ward. –
Ich hoff, Ihr wisst von diesem Euern Herrn
Und dem Geschlechte dessen, mehr als ich.

KLOSTERBRUDER.
Das, guter Nathan, wohl nun schwerlich! – Denn
Ihr habt ja schon gehört, dass ich nur gar
Zu kurze Zeit bei ihm gewesen.

NATHAN. Wisst
Ihr denn nicht wenigstens, was für Geschlechts
Die Mutter war? – War sie nicht eine Stauffin?

KLOSTERBRUDER.
Wohl möglich! – Ja, mich dünkt.

3074 Ob: obwohl | **3077 Vorsicht:** Vorsehung | **3077 fodert:** fordert | **3087 Ohm:** Onkel | **3088 Sipp':** Verwandter | **3093 Und dem Geschlechte dessen:** und seinen Vorfahren | **3099 mich dünkt:** mir scheint es so

NATHAN. Hieß nicht ihr Bruder
Conrad von Stauffen? – und war Tempelherr?

KLOSTERBRUDER.
Wenn mich's nicht triegt. Doch halt! Da fällt mir ein,
Dass ich vom sel'gen Herrn ein Büchelchen
Noch hab. Ich zog's ihm aus dem Busen, als
Wir ihn bei Askalon verscharrten.

NATHAN. Nun?

KLOSTERBRUDER. Es sind Gebete drin. Wir nennen's ein
Brevier. – Das, dacht ich, kann ein Christenmensch
Ja wohl noch brauchen. – Ich nun freilich nicht –
Ich kann nicht lesen –

NATHAN. Tut nichts! – Nur zur Sache.

KLOSTERBRUDER.
In diesem Büchelchen stehn vorn und hinten,
Wie ich mir sagen lassen, mit des Herrn
Selbsteigner Hand, die Angehörigen
Von ihm und ihr geschrieben.

NATHAN. O erwünscht!
Geht! lauft! holt mir das Büchelchen. Geschwind!
Ich bin bereit mit Gold es aufzuwiegen;
Und tausend Dank dazu! Eilt! lauft!

KLOSTERBRUDER. Recht gern!
Es ist Arabisch aber, was der Herr
Hineingeschrieben. *(Ab.)*

NATHAN. Einerlei! Nur her! –
Gott! wenn ich doch das Mädchen noch behalten,
Und einen solchen Eidam mir damit
Erkaufen könnte! – Schwerlich wohl! – Nun, fall'
Es aus, wie's will! – Wer mag es aber denn
Gewesen sein, der bei dem Patriarchen
So etwas angebracht? Das muss ich doch
Zu fragen nicht vergessen. – Wenn es gar
Von Daja käme?

3101 **triegt:** trügt | 3103 **Busen:** Brust(tasche) | 3106 **Brevier:** Gebetbuch | 3110 f. **mit … / Selbsteigner Hand:** mit eigener Handschrift | 3119 **Eidam:** Schwiegersohn

Achter Auftritt

DAJA *und* NATHAN.

DAJA *(eilig und verlegen).*
Denkt doch, Nathan!
NATHAN. Nun?
DAJA. Das arme Kind erschrak wohl recht darüber!
Da schickt …
NATHAN. Der Patriarch?
DAJA. Des Sultans Schwester,
Prinzessin Sittah …
NATHAN. Nicht der Patriarch?
DAJA. Nein, Sittah! – Hört Ihr nicht? – Prinzessin Sittah
Schickt her, und lässt sie zu sich holen.
NATHAN. Wen?
Lässt Recha holen? – Sittah lässt sie holen? –
Nun; wenn sie Sittah holen lässt, und nicht
Der Patriarch …
DAJA. Wie kommt Ihr denn auf den?
NATHAN. So hast du kürzlich nichts von ihm gehört?
Gewiss nicht? Auch ihm nichts gesteckt?
DAJA. Ich? ihm?
NATHAN. Wo sind die Boten?
DAJA. Vorn.
NATHAN. Ich will sie doch
Aus Vorsicht selber sprechen. Komm! – Wenn nur
Vom Patriarchen nichts dahinter steckt. *(Ab.)*
DAJA. Und ich – ich fürchte ganz was anders noch.
Was gilt's? die einzige vermeinte Tochter
So eines reichen Juden wär auch wohl
Für einen Muselmann nicht übel? – Hui,
Der Tempelherr ist drum. Ist drum: wenn ich
Den zweiten Schritt nicht auch noch wage; nicht
Auch ihr noch selbst entdecke, wer sie ist! –
Getrost! Lass mich den ersten Augenblick,
Den ich allein sie habe, dazu brauchen!

3135 **gesteckt:** heimlich mitgeteilt, verraten | 3140 **vermeinte:** vermeintliche | 3143 **ist drum:** ist sie los | 3145 **entdecke:** hier: verrate | 3146 **Getrost:** Sei getrost, habe Mut

Und der wird sein – vielleicht nun eben, wenn
Ich sie begleite. So ein erster Wink
Kann unterwegens wenigstens nicht schaden.
Ja, ja! Nur zu! Itzt oder nie! Nur zu! *(Ihm nach.)*

3150 **unterwegens:** unterwegs | 3151 **Itzt:** jetzt

Fünfter Aufzug

Erster Auftritt

Szene: das Zimmer in Saladins Palaste, in welches die Beutel mit Geld getragen worden, die noch zu sehen.
SALADIN *und bald darauf verschiedne* MAMELUCKEN.

SALADIN *(im Hereintreten).*
Da steht das Geld nun noch! Und niemand weiß
Den Derwisch aufzufinden, der vermutlich
Ans Schachbrett irgendwo geraten ist,
Das ihn wohl seiner selbst vergessen macht; –
Warum nicht meiner? – Nun, Geduld! Was gibt's?

EIN MAMELUCK.
Erwünschte Nachricht, Sultan! Freude, Sultan! …
Die Karawane von Kahira kömmt;
Ist glücklich da! mit siebenjährigem
Tribut des reichen Nils.

SALADIN. Brav, Ibrahim!
Du bist mir wahrlich ein willkommner Bote! –
Ha! endlich einmal! endlich! – Habe Dank
Der guten Zeitung.

DER MAMELUCK *(wartend).* (Nun? nur her damit!)

SALADIN. Was wart'st du? – Geh nur wieder.

DER MAMELUCK. Dem Willkommnen
Sonst nichts?

SALADIN. Was denn noch sonst?

DER MAMELUCK. Dem guten Boten
Kein Botenbrot? – So wär ich ja der Erste,
Den Saladin mit Worten abzulohnen,
Doch endlich lernte? – Auch ein Ruhm! – Der Erste,
Mit dem er knickerte.

SALADIN. So nimm dir nur
Dort einen Beutel.

vor 3152 **Mamelucken:** (arab.) *mameluk* ›in Besitz genommen‹; Militärsklaven | 3160 **Tribut:** Abgabe, die ein besiegtes Volk dem Sieger leisten muss | 3163 **Zeitung:** Nachricht | 3166 **Botenbrot:** Botenlohn, Belohnung | 3169 **knickerte:** geizig war, knauserte

DER MAMELUCK. Nein, nun nicht! Du kannst
Mir sie nun alle schenken wollen.
SALADIN. Trotz! –
Komm her! Da hast du zwei. – Im Ernst? er geht?
Tut mir's an Edelmut zuvor? – Denn sicher
Muss ihm es saurer werden, auszuschlagen,
Als mir zu geben. – Ibrahim! – Was kömmt
Mir denn auch ein, so kurz vor meinem Abtritt
Auf einmal ganz ein andrer sein zu wollen? –
Will Saladin als Saladin nicht sterben? –
So musst er auch als Saladin nicht leben.
EIN ZWEITER MAMELUCK.
Nun, Sultan! …
SALADIN. Wenn du mir zu melden kömmst …
ZWEITER MAMELUCK.
Dass aus Ägypten der Transport nun da!
SALADIN. Ich weiß schon.
ZWEITER MAMELUCK. Kam ich doch zu spät!
SALADIN. Warum
Zu spät? – Da nimm für deinen guten Willen
Der Beutel einen oder zwei.
ZWEITER MAMELUCK. Macht drei!
SALADIN.
Ja, wenn du rechnen kannst! – So nimm sie nur.
ZWEITER MAMELUCK.
Es wird wohl noch ein Dritter kommen, – wenn
Er anders kommen kann.
SALADIN. Wie das?
ZWEITER MAMELUCK. Je nu;
Er hat auch wohl den Hals gebrochen! Denn
Sobald wir drei der Ankunft des Transports
Versichert waren, sprengte jeder frisch
Davon. Der Vorderste, der stürzt; und so
Komm ich nun vor, und bleib auch vor bis in
Die Stadt; wo aber Ibrahim, der Lecker,
Die Gassen besser kennt.

3176 **Abtritt:** Tod | 3193 **Lecker:** Schelm, Schlingel, Schmarotzer, Schmeichler

SALADIN. O der gestürzte!
Freund, der gestürzte! – Reit ihm doch entgegen.
ZWEITER MAMELUCK.
Das werd ich ja wohl tun! – Und wenn er lebt:
So ist die Hälfte dieser Beutel sein. *(Geht ab.)*
SALADIN. Sieh, welch ein guter edler Kerl auch das! –
Wer kann sich solcher Mamelucken rühmen?
Und wär mir denn zu denken nicht erlaubt,
Dass sie mein Beispiel bilden helfen? – Fort
Mit dem Gedanken, sie zu guter Letzt
Noch an ein anders zu gewöhnen! …
EIN DRITTER MAMELUCK. Sultan, …
SALADIN. Bist du's, der stürzte?
DRITTER MAMELUCK. Nein. Ich melde nur, –
Dass Emir Mansor, der die Karawane
Geführt, vom Pferde steigt …
SALADIN. Bring ihn! geschwind! –
Da ist er ja! –

Zweiter Auftritt

EMIR MANSOR *und* SALADIN.

SALADIN. Willkommen, Emir! Nun,
Wie ist's gegangen? – Mansor, Mansor, hast
Uns lange warten lassen!
MANSOR. Dieser Brief
Berichtet, was dein Abulkassem erst
Für Unruh' in Thebais dämpfen müssen:
Eh wir es wagen durften abzugehen.
Den Zug darauf hab ich beschleuniget
So viel, wie möglich war.
SALADIN. Ich glaube dir! –
Und nimm nur, guter Mansor, nimm sogleich …
Du tust es aber doch auch gern? … nimm frische
Bedeckung nur sogleich. Du musst sogleich

3201 **Dass sie mein Beispiel bilden helfen:** dass mein Beispiel zu ihrer Bildung beiträgt | 3205 **Emir:** Befehlshaber | 3210 **Abulkassem:** Personenname | 3212 **abzugehen:** abzureisen, abzuziehen | 3217 **Bedeckung:** schützende Soldaten

Noch weiter; musst der Gelder größern Teil
Auf Libanon zum Vater bringen.

MANSOR. Gern!
Sehr gern!

SALADIN. Und nimm dir die Bedeckung ja
Nur nicht zu schwach. Es ist um Libanon
Nicht alles mehr so sicher. Hast du nicht
Gehört? Die Tempelherrn sind wieder rege.
Sei wohl auf deiner Hut! – Komm nur! Wo hält
Der Zug? Ich will ihn sehn; und alles selbst
Betreiben. – Ihr! ich bin sodann bei Sittah.

Dritter Auftritt

Szene: die Palmen vor Nathans Hause, wo der TEMPELHERR auf und nieder geht.

Ins Haus nun will ich einmal nicht. – Er wird
Sich endlich doch wohl sehen lassen! – Man
Bemerkte mich ja sonst so bald, so gern! –
Will's noch erleben, dass er sich's verbittet,
Vor seinem Hause mich so fleißig finden
Zu lassen. – Hm! – ich bin doch aber auch
Sehr ärgerlich. – Was hat mich denn nun so
Erbittert gegen ihn? – Er sagte ja:
Noch schlüg' er mir nichts ab. Und Saladin
Hat's über sich genommen, ihn zu stimmen. –
Wie? sollte wirklich wohl in mir der Christ
Noch tiefer nisten, als in ihm der Jude? –
Wer kennt sich recht? Wie könnt ich ihm denn sonst
Den kleinen Raub nicht gönnen wollen, den
Er sich's zu solcher Angelegenheit
Gemacht, den Christen abzujagen? – Freilich;
Kein kleiner Raub, ein solch Geschöpf! – Geschöpf?
Und wessen? – Doch des Sklaven nicht, der auf
Des Lebens öden Strand den Block geflößt,

3236 **über sich genommen:** auf sich genommen | 3236 **zu stimmen:** umzustimmen | 3245 **Block:** roher, unbearbeiteter Stein- oder Holzblock | 3245 **geflößt:** mit einem Floß transportiert

Und sich davongemacht? Des Künstlers doch
Wohl mehr, der in dem hingeworfnen Blocke
Die göttliche Gestalt sich dachte, die
Er dargestellt? – Ach! Rechas wahrer Vater
Bleibt, trotz dem Christen, der sie zeugte – bleibt
In Ewigkeit der Jude. – Wenn ich mir
Sie lediglich als Christendirne denke,
Sie sonder alles das mir denke, was
Allein ihr so ein Jude geben konnte: –
Sprich, Herz, – was wär an ihr, das dir gefiel?
Nichts! Wenig! Selbst ihr Lächeln, wär es nichts
Als sanfte schöne Zuckung ihrer Muskeln;
Wär, was sie lächeln macht, des Reizes unwert,
In den es sich auf ihrem Munde kleidet: –
Nein; selbst ihr Lächeln nicht! Ich hab es ja
Wohl schöner noch an Aberwitz, an Tand,
An Höhnerei, an Schmeichler und an Buhler,
Verschwenden sehn! – Hat's da mich auch bezaubert?
Hat's da mir auch den Wunsch entlockt, mein Leben
In seinem Sonnenscheine zu verflattern? –
Ich wüsste nicht. Und bin auf den doch launisch,
Der diesen höhern Wert allein ihr gab?
Wie das? warum? – Wenn ich den Spott verdiente,
Mit dem mich Saladin entließ! Schon schlimm
Genug, dass Saladin es glauben konnte!
Wie klein ich ihm da scheinen musste! wie
Verächtlich! – Und das alles um ein Mädchen? –
Curd! Curd! das geht so nicht. Lenk ein! Wenn vollends
Mir Daja nur was vorgeplaudert hätte,
Was schwerlich zu erweisen stünde? – Sieh,
Da tritt er endlich, in Gespräch vertieft,
Aus seinem Hause! – Ha! mit wem! – Mit ihm?
Mit meinem Klosterbruder? – Ha! so weiß
Er sicherlich schon alles! ist wohl gar
Dem Patriarchen schon verraten! – Ha!
Was hab ich Querkopf nun gestiftet! – Dass

3252 **Christendirne:** (zu Lessings Zeit nicht abwertend) Christenmädchen | 3253 **sonder alles:** ohne alles | 3261 **Aberwitz:** Torheit, Wahnwitz | 3261 **Tand:** wertloses Zeug | 3262 **Buhler:** Liebhaber | 3266 **bin … launisch:** reagiere gereizt | 3281 **gestiftet:** angestiftet

Ein einz'ger Funken dieser Leidenschaft
Doch unsers Hirns so viel verbrennen kann! –
Geschwind entschließ dich, was nunmehr zu tun!
Ich will hier seitwärts ihrer warten; – ob
Vielleicht der Klosterbruder ihn verlässt.

Vierter Auftritt

NATHAN *und der* KLOSTERBRUDER.

NATHAN *(im Näherkommen).*
Habt nochmals, guter Bruder, vielen Dank!
KLOSTERBRUDER. Und Ihr desgleichen!
NATHAN. Ich? von Euch? wofür?
Für meinen Eigensinn, Euch aufzudringen,
Was Ihr nicht braucht? – Ja, wenn ihm Eurer nur
Auch nachgegeben hätt; Ihr mit Gewalt
Nicht wolltet reicher sein, als ich.
KLOSTERBRUDER. Das Buch
Gehört ja ohnedem nicht mir; gehört
Ja ohnedem der Tochter; ist ja so
Der Tochter ganzes väterliches Erbe. –
Je nu, sie hat ja Euch. – Gott gebe nur,
Dass Ihr es nie bereuen dürft, so viel
Für sie getan zu haben!
NATHAN. Kann ich das?
Das kann ich nie. Seid unbesorgt!
KLOSTERBRUDER. Nu, nu!
Die Patriarchen und die Tempelherren …
NATHAN. Vermögen mir des Bösen nie so viel
Zu tun, dass irgendwas mich reuen könnte:
Geschweige, das! – Und seid Ihr denn so ganz
Versichert, dass ein Tempelherr es ist,
Der Euern Patriarchen hetzt?
KLOSTERBRUDER. Es kann
Beinah kein andrer sein. Ein Tempelherr

3285 ihrer: auf sie | **3297 dürft:** müsst

Sprach kurz vorher mit ihm; und was ich hörte,
Das klang darnach.

NATHAN. Es ist doch aber nur
Ein einziger itzt in Jerusalem.
Und diesen kenn ich. Dieser ist mein Freund.
Ein junger, edler, offner Mann!

KLOSTERBRUDER. Ganz recht;
Der Nämliche! – Doch was man ist, und was
Man sein muss in der Welt, das passt ja wohl
Nicht immer.

NATHAN. Leider nicht. – So tue, wer's
Auch immer ist, sein Schlimmstes oder Bestes!
Mit Euerm Buche, Bruder, trotz ich allen;
Und gehe graden Wegs damit zum Sultan.

KLOSTERBRUDER.
Viel Glücks! Ich will Euch denn nur hier verlassen.

NATHAN. Und habt sie nicht einmal gesehn? – Kommt ja
Doch bald, doch fleißig wieder. – Wenn nur heut
Der Patriarch noch nichts erfährt! – Doch was?
Sagt ihm auch heute, was Ihr wollt.

KLOSTERBRUDER. Ich nicht.
Lebt wohl! *(Geht ab.)*

NATHAN. Vergesst uns ja nicht, Bruder! – Gott!
Dass ich nicht gleich hier unter freiem Himmel
Auf meine Kniee sinken kann! Wie sich
Der Knoten, der so oft mir bange machte,
Nun von sich selber löset! – Gott! wie leicht
Mir wird, dass ich nun weiter auf der Welt
Nichts zu verbergen habe! dass ich vor
Den Menschen nun so frei kann wandeln, als
Vor dir, der du allein den Menschen nicht
Nach seinen Taten brauchst zu richten, die
So selten seine Taten sind, o Gott! –

3312 **Der Nämliche:** derselbe

Fünfter Auftritt

NATHAN *und der* TEMPELHERR, *der von der Seite auf ihn zukömmt.*

TEMPELHERR. He! wartet, Nathan; nehmt mich mit!
NATHAN. Wer ruft? –
Seid Ihr es, Ritter? Wo gewesen, dass
Ihr bei dem Sultan Euch nicht treffen lassen?
TEMPELHERR. Wir sind einander fehlgegangen. Nehmt's
Nicht übel.
NATHAN. Ich nicht; aber Saladin …
TEMPELHERR. Ihr wart nur eben fort …
NATHAN. Und spracht ihn doch?
Nun, so ist's gut.
TEMPELHERR. Er will uns aber beide
Zusammen sprechen.
NATHAN. Desto besser. Kommt
Nur mit. Mein Gang stand ohnehin zu ihm. –
TEMPELHERR. Ich darf ja doch wohl fragen, Nathan, wer
Euch da verließ?
NATHAN. Ihr kennt ihn doch wohl nicht?
TEMPELHERR. War's nicht die gute Haut, der Laienbruder,
Des sich der Patriarch so gern zum Stöber
Bedient?
NATHAN. Kann sein! Beim Partriarchen ist
Er allerdings.
TEMPELHERR. Der Pfiff ist gar nicht übel:
Die Einfalt vor der Schurkerei voraus-
Zuschicken.
NATHAN. Ja, die dumme; – nicht die fromme.
TEMPELHERR. An fromme glaubt kein Patriarch.
NATHAN. Für den
Nun steh ich. Der wird seinem Patriarchen
Nichts Ungebührliches vollziehen helfen.
TEMPELHERR. So stellt er wenigstens sich an. – Doch hat
Er Euch von mir denn nichts gesagt?

3337 **Wir sind einander fehlgegangen:** Wir haben uns verpasst | 3342 **Mein Gang stand ohnehin zu ihm:** Ich wollte ohnehin zu ihm | 3346 **Des:** dessen | 3346 **Stöber:** hier: Spion | 3348 **Pfiff:** Trick, Plan | 3352 **steh ich:** stehe ich ein, bürge ich

NATHAN. Von Euch?
Von Euch nun namentlich wohl nichts. – Er weiß
Ja wohl auch schwerlich Euern Namen?
TEMPELHERR. Schwerlich.
NATHAN. Von einem Tempelherren freilich hat
Er mir gesagt …
TEMPELHERR. Und was?
NATHAN. Womit er Euch
Doch ein für allemal nicht meinen kann!
TEMPELHERR. Wer weiß? Lasst doch nur hören.
NATHAN. Dass mich einer
Bei seinem Patriarchen angeklagt …
TEMPELHERR.
Euch angeklagt? – Das ist, mit seiner Gunst –
Erlogen. – Hört mich, Nathan! – Ich bin nicht
Der Mensch, der irgendetwas abzuleugnen
Imstande wäre. Was ich tat, das tat ich!
Doch bin ich auch nicht der, der alles, was
Er tat, als wohlgetan verteid'gen möchte.
Was sollt ich eines Fehls mich schämen? Hab
Ich nicht den festen Vorsatz ihn zu bessern?
Und weiß ich etwa nicht, wie weit mit dem
Es Menschen bringen können? – Hört mich, Nathan! –
Ich bin des Laienbruders Tempelherr,
Der Euch verklagt soll haben, allerdings. –
Ihr wisst ja, was mich wurmisch machte! was
Mein Blut in allen Adern sieden machte!
Ich Gauch! – ich kam, so ganz mit Leib und Seel'
Euch in die Arme mich zu werfen. Wie
Ihr mich empfingt – wie kalt – wie lau – denn lau
Ist schlimmer noch als kalt; wie abgemessen
Mir auszubeugen Ihr beflissen wart;
Mit welchen aus der Luft gegriffnen Fragen
Ihr Antwort mir zu geben scheinen wolltet:
Das darf ich kaum mir itzt noch denken, wenn
Ich soll gelassen bleiben. – Hört mich, Nathan! –

3363 **mit seiner Gunst:** mit Verlaub | 3369 **Fehls:** Fehlers | 3375 **wurmisch machte:** ärgerlich machte, wurmte | 3377 **Gauch:** Narr | 3381 **auszubeugen:** auszuweichen | 3381 **beflissen:** bemüht

In dieser Gärung schlich mir Daja nach,
Und warf mir ihr Geheimnis an den Kopf,
Das mir den Aufschluss Euers rätselhaften
Betragens zu enthalten schien.

NATHAN. Wie das?

TEMPELHERR.
Hört mich nur aus! – Ich bildete mir ein,
Ihr wolltet, was Ihr einmal nun den Christen
So abgejagt, an einen Christen wieder
Nicht gern verlieren. Und so fiel mir ein,
Euch kurz und gut das Messer an die Kehle
Zu setzen.

NATHAN. Kurz und gut? und gut? – Wo steckt
Das Gute?

TEMPELHERR. Hört mich, Nathan! – Allerdings:
Ich tat nicht recht! – Ihr seid wohl gar nicht schuldig. –
Die Närrin Daja weiß nicht was sie spricht –
Ist Euch gehässig – Sucht Euch nur damit
In einen bösen Handel zu verwickeln –
Kann sein! kann sein! – Ich bin ein junger Laffe,
Der immer nur an beiden Enden schwärmt;
Bald viel zu viel, bald viel zu wenig tut –
Auch das kann sein! Verzeiht mir, Nathan.

NATHAN. Wenn
Ihr so mich freilich fasset –

TEMPELHERR. Kurz, ich ging
Zum Patriarchen! – hab Euch aber nicht
Genannt. Das ist erlogen, wie gesagt!
Ich hab ihm bloß den Fall ganz allgemein
Erzählt, um seine Meinung zu vernehmen. –
Auch das hätt unterbleiben können: ja doch! –
Denn kannt ich nicht den Patriarchen schon
Als einen Schurken? Konnt ich Euch nicht selber
Nur gleich zur Rede stellen? – Musst ich der
Gefahr, so einen Vater zu verlieren,
Das arme Mädchen opfern? – Nun, was tut's?

3386 **Gärung:** hier: in dieser aufgebrachten Stimmung | 3390 **Hört mich nur aus!:** Hört mir nur bis zum Ende zu! | 3399 **Ist Euch gehässig:** ist euch feindlich gesinnt | 3401 **Laffe:** eitler, hochnäsiger Mensch | 3402 **an beiden Enden:** in beiden Extremen

Die Schurkerei des Patriarchen, die
So ähnlich immer sich erhält, hat mich
Des nächsten Weges wieder zu mir selbst
Gebracht. – Denn hört mich, Nathan; hört mich aus! –
Gesetzt; er wüsst auch Euern Namen: was
Nun mehr, was mehr? – Er kann Euch ja das Mädchen
Nur nehmen, wenn sie niemands ist, als Euer.
Er kann sie doch aus *Euerm* Hause nur
Ins Kloster schleppen. – Also – gebt sie mir!
Gebt sie nur mir; und lasst ihn kommen. Ha!
Er soll's wohl bleiben lassen, mir mein Weib
Zu nehmen. – Gebt sie mir; geschwind! – Sie sei
Nun Eure Tochter, oder sei es nicht!
Sei Christin, oder Jüdin, oder keines!
Gleichviel! gleichviel! Ich werd Euch weder itzt
Noch jemals sonst in meinem ganzen Leben
Darum befragen. Sei, wie's sei!

NATHAN. Ihr wähnt
Wohl gar, dass mir die Wahrheit zu verbergen
Sehr nötig?

TEMPELHERR. Sei, wie's sei!

NATHAN. Ich hab es ja
Euch – oder wem es sonst zu wissen ziemt –
Noch nicht geleugnet, dass sie eine Christin,
Und nichts als meine Pflegetochter ist. –
Warum ich's aber ihr noch nicht entdeckt? –
Darüber brauch ich nur bei ihr mich zu
Entschuldigen.

TEMPELHERR. Das sollt Ihr auch bei ihr
Nicht brauchen. – Gönnt's ihr doch, dass sie Euch nie
Mit andern Augen darf betrachten! Spart
Ihr die Entdeckung doch! – Noch habt Ihr ja,
Ihr ganz allein, mit ihr zu schalten. Gebt
Sie mir! Ich bitt Euch, Nathan; gebt sie mir!
Ich bin's allein, der sie zum zweiten Male
Euch retten kann – und will.

3417 **sich erhält:** anhält | 3438 **entdeckt:** mitgeteilt | 3444 **zu schalten:** zu verfahren, umzugehen

NATHAN. Ja – konnte! konnte!
Nun auch nicht mehr. Es ist damit zu spät.
TEMPELHERR. Wieso? zu spät?
NATHAN. Dank sei dem Patriarchen …
TEMPELHERR.
Dem Patriarchen? Dank? ihm Dank? wofür?
Dank hätte *der* bei uns verdienen wollen?
Wofür? wofür?
NATHAN. Dass wir nun wissen, wem
Sie anverwandt; nun wissen, wessen Händen
Sie sicher ausgeliefert werden kann.
TEMPELHERR.
Das dank' ihm – wer für mehr ihm danken wird!
NATHAN. Aus diesen müsst Ihr sie nun auch erhalten;
Und nicht aus meinen.
TEMPELHERR. Arme Recha! Was
Dir alles zustößt, arme Recha! Was
Ein Glück für andre Waisen wäre, wird
Dein Unglück! – Nathan! – Und wo sind sie, diese
Verwandte?
NATHAN. Wo sie sind?
TEMPELHERR. Und wer sie sind?
NATHAN. Besonders hat ein Bruder sich gefunden,
Bei dem Ihr um sie werben müsst.
TEMPELHERR. Ein Bruder?
Was ist er, dieser Bruder? Ein Soldat?
Ein Geistlicher? – Lasst hören, was ich mir
Versprechen darf.
NATHAN. Ich glaube, dass er keines
Von beiden – oder beides ist. Ich kenn
Ihn noch nicht recht.
TEMPELHERR. Und sonst?
NATHAN. Ein braver Mann!
Bei dem sich Recha gar nicht übel wird
Befinden.
TEMPELHERR. Doch ein Christ! – Ich weiß zuzeiten

3453 **anverwandt:** verwandt | 3455 **wer für mehr ihm danken wird:** der Teufel; Vermeidung, den Namen des Teufels auszusprechen

Auch gar nicht, was ich von Euch denken soll: –
Nehmt mir's nicht ungut, Nathan. – Wird sie nicht
Die Christin spielen müssen, unter Christen?
Und wird sie, was sie lange g'nug gespielt,
Nicht endlich werden? Wird den lautern Weizen,
Den Ihr gesät, das Unkraut endlich nicht
Ersticken? – Und das kümmert Euch so wenig?
Dem ungeachtet könnt Ihr sagen – Ihr? –
Dass sie bei ihrem Bruder sich nicht übel
Befinden werde?

NATHAN. Denk ich! hoff ich! – Wenn
Ihr ja bei ihm was mangeln sollte, hat
Sie Euch und mich denn nicht noch immer?

TEMPELHERR. Oh!
Was wird bei ihm ihr mangeln können! Wird
Das Brüderchen mit Essen und mit Kleidung,
Mit Naschwerk und mit Putz, das Schwesterchen
Nicht reichlich g'nug versorgen? Und was braucht
Ein Schwesterchen denn mehr? – Ei freilich: auch
Noch einen Mann! – Nun, nun; auch den, auch den
Wird ihr das Brüderchen zu seiner Zeit
Schon schaffen; wie er immer nur zu finden!
Der Christlichste der Beste! – Nathan, Nathan!
Welch einen Engel hattet Ihr gebildet,
Den Euch nun andre so verhunzen werden!

NATHAN. Hat keine Not! Er wird sich unsrer Liebe
Noch immer wert genug behaupten.

TEMPELHERR. Sagt
Das nicht! Von m e i n e r Liebe sagt das nicht!
Denn die lässt nichts sich unterschlagen; nichts.
Es sei auch noch so klein! Auch keinen Namen! –
Doch halt! – Argwohnt sie wohl bereits, was mit
Ihr vorgeht?

NATHAN. Möglich; ob ich schon nicht wüsste,
Woher?

TEMPELHERR. Auch eben viel; sie soll – sie muss

3475 **lautern:** lauteren, reinen | 3485 **Putz:** Schmuck | 3493 **verhunzen:** verderben | 3499 **Argwohnt sie:** hat sie einen Verdacht | 3500 **ob:** obwohl | 3501 **Auch eben viel:** gleichviel

In beiden Fällen, was ihr Schicksal droht,
Von mir zuerst erfahren. Mein Gedanke,
Sie eher wieder nicht zu sehn, zu sprechen,
Als bis ich sie die Meine nennen dürfe,
Fällt weg. Ich eile …
NATHAN. Bleibt! wohin?
TEMPELHERR. Zu Ihr!
Zu sehn, ob diese Mädchenseele Manns genug
Wohl ist, den einzigen Entschluss zu fassen
Der ihrer würdig wäre!
NATHAN. Welchen?
TEMPELHERR. Den:
Nach Euch und ihrem Bruder weiter nicht
Zu fragen –
NATHAN. Und?
TEMPELHERR. Und mir zu folgen; – wenn
Sie drüber eines Muselmannes Frau
Auch werden müsste.
NATHAN. Bleibt! Ihr trefft sie nicht.
Sie ist bei Sittah, bei des Sultans Schwester.
TEMPELHERR. Seit wenn? warum?
NATHAN. Und wollt Ihr da bei ihnen
Zugleich den Bruder finden: kommt nur mit.
TEMPELHERR. Den Bruder? welchen? Sittahs oder Rechas?
NATHAN.
Leicht beide. Kommt nur mit! Ich bitt Euch, kommt!
(Er führt ihn fort.)

Sechster Auftritt

Szene: in Sittahs Harem.
SITTAH *und* RECHA *in Unterhaltung begriffen.*

SITTAH. Was freu ich mich nicht deiner, süßes Mädchen! –
Sei so beklemmt nur nicht! so angst! so schüchtern! –
Sei munter! sei gesprächiger! vertrauter!

3515 **Seit wenn?:** Seit wann? | 3520 **so beklemmt:** so bedrückt | 3520 **so angst:** so ängstlich

RECHA. Prinzessin …
SITTAH. Nicht doch! Prinzessin! Nenn
Mich Sittah, – deine Freundin, – deine Schwester.
Nenn mich dein Mütterchen! – Ich könnte das
Ja schier auch sein. – So jung! so klug! so fromm!
Was du nicht alles weißt! nicht alles musst
Gelesen haben!
RECHA. Ich gelesen? – Sittah,
Du spottest deiner kleinen albern Schwester.
Ich kann kaum lesen.
SITTAH. Kannst kaum, Lügnerin!
RECHA. Ein wenig meines Vaters Hand! – Ich meinte,
Du sprächst von Büchern.
SITTAH. Allerdings! von Büchern.
RECHA. Nun, Bücher wird mir wahrlich schwer zu lesen! –
SITTAH. Im Ernst?
RECHA. In ganzem Ernst. Mein Vater liebt
Die kalte Buchgelehrsamkeit, die sich
Mit toten Zeichen ins Gehirn nur drückt,
Zu wenig.
SITTAH. Ei, was sagst du! – Hat indes
Wohl nicht sehr Unrecht! – Und so manches, was
Du weißt …?
RECHA. Weiß ich allein aus seinem Munde.
Und könnte bei dem meisten dir noch sagen,
Wie? wo? warum? er mich's gelehrt.
SITTAH. So hängt
Sich freilich alles besser an. So lernt
Mit eins die ganze Seele.
RECHA. Sicher hat
Auch Sittah wenig oder nichts gelesen!
SITTAH. Wieso? – Ich bin nicht stolz aufs Gegenteil. –
Allein wieso? Dein Grund! Sprich dreist. Dein Grund?
RECHA. Sie ist so schlecht und recht; so unverkünstelt;
So ganz sich selbst nur ähnlich …
SITTAH. Nun?

3525 **schier:** hier: wohl | 3530 **Hand:** Handschrift | 3540 f. **hängt / Sich … an:** prägt sich ein | 3545 **dreist:** hier: ohne Scheu, ungeniert | 3546 **schlecht:** hier: schlicht

RECHA. Das sollen
Die Bücher uns nur selten lassen: sagt
Mein Vater.
SITTAH. O was ist dein Vater für
Ein Mann!
RECHA. Nicht wahr?
SITTAH. Wie nah er immer doch
Zum Ziele trifft!
RECHA. Nicht wahr? – Und diesen Vater –
SITTAH. Was ist dir, Liebe?
RECHA. Diesen Vater –
SITTAH. Gott!
Du weinst?
RECHA. Und diesen Vater – Ah! es muss
Heraus! Mein Herz will Luft, will Luft …
(Wirft sich, von Tränen überwältiget, zu ihren Füßen.)
SITTAH. Kind, was
Geschieht dir? Recha?
RECHA. Diesen Vater soll –
Soll ich verlieren!
SITTAH. Du? verlieren? ihn?
Wie das? – Sei ruhig! – Nimmermehr! – Steh auf!
RECHA. Du sollst vergebens dich zu meiner Freundin,
Zu meiner Schwester nicht erboten haben!
SITTAH.
Ich bin's ja! bin's! – Steh doch nur auf! Ich muss
Sonst Hülfe rufen.
RECHA *(die sich ermannt und aufsteht)*.
Ah! verzeih! vergib! –
Mein Schmerz hat mich vergessen machen, wer
Du bist. Vor Sittah gilt kein Winseln, kein
Verzweifeln. Kalte, ruhige Vernunft
Will alles über sie allein vermögen.
Wes Sache diese bei ihr führt, der siegt!
SITTAH. Nun dann?
RECHA. Nein; meine Freundin, meine Schwester

3561 **Hülfe:** Hilfe | 3566 **Wes Sache:** Desjenigen Sache, die

Gibt das nicht zu! Gibt nimmer zu, dass mir
Ein andrer Vater aufgedrungen werde!
SITTAH. Ein andrer Vater? aufgedrungen? dir?
Wer kann das? kann das auch nur wollen, Liebe?
RECHA. Wer? Meine gute böse Daja kann
Das wollen, – will das können. – Ja; du kennst
Wohl diese gute böse Daja nicht?
Nun, Gott vergeb' es ihr! – belohn' es ihr!
Sie hat mir so viel Gutes, – so viel Böses
Erwiesen!
SITTAH. Böses dir? – So muss sie Gutes
Doch wahrlich wenig haben.
RECHA. Doch! recht viel,
Recht viel!
SITTAH. Wer ist sie?
RECHA. Eine Christin, die
In meiner Kindheit mich gepflegt; mich so
Gepflegt! – Du glaubst nicht! – Die mir eine Mutter
So wenig missen lassen! – Gott vergelt'
Es ihr! – Die aber mich auch so geängstet!
Mich so gequält!
SITTAH. Und über was? warum?
Wie?
RECHA. Ach! die arme Frau, – ich sag dir's ja –
Ist eine Christin; – muss aus Liebe quälen; –
Ist eine von den Schwärmerinnen, die
Den allgemeinen, einzig wahren Weg
Nach Gott, zu wissen wähnen!
SITTAH. Nun versteh ich!
RECHA. Und sich gedrungen fühlen, einen jeden,
Der dieses Wegs verfehlt, darauf zu lenken. –
Kaum können sie auch anders. Denn ist's wahr,
Dass dieser Weg allein nur richtig führt:
Wie sollen sie gelassen ihre Freunde
Auf einem andern wandeln sehn, – der ins
Verderben stürzt, ins ewige Verderben?

3569 **aufgedrungen:** aufgedrängt, aufgezwungen | 3582 **missen:** vermissen | 3583 **geängstet:** geängstigt

Es müsste möglich sein, denselben Menschen
Zur selben Zeit zu lieben und zu hassen. –
Auch ist's das nicht, was endlich laute Klagen
Mich über sie zu führen zwingt. Ihr Seufzen,
Ihr Warnen, ihr Gebet, ihr Drohen hätt
Ich gern noch länger ausgehalten; gern!
Es brachte mich doch immer auf Gedanken,
Die gut und nützlich. Und wem schmeichelt's doch
Im Grunde nicht, sich gar so wert und teuer,
Von wem's auch sei, gehalten fühlen, dass
Er den Gedanken nicht ertragen kann,
Er müss' einmal auf ewig uns entbehren!

SITTAH. Sehr wahr!

RECHA. Allein – allein – das geht zu weit!
Dem kann ich nichts entgegensetzen; nicht
Geduld, nicht Überlegung; nichts!

SITTAH. Was? wem?

RECHA. Was sie mir eben itzt entdeckt will haben.

SITTAH. Entdeckt? und eben itzt?

RECHA. Nur eben itzt!
Wir nahten, auf dem Weg' hierher, uns einem
Verfallnen Christentempel. Plötzlich stand
Sie still; schien mit sich selbst zu kämpfen; blickte
Mit nassen Augen bald gen Himmel, bald
Auf mich. Komm, sprach sie endlich, lass uns hier
Durch diesen Tempel in die Richte gehn!
Sie geht; ich folg ihr, und mein Auge schweift
Mit Graus die wankenden Ruinen durch.
Nun steht sie wieder; und ich sehe mich
An den versunknen Stufen eines morschen
Altars mit ihr. Wie ward mir? als sie da
Mit heißen Tränen, mit gerungnen Händen,
Zu meinen Füßen stürzte …

SITTAH. Gutes Kind!

RECHA. Und bei der Göttlichen, die da wohl sonst
So manch Gebet erhört, so manches Wunder

3606 gehalten fühlen: gehalten zu fühlen | **3619 in die Richte gehn:** in die Richtung gehen, den Weg abschneiden | **3627 der Göttlichen:** Jesu Mutter Maria

Verrichtet habe, mich beschwor; – mit Blicken
Des wahren Mitleids mich beschwor, mich meiner
Doch zu erbarmen! – Wenigstens, ihr zu
Vergeben, wenn sie mir entdecken müsse,
Was ihre Kirch' auf mich für Anspruch habe.
SITTAH. (Unglückliche! – Es ahnte mir!)
RECHA. Ich sei
Aus christlichem Geblüte; sei getauft;
Sei Nathans Tochter nicht; er nicht mein Vater! –
Gott! Gott! Er nicht mein Vater! – Sittah! Sittah!
Sieh mich aufs Neu' zu deinen Füßen …
SITTAH. Recha!
Nicht doch! steh auf! – Mein Bruder kömmt! steh auf!

Siebenter Auftritt

SALADIN *und die* VORIGEN.

SALADIN. Was gibt's hier, Sittah?
SITTAH. Sie ist von sich! Gott!
SALADIN. Wer ist's?
SITTAH. Du weißt ja …
SALADIN. Unsers Nathans Tochter?
Was fehlt ihr?
SITTAH. Komm doch zu dir, Kind! – Der Sultan …
RECHA *(die sich auf den Knieen zu Saladins Füßen schleppt, den Kopf zur Erde gesenkt).*
Ich steh nicht auf! nicht eher auf! – mag eher
Des Sultans Antlitz nicht erblicken! – eher
Den Abglanz ewiger Gerechtigkeit
Und Güte nicht in seinen Augen, nicht
Auf seiner Stirn bewundern …
SALADIN. Steh … steh auf!
RECHA. Eh er mir nicht verspricht …
SALADIN. Komm! ich verspreche …
Sei was es will!

3640 von sich: außer sich | **3644 Antlitz:** Gesicht | **3445 Abglanz:** Widerschein, Ebenbild

RECHA. Nicht mehr, nicht weniger,
Als meinen Vater mir zu lassen; und
Mich ihm! – Noch weiß ich nicht, wer sonst mein Vater
Zu sein verlangt; – verlangen kann. Will's auch
Nicht wissen. Aber macht denn nur das Blut
Den Vater? nur das Blut?

SALADIN *(der sie aufhebt).* Ich merke wohl! –
Wer war so grausam denn, dir selbst – dir selbst
Dergleichen in den Kopf zu setzen? Ist
Es denn schon völlig ausgemacht? erwiesen?

RECHA. Muss wohl! Denn Daja will von meiner Amm'
Es haben.

SALADIN. Deiner Amme!

RECHA. Die es sterbend
Ihr zu vertrauen sich verbunden fühlte.

SALADIN.
Gar sterbend! – Nicht auch faselnd schon? – Und wär's
Auch wahr! – Jawohl: das Blut, das Blut allein
Macht lange noch den Vater nicht! macht kaum
Den Vater eines Tieres! gibt zum höchsten
Das erste Recht, sich diesen Namen zu
Erwerben! – Lass dir doch nicht bange sein! –
Und weißt du was? Sobald der Väter zwei
Sich um dich streiten: – lass sie beide; nimm
Den dritten! – Nimm dann mich zu deinem Vater!

SITTAH. O tu's! o tu's!

SALADIN. Ich will ein guter Vater,
Recht guter Vater sein! – Doch halt! mir fällt
Noch viel was Bessers bei. – Was brauchst du denn
Der Väter überhaupt? Wenn sie nun sterben?
Beizeiten sich nach einem umgesehn,
Der mit uns um die Wette leben will!
Kennst du noch keinen? …

SITTAH. Mach sie nicht erröten!

SALADIN. Das hab ich allerdings mir vorgesetzt.
Erröten macht die Hässlichen so schön:

3658 **Amm':** Amme: Kinderfrau, die ein fremdes Kind stillt und betreut | 3661 **faselnd:** wirr, irre redend | 3671 f. **mir fällt … bei:** mir fällt ein | 3677 **vorgesetzt:** hier: vorgenommen

Und sollte Schöne nicht noch schöner machen? –
Ich habe deinen Vater Nathan; und
Noch einen – einen noch hierherbestellt.
Errätst du ihn? – Hierher! Du wirst mir doch
Erlauben, Sittah?

SITTAH. Bruder!

SALADIN. Dass du ja
Vor ihm recht sehr errötest, liebes Mädchen!

RECHA. Vor wem? erröten? …

SALADIN. Kleine Heuchlerin!
Nun so erblasse lieber! – Wie du willst
Und kannst! –
(Eine Sklavin tritt herein, und nahet sich Sittah.)
Sie sind doch etwa nicht schon da?

SITTAH *(zur Sklavin).*
Gut! lass sie nur herein. – Sie sind es, Bruder!

Letzter Auftritt

NATHAN *und der* TEMPELHERR *zu den* VORIGEN.

SALADIN. Ah, meine guten lieben Freunde! – Dich,
Dich, Nathan, muss ich nur vor allen Dingen
Bedeuten, dass du nun, sobald du willst,
Dein Geld kannst wieder holen lassen! …

NATHAN. Sultan! …

SALADIN. Nun steh ich auch zu deinen Diensten …

NATHAN. Sultan! …

SALADIN. Die Karawan' ist da. Ich bin so reich
Nun wieder, als ich lange nicht gewesen. –
Komm, sag mir, was du brauchst, so recht was Großes
Zu unternehmen! Denn auch ihr, auch ihr,
Ihr Handelsleute, könnt des baren Geldes
Zu viel nie haben!

NATHAN. Und warum zuerst
Von dieser Kleinigkeit? – Ich sehe dort

3689–91 **Dich … / Bedeuten:** dir sagen, verkünden

Ein Aug' in Tränen, das zu trocknen, mir
Weit angelegner ist. *(Geht auf Recha zu.)* Du hast
geweint?
Was fehlt dir? – bist doch meine Tochter noch?
RECHA. Mein Vater! …
NATHAN. Wir verstehen uns. Genug! –
Sei heiter! Sei gefasst! Wenn sonst dein Herz
Nur dein noch ist! Wenn deinem Herzen sonst
Nur kein Verlust nicht droht! – Dein Vater ist
Dir unverloren!
RECHA. Keiner, keiner sonst!
TEMPELHERR.
Sonst keiner? – Nun! so hab ich mich betrogen.
Was man nicht zu verlieren fürchtet, hat
Man zu besitzen nie geglaubt, und nie
Gewünscht. – Recht wohl! recht wohl! – Das ändert,
Nathan,
Das ändert alles! – Saladin, wir kamen
Auf dein Geheiß. Allein, ich hatte dich
Verleitet: itzt bemüh dich nur nicht weiter!
SALADIN. Wie gach nun wieder, junger Mann! – Soll alles
Dir denn entgegen kommen? alles dich
Erraten?
TEMPELHERR. Nun du hörst ja! siehst ja, Sultan!
SALADIN. Ei wahrlich! – Schlimm genug, dass deiner Sache
Du nicht gewisser warst!
TEMPELHERR. So bin ich's nun.
SALADIN. Wer so auf irgendeine Wohltat trotzt,
Nimmt sie zurück. Was du gerettet, ist
Deswegen nicht dein Eigentum. Sonst wär
Der Räuber, den sein Geiz ins Feuer jagt,
So gut ein Held, wie du!
(Auf Recha zugehend, um sie dem Tempelherrn zuzuführen.)
Komm, liebes Mädchen,
Komm! Nimm's mit ihm nicht so genau. Denn wär
Er anders; wär er minder warm und stolz:

3702 **angelegner:** näher, wichtiger | 3709 **betrogen:** getäuscht | 3714 **Geheiß:** Befehl, Anweisung | 3716 **gach:** hitzig, übereilt, unbedacht

Er hätt es bleiben lassen, dich zu retten.
Du musst ihm eins fürs andre rechnen. – Komm!
Beschäm ihn! tu, was ihm zu tun geziemte!
Bekenn ihm deine Liebe! trage dich ihm an!
Und wenn er dich verschmäht; dir's je vergisst,
Wie ungleich mehr in diesem Schritte du
Für ihn getan, als er für dich … Was hat
Er denn für dich getan? Ein wenig sich
Beräuchern lassen! ist was Rechts! – so hat
Er meines Bruders, meines Assad, nichts!
So trägt er seine Larve, nicht sein Herz.
Komm, Liebe …

SITTAH. Geh! geh, Liebe, geh! Es ist
Für deine Dankbarkeit noch immer wenig;
Noch immer nichts.

NATHAN. Halt Saladin! halt Sittah!

SALADIN. Auch du?

NATHAN. Hier hat noch einer mitzusprechen …

SALADIN. Wer leugnet das? – Unstreitig, Nathan, kömmt
So einem Pflegevater eine Stimme
Mit zu! Die erste, wenn du willst. – Du hörst,
Ich weiß der Sache ganze Lage.

NATHAN. Nicht so ganz! –
Ich rede nicht von mir. Es ist ein andrer;
Weit, weit ein andrer, den ich, Saladin,
Doch auch vorher zu hören bitte.

SALADIN. Wer?

NATHAN. Ihr Bruder!

SALADIN. Rechas Bruder?

NATHAN. Ja!

RECHA. Mein Bruder?
So hab ich einen Bruder?

TEMPELHERR *(aus seiner wilden, stummen Zerstreuung auffahrend).* Wo? wo ist
Er, dieser Bruder? Noch nicht hier? Ich sollt
Ihn hier ja treffen.

3730 **geziemte:** anstand, sich gehörte | 3731 **trage dich ihm an:** vertraue dich ihm an | 3738 **Larve:** Maske

NATHAN. Nur Geduld!
TEMPELHERR *(äußerst bitter).* Er hat
Ihr einen Vater aufgebunden: – wird
Er keinen Bruder für sie finden?
SALADIN. Das
Hat noch gefehlt! Christ! ein so niedriger
Verdacht wär über Assads Lippen nicht
Gekommen. – Gut! fahr nur so fort!
NATHAN. Verzeih
Ihm! – Ich verzeih ihm gern. – Wer weiß, was wir
An seiner Stell', in seinem Alter dächten!
(Freundschaftlich auf ihn zugehend.)
Natürlich, Ritter! – Argwohn folgt auf Misstraun! –
Wenn Ihr mich Euers *wahren* Namens gleich
Gewürdigt hättet …
TEMPELHERR. Wie?
NATHAN. Ihr seid kein Stauffen!
TEMPELHERR. Wer bin ich denn?
NATHAN. Heißt Curd von Stauffen nicht!
TEMPELHERR. Wie heiß ich denn?
NATHAN. Heißt Leu von Filnek.
TEMPELHERR. Wie?
NATHAN. Ihr stutzt?
TEMPELHERR. Mit Recht! Wer sagt das?
NATHAN. Ich; der mehr,
Noch mehr Euch sagen kann. Ich straf indes
Euch keiner Lüge.
TEMPELHERR. Nicht?
NATHAN. Kann doch wohl sein,
Dass jener Nam' Euch ebenfalls gebührt.
TEMPELHERR. Das sollt ich meinen! – (Das hieß Gott ihn
sprechen!)
NATHAN. Denn Eure Mutter – die war eine Stauffin.
Ihr Bruder, Euer Ohm, der Euch erzogen,
Dem Eure Eltern Euch in Deutschland ließen,
Als, von dem rauen Himmel dort vertrieben,

3754 **aufgebunden:** angedichtet, vgl. »jemandem einen Bären aufbinden« | 3772 **Ohm:** Onkel

Sie wieder hierzulande kamen: – Der
Hieß Curd von Stauffen; mag an Kindes statt
Vielleicht Euch angenommen haben! – Seid
Ihr lange schon mit ihm nun auch herüber
Gekommen? Und er lebt doch noch?

TEMPELHERR. Was soll
Ich sagen? – Nathan! – Allerdings! So ist's!
Er selbst ist tot. Ich kam erst mit der letzten
Verstärkung unsers Ordens. – Aber, aber –
Was hat mit diesem allen Rechas Bruder
Zu schaffen?

NATHAN. Euer Vater …

TEMPELHERR. Wie? auch den
Habt Ihr gekannt? Auch den?

NATHAN. Er war mein Freund.

TEMPELHERR.
War Euer Freund? Ist's möglich, Nathan! …

NATHAN. Nannte
Sich Wolf von Filnek; aber war kein Deutscher …

TEMPELHERR. Ihr wisst auch das?

NATHAN. War einer Deutschen nur
Vermählt; war Eurer Mutter nur nach Deutschland
Auf kurze Zeit gefolgt …

TEMPELHERR. Nicht mehr! Ich bitt
Euch! – Aber Rechas Bruder? Rechas Bruder …

NATHAN. Seid Ihr!

TEMPELHERR. Ich? ich ihr Bruder?

RECHA. Er mein Bruder?

SITTAH. Geschwister!

SALADIN. Sie Geschwister!

RECHA *(will auf ihn zu).* Ah! mein Bruder!

TEMPELHERR *(tritt zurück).*
Ihr Bruder!

RECHA *(hält an, und wendet sich zu Nathan).*
Kann nicht sein! nicht sein! – Sein Herz
Weiß nichts davon! – Wir sind Betrieger! Gott!

3795 **Betrieger:** Betrüger

SALADIN *(zum Tempelherrn).*
Betrieger? wie? Das denkst du? kannst du denken?
Betrieger selbst! Denn alles ist erlogen
An dir: Gesicht und Stimm' und Gang! Nichts dein!
So eine Schwester nicht erkennen wollen! Geh!

TEMPELHERR *(sich demütig ihm nahend).*
Missdeut auch du nicht mein Erstaunen, Sultan!
Verkenn in einem Augenblick', in dem
Du schwerlich deinen Assad je gesehen,
Nicht ihn und mich! *(Auf Nathan zueilend.)*
Ihr nehmt und gebt mir, Nathan!
Mit vollen Händen beides! – Nein! Ihr gebt
Mir mehr, als Ihr mir nehmt! unendlich mehr!
(Recha um den Hals fallend.)
Ah meine Schwester! meine Schwester!

NATHAN. Blanda
Von Filnek!

TEMPELHERR. Blanda? Blanda? – Recha nicht?
Nicht Eure Recha mehr? – Gott! Ihr verstoßt
Sie! gebt ihr ihren Christennamen wieder!
Verstoßt sie meinetwegen! – Nathan! Nathan!
Warum es sie entgelten lassen? sie!

NATHAN. Und was? – O meine Kinder! meine Kinder! –
Denn meiner Tochter Bruder wär mein Kind
Nicht auch, – sobald er will?
(Indem er sich ihren Umarmungen überlässt, tritt Saladin mit unruhigem Erstaunen zu seiner Schwester.)

SALADIN. Was sagst du, Schwester?

SITTAH. Ich bin gerührt …

SALADIN. Und ich, – ich schaudere
Vor einer größern Rührung fast zurück!
Bereite dich nur drauf, so gut du kannst.

SITTAH. Wie?

SALADIN. Nathan, auf ein Wort! ein Wort! –
(Indem Nathan zu ihm tritt, tritt Sittah zu dem Geschwister, ihm ihre Teilnehmung zu bezeigen; und Nathan und Saladin sprechen leiser.)

3811 **entgelten:** hier: büßen | nach 3818 **dem Geschwister:** den Geschwistern

Hör! hör doch, Nathan! Sagtest du vorhin
Nicht –?

NATHAN. Was?

SALADIN. Aus Deutschland sei ihr Vater nicht
Gewesen; ein geborner Deutscher nicht.
Was war er denn? wo war er sonst denn her?

NATHAN. Das hat er selbst mir nie vertrauen wollen.
Aus seinem Munde weiß ich nichts davon.

SALADIN.
Und war auch sonst kein Frank? kein Abendländer?

NATHAN. O! dass er der nicht sei, gestand er wohl. –
Er sprach am liebsten Persisch …

SALADIN. Persisch? Persisch?
Was will ich mehr? – Er ist's! Er war es!

NATHAN. Wer?

SALADIN. Mein Bruder! ganz gewiss! Mein Assad! ganz
Gewiss!

NATHAN. Nun, wenn du selbst darauf verfällst: –
Nimm die Versichrung hier in diesem Buche!
(Ihm das Brevier überreichend.)

SALADIN *(es begierig aufschlagend)*.
Ah! seine Hand! Auch die erkenn ich wieder!

NATHAN. Noch wissen sie von nichts! Noch steht's bei dir
Allein, was sie davon erfahren sollen!

SALADIN *(indes er darin geblättert)*.
Ich meines Bruders Kinder nicht erkennen?
Ich meine Neffen – meine Kinder nicht?
Sie nicht erkennen? ich? Sie dir wohl lassen?
(Wieder laut.)
Sie sind's! sie sind es, Sittah, sind! Sie sind's!
Sind beide meines … deines Bruders Kinder!
(Er rennt in ihre Umarmungen.)

SITTAH *(ihm folgend)*.
Was hör ich! – Konnt's auch anders, anders sein! –

SALADIN *(zum Tempelherrn)*.
Nun musst du doch wohl, Trotzkopf, musst mich lieben!

(Zu Recha.)
Nun bin ich doch, wozu ich mich erbot?
Magst wollen, oder nicht!
SITTAH. Ich auch! ich auch!
SALADIN *(zum Tempelherrn zurück).*
Mein Sohn! mein Assad! meines Assads Sohn!
TEMPELHERR. Ich deines Bluts! – So waren jene Träume,
Womit man meine Kindheit wiegte, doch –
Doch mehr als Träume! *(Ihm zu Füßen fallend.)*
SALADIN *(ihn aufhebend).* Seht den Bösewicht!
Er wusste was davon, und konnte mich
Zu seinem Mörder machen wollen! Wart!
(Unter stummer Wiederholung allerseitiger Umarmungen fällt der Vorhang.)

3842 **erbot:** anbot | 3849 **Wart!:** Na warte!

Anhang

1. Zur Textgestalt

Der Werktext der vorliegenden Ausgabe ist seiten- und zeilengleich mit der Ausgabe der Universal-Bibliothek Nr. 3; er folgt der Edition:

> Gotthold Ephraim Lessings sämtliche Schriften. Hrsg. von Karl Lachmann. Dritte, aufs neue durchgesehene und vermehrte Auflage, besorgt durch Franz Muncker. Bd. 3. Stuttgart: G. J. Göschen'sche Verlagsbuchhandlung. 1887. [Darin: *Nathan der Weise.*]

Die Orthographie wurde auf der Grundlage der gültigen amtlichen Rechtschreibregeln behutsam modernisiert; der originale Lautstand und grammatische Eigenheiten blieben gewahrt. Die Interpunktion folgt der Druckvorlage.

Nathan der Weise ist in Blankversen verfasst. Dieser aus dem Englischen entlehnte Begriff (*blank* ›ungereimt‹) bezeichnet reimlose Verszeilen mit alternierendem (wechselnden) jambischen (xx́) Metrum. Ist die Verszeile zehn Silben lang, so schließt der Vers männlich mit einer Hebung; bei elf Silben schließt der Vers weiblich mit Hebung und Senkung. Der nicht sehr strenge Vers beruht auf dem fünfhebigen Jambus, einem Versmaß, das im Europa des frühen Mittelalters erfunden wurde und in verschiedenen Nationalliteraturen unterschiedliche Ausprägungen erfuhr. Im Elisabethanischen England wurde es zuerst als variabler, reimloser Dramenvers eingesetzt, der durch keine Zäsur reglementiert ist und das Enjambement (Zeilensprung, der Satz fließt über die Zeilengrenze) begünstigt. Das »englische, britische oder miltonsche Versmaß«, wie Herder es nannte, wurde in Deutschland zuerst in einer Übersetzung von Miltons *Paradise lost* (*Das verlustigte Paradies*, 1682) verwendet und dann seit Mitte des 18. Jahrhunderts von einigen Dramatikern ausprobiert. Doch erst Lessings *Nathan der Weise* begründet die wichtige Stellung des Blankverses im deutschen Versdrama; in der Folge wird er auch von Schiller, Goethe, Kleist und Hebbel verwendet. Lessings Verwendung des Blankverses ist charakterisiert durch häufige Enjambements (Zeilensprünge) und die damit verbundene auffällige Versetzung von Satz- und Versrhythmus (vgl. z. B. V. 1349–56), durch die Verszeile fast auflösende Perioden und die häufige Verteilung eines Verses auf Redepartien mehrerer Personen, die Unterbrechung des Verses durch Auftritte oder Pausen (vgl. z. B.

V. 789–792). Für Lessing ist die dramatische Dichtung in Versen neu. Obwohl er, wie seinem Briefwechsel zu entnehmen ist, versuchte, sechshebige Verse zu vermeiden, bleiben selbst in der zweiten Ausgabe noch mindestens 18 Verse stehen, die nach strengen Maßstäben als sechshebig (bzw. zwölf- und dreizehnsilbig) zu bezeichnen sind (vgl. z. B. V. 216, 240). Mindestens 16 vierhebige (bzw. acht- und neunsilbige) Verse (vgl. z. B. 136, 402) sind zu finden.

Lessing hatte das Stück zunächst in Prosa entworfen. Die Wahl des Blankverses begründet er vor allem mit dem Bestreben, eine ästhetische Distanz zu schaffen und der orientalischen Atmosphäre im Stück Rechnung zu tragen. An den Odendichter und Übersetzer Karl Wilhelm Ramler (1725–1798), der ihn bei der Versifikation berät, schreibt er am 18. Dezember 1778: »Denn ich habe wirklich die Verse nicht des Wohlklanges wegen gewählt: sondern weil ich glaubte, dass der orientalische Ton, den ich doch hier und da angeben müssen, in der Prose [in Prosa] zu sehr auffallen dürfte. Auch erlaube, meinte ich, der Vers immer einen Absprung eher, wie ich ihn itzt zu meiner anderweitigen Absicht bei aller Gelegenheit ergreifen muß. Mir genüget, dass Sie nur so mit der Versifikation nicht ganz und gar unzufrieden sind.«

Zu den Wort- und Sacherläuterungen

Die Wort- und Sacherläuterungen basieren in Teilen auf den Erläuterungen in: Gotthold Ephraim Lessing, *Nathan der Weise*, Anm. von Peter von Düffel, Stuttgart: Reclam, 2000 [u. ö.], und: Peter von Düffel, *Erläuterungen und Dokumente. Gotthold Ephraim Lessing: »Nathan der Weise«*, Stuttgart: Reclam, 2006 [u. ö.].

2. Anmerkungen

[Titel] **Dramatisches Gedicht:** Die Auflösung der engen klassizistischen Gattungspoetik, die eng an das antike griechische Vorbild angelehnt war, begann in Frankreich mit Voltaire und Diderot. Auch Lessing hielt die strenge Trennung von Tragödie und Komödie für nicht mehr zeitgemäß (*Theatralische Bibliothek*, 1. Stück) und probierte in seinen Stücken verschiedene neue Formen aus. In *Nathan der Weise* geht es ihm allerdings weniger als in seinen bürgerlichen Trauerspielen darum, im Hinblick auf Tugend und Laster gemischte, lebensechte Charaktere zu schaffen, sondern um das Ziel, die Handlung zu einem lehrhaft-polemischen Ziel hin zu entwickeln. Die besondere Absicht rechtfertigt die neue Gattungsbezeichnung; schon Voltaire hatte sein Drama *Les Guèbres ou la tolérance* (1769) als »poème dramatique« bezeichnet.

[Titel] **Introite ... Gellium:** (lat.) »Tretet ein, denn auch hier sind Götter! Bei Gellius.« Lessing fand den Ausspruch, der dem griechischen Philosophen Heraklit (um 520–460 v. Chr.) zugeschrieben wird, in der »Praefatio« (Vorrede) zu den *Noctes Atticae* (lat.; *Attische Nächte*, um 170 n. Chr.) des römischen Schriftstellers und Richters Aulus Gellius. Er soll das Thema des Lessingschen Dramas andeuten.

[Personen] **Sultan Saladin:** Salah-ad-Din (1138–1193) war in Syrien und Ägypten zu hohen militärischen Würden gelangt. Nachdem er Befehlshaber der syrischen Truppen in Ägypten geworden war, gelang es ihm innerhalb kurzer Zeit, auch die politische Macht zu übernehmen. Durch erfolgreiche Eroberungszüge nach Syrien und Mesopotamien vergrößerte er sein Reich so, dass es den Kreuzfahrerstaat Jerusalem einschloss. 1187 schlug er ein Kreuzfahrerheer vernichtend bei Hittin (Hattin) in Nordpalästina und eroberte im Anschluss den größten Teil des Königreiches. Jerusalem ergab sich, als er großzügige Bedingungen zusicherte. Der zwischen Richard Löwenherz und Saladin im Zusammenhang des dritten Kreuzzugs ausgehandelte Waffenstillstand von 1192 gewährte zwar christlichen Pilgern freien Zugang zu den heiligen Stätten, die Besitzungen der Kreuzritter in Palästina blieben aber bis auf den Küstenstrich von Jaffa bis Tyrus verloren. Saladin starb am 4. März 1193 und sein Reich verfiel.

[Personen] **Tempelherr:** Angehöriger des Templerordens, der 1118 infolge des ersten Kreuzzugs gegründet wurde und die Ideale des adligen Rittertums mit denen der Mönche vereinte, d.h. zweier Stände, die bis dahin streng voneinander getrennt waren. Die Tempelherren waren eine militärische Eliteeinheit, die direkt dem Papst unterstand und ursprünglich die Pilger im Heiligen Land schützen und den christlichen Einfluss sichern und ausweiten sollte. Im Zuge der zunehmenden Entstehung von Königreichen als Staatsgebilden löste Papst Clemens V. 1312 den Templerorden nach einem aufsehenerregenden Prozess auf – auch, um von dessen wirtschaftlichen Gütern zu profitieren. Zu den Tempelherren schreibt Voltaire in dem von Lessing übersetzten Essay *Geschichte der Kreuzzüge*: »Was vielleicht die Schwäche des neuen Herzogthums zu Jerusalem gleichfalls erweist, ist die Errichtung (1092) der geistlichen Soldaten, der Tempelherren und der Hospitalier. […] Die zum Dienste der Verwundeten geweihten Mönche verpflichteten sich durch ein Gelübde im Jahre 1118, sich zu schlagen, und sodann entstund auf einmal unter dem Namen der Tempelherren eine Militz, die diesen Titel deswegen annahm, weil sie nicht weit von derjenigen Kirche wohnte, die ehemals der Tempel Salomo gewesen seyn sollte. Diese Stiftungen hat man allein den Franzosen zu danken. […] Kaum waren diese beyden Orden durch die Bullen [gesetzartige Verkündigungen] der Päbste bestätiget, als sie reich und gegen einander eifersüchtig wurden. Sie schlugen sie ebenso oft mit einander, als wider [gegen] die Mahometaner. Das weiße Kleid der Tempelherren und der schwarze Oberrock der Hospitalier war eine beständige Losung zu Schlachten« (*G.E. Lessings Übersetzungen aus dem Französischen Friedrichs des Großen und Voltaires*, […] hrsg. von Erich Schmidt, Berlin 1892, S. 188).

[Personen] **Patriarch von Jerusalem:** Historisches Vorbild dieses Bischofs von Jerusaelm ist der Patriarch Heraklius, er wird von Marin (vgl. Kap. 4.2.2, S. 201–206), Lessings Hauptquelle, in den schwärzesten Farben beschrieben: Palästina »sahe endlich den infamen Heraklius – was für einen Namen sollen wir dem Manne geben, dessen Andenken durch das Geschrey des ganzen Orients abscheulich geworden ist? – es sahe diesen infamen Heraklius den Patriarchalischen Stuhl durch die allerschandbareste Aufführung entehren« (François Louis Claude Marin, *Geschichte Saladins, Sulthans von Egypten und Syrien*, übers. von E.G. Küster, Celle 1761, Bd. 1, S. 308). Als Jerusalem 1187 von Saladin eingenommen worden war, verließ er die Stadt »zuerst mit dem Gefolge der ganzen Secular- und Regular-Geistlichkeit. Er hatte die Gold- und Silberbleche, die geweiheten Gefäße, und den Schatz des heiligen Grabes mitgenommen« (Ebd., Bd. II, S. 71). Dass es Lessing nicht darauf ankam, diese renaissancehafte Biografie historisch korrekt nachzugestalten, belegen die Anspielungen in V. 2522–25.

143 f. **Es sei … keines irdischen:** stark verkürzter Satz: Es sei ihr Tempelherr kein irdischer (Tempelherr) und keines irdischen (Vaters Sohn).

196 f. **Ich also, ich hab einen Engel … gesehn:** Hierzu schreibt Marin Folgendes, das sich auch Lessing in seinen Entwürfen notiert: »Die Kreuzbrüder, die so unwissend als leichtgläubig waren, streuten oft aus, daß sie Engel in weißen Kleidern, mit blitzenden Schwerdtern in der Hand […] hätten vom Himmel herab kommen sehen« (vgl. 201–206; François Louis Claude Marin, *Geschichte Saladins, Sulthans von Egypten und Syrien*, übers. von E. G. Küster, Celle 1761, Bd. I, S. 352).

234 f. **ihm je … Gurt geboten:** Lessing notiert in seinen Entwürfen zu *Nathan der Weise*, dass »die Tempelherrn für ihre Loskaufung nichts geben durften als cingulum & cultellum, Dolch u. Gürtel« (vgl. 201–206; vgl. auch François Louis Claude Marin, *Geschichte Saladins, Sulthans von Egypten und Syrien*, übers. von E. G. Küster, Celle 1761, Bd. I, S. 249 f.).

418–21 **Es taugt nun freilich nichts … weniger:** Geier fressen Aas, aber Aas wird von Geiern gefressen. Lessing bezieht sich in den Entwürfen zu *Nathan der Weise* auf eine »Maxime, welche die Araber dem Aristoteles beilegen: es sei besser, daß ein Fürst ein Geier sei unter Äsern, als ein Aas unter Geiern« (*Werke. Vollständige Ausgabe in 25 Teilen*, hrsg. von Julius Petersen und Waldemar von Olshausen, reprogr. Nachdr., Hildesheim / New York 1970, Bd. 2, S. 292–310).

444 f. **Was ihr am Hafi unterscheidet … sein:** Zwei Eigenschaften, der Derwisch und der Schatzmeister, werden bald wieder voneinander getrennt sein.

550 f. **verstopft / Die Milz; macht melancholisches Geblüt:** Unter den vier Körpersäften hielt man im Altertum die von der Milz produzierte schwarze Galle verantwortlich für trauriges, verzweifeltes Verhalten bzw. für die Ursache von Melancholie.

573 **Tebnin:** »[…] eine sehr gut verwahrete Vestung über Ptolemais,

an der Sidonschen Heerstraße« (François Louis Claude Marin, *Geschichte Saladins, Sulthans von Egypten und Syrien*, übers. von E. G. Küster, Celle 1761, Bd. II, S. 32). Sie wurde 1187 den Kreuzfahrern durch König Saladins Soldaten wieder entrissen.

576 **Sidon:** bedeutende, alte Stadt am Mittelmeer im Libanon, östlich vom heutigen Saïda, gehörte seit 1110 zum Kreuzfahrerstaat, wurde aber 1187 von Saladin erobert.

632 **König Philipp:** Philipp II. (1165–1223), König von Frankreich, einigte sich 1189 mit Richard Löwenherz, gemeinsam den Kreuzzug zu führen. Doch zerstritten sich die Könige schon auf der Überfahrt. Bei der Belagerung von Ptolemais (Acre) erkrankte Philipp und kehrte nach der Eroberung nach Frankreich zurück. Lessing verfügt souverän über die Fakten, denn zur Zeit des Waffenstillstands (1192) hatte Philipp bereits eine Allianz mit dem Kaiser Heinrich VI. und Prinz Johann von England geschlossen.

673 **Maroniten:** Mitglieder der syrisch-christlichen Kirche, die sich mit der römischen Kirche unter dem Einfluss der Kreuzritter 1181 vereinte. Der Name ist auf den hl. Maro (gest. um 410) zurückzuführen.

678 **Ptolemais:** Akka, St. Johann von Acre. Syrische Stadt am Mittelmeer, die lange von den Kreuzfahrern gehalten wurde. Nachdem Saladin sie 1187 erobert hatte, wurde sie von den Truppen der Kreuzfahrer belagert und fiel erst nach drei Jahren.

711 **Erregt mir meine Galle nicht:** Das Wort ist urverwandt mit griech. *chólos*. Die Galle spielte eine bedeutende Rolle in der Affekten- und Temperamentenlehre bis ins 18. Jh. hinein. Vgl. Anm. zu 550 f. Der eigentliche Gallensaft wurde als ›gelbe Galle‹ bezeichnet, die zorniges, bitteres Verhalten verursache. Hier als Metapher für den Affekt des Zorns. Vgl. V. 1623 f. »in Augenblicken … der Galle«.

757 **ein edler Knecht:** Reiter, niedriger Adliger im Kriegsdienst. Noch im 17. Jh. hatte das Wort seine ursprünglich ehrenvolle Bedeutung; doch auch im 18. Jh. wird es zuweilen in dieser Weise verwendet.

758 **In Kaiser Friedrichs Heere:** Kaiser Friedrich I., Barbarossa (geb. um 1121, König seit 1152), hatte sich auf dem Reichstag zu Mainz (Ostern 1188) zum Kreuzzug verpflichtet und brach im Mai 1189 in Regensburg auf. Nachdem Barbarossa nach Kleinasien übergesetzt war, ertrank er im Juni 1190 im Flusse Saleph (Kaly-

kadnos) in Armenien. – Chronologisch ist Dajas Erzählung falsch, wenn sie Rechas Pflegemutter gewesen ist (vgl. V. 3579 f.).

792 **die Gabel:** (fachspr.) im Schach Bedrohung zweier Figuren gleichzeitig; da der Angegriffene nur einen Zug zur Verteidigung hat, wird eine Figur verlorengehen.

828 f. **Wie höflich ... müsse:** Anspielung auf Saladin, der 1187 Königin Sybille erlaubte, ihren gefangenen König von Jerusalem, Guy de Lusignan, zu besuchen; auch die Gemahlin des Fürsten Balian ließ er frei abziehen, obwohl der Fürst gegen ihn Krieg führte.

841 **Iman:** Imam; »im engern Verstande bedeutet dieses Wort einen Mann, der den Moscheen vorsteht, und im vorzüglichsten Verstande, das Haupt der Muselmannischen Religion. In den vornehmsten Städten sind besondere Imams, die man mit unsern Bischöffen [...] vergleichen könnte« (François Louis Claude Marin, *Geschichte Saladins, Sulthans von Egypten und Syrien*, übers. von E. G. Küster, Celle 1761, Bd. I, S. 133 f.).

854 **Stillestand:** Anspielung auf den Waffenstillstand von 1192, dessen Verhandlungen seit der Belagerung von Ptolemais (Acre) zwischen Richard II. und Saladin geführt wurden. »Man machte also, nicht einen beständigen Frieden, sondern einen Stillstand auf drey Jahre und drey Monate« (François Louis Claude Marin, *Geschichte Saladins, Sulthans von Egypten und Syrien*, übers. von E. G. Küster, Celle 1761, Bd. II, S. 292).

857 **Richards Bruder:** Prinz Johann, der spätere König Johann (Ohneland) von England (1167–1216). Dieser Teil des vorgeschlagenen Handelns ist Lessings Erfindung.

858 **deinen Richard:** Richard I. (1157–1199) Löwenherz, König von England und der Normandie, landete im Juni 1191 in Palästina, unterstützte die Belagerer von Ptolemais (Acre) und war maßgeblich an der Eroberung der Stadt beteiligt. Während der 16 Monate im Heiligen Land erwarb er sich mit wilden Heldentaten den Ruhm, der die geschichtliche Grundlage für die Legende des tapferen Ritters bildete, und eine Reihe bedeutender Feinde unter den christlichen Fürsten. Vor seiner Abfahrt 1192 schloss er einen dreijährigen Waffenstillstand mit Saladin. Sein Vorschlag, Saladins Bruder Malik al Adil mit seiner Schwester Johanna, der Witwe des Königs von Sizilien, zu verheiraten und beide das Königreich Jerusalem regieren zu lassen, wurde von kirchlicher Seite abgelehnt. Auf der Rückreise wurde er von Leopold von Öster-

reich gefangengenommen und erst nach zwei Jahren gegen Zahlung eines Lösegelds freigelassen.

870 **Aberglauben:** ›Aberglaube‹ im 15. Jh. als Lehnbildung zu lat. *superstitio* (›aber‹ für lat. *super*): das, was über den wahren Glauben hinausgeht. Sittah urteilt als aufgeklärte Mohammedanerin, indem sie den absoluten Anspruch der geoffenbarten Religionen auf Wahrheit dem Humanitätsideal (Menschlichkeit) unterordnet, bezieht aber die traditionellen Gründe für die Ablehnung des Christentums als Unglaube ein: »Nun haben auch die Mahometaner fünf Beweisgründe für sich. Erstlich sagen sie: Die Christen verehren die Einheit Gottes nicht lauter [rein], als sie; die Christen gäben ihm einen Sohn, welcher ebenfalls Gott sei. […] Es ist aber auch etwas Gottloses, dem erhabensten Gott, dem Schöpfer aller Dinge einen beizugesellen, der ihm gleich sei, da er doch der allerhöchste ist, und ihm einen Sohn zu geben, da er doch keinen braucht, und ewig ist. Über das also, sagen sie, was die Christen ihm beilegen, empören sich die Himmel, und die Erde fliehet vor Entsetzen davon. Gott wird daher bei ihnen eingeführet, als ob er sich beklagte; und Christus, als ob er sich entschuldigte; daß er sich dieses nicht selbst, sondern, daß es ihm andre, wider seinen Willen, beigelegt hätten. Der zweite Beweisgrund kömmt von Mahomet selbst, welcher den Christen zur Last legt, daß sie die Bilder anbeten, und daß sie also Verehrer der Götter, und nicht eines einzigen Gottes zu sein scheinen« (G. E. Lessing, *Rettung des Hier. Cardanus*, in: G. E. L., *Gesammelte Werke*, hrsg. von Paul Rilla, Bd. 7, Berlin / Weimar ^{2}1968, S. 209).

1110 f. **Salomons, / Nicht Davids Gräber:** in denen, so der jüdische Historiker Flavius Josephus, unermessliche Schätze lagern sollen.

1290 **das auserwählte Volk:** Der Bund zwischen Jehova und dem Volk Israel ist die Grundlage der jüdischen Religion; vgl. Altes Testament, 5. Mose 7,6–8: »Denn du bist ein heiliges Volk dem Herrn, deinem Gott. Dich hat der Herr, dein Gott, erwählt zum Volk des Eigentums aus allen Völkern, die auf Erden sind. Nicht hat euch der Herr angenommen und euch erwählt, weil ihr größer wäret als alle Völker – denn du bist das kleinste unter allen Völkern –, sondern weil er euch geliebt hat und damit er seinen Eid hielte, den er euren Vätern geschworen hat. Darum hat er euch herausgeführt mit mächtiger Hand und hat dich erlöst von der Knechtschaft, aus der Hand des Pharao, des Königs von Ägypen.«

1379 **Mein Oheim selbst ... sagen:** Bis zur Mitte des 18. Jh. galt die Bezeichnung »Oheim« in Abgrenzung zu Bruder und Schwager des Vaters nur für den Bruder und Schwager der Mutter, da nur die Mutterschaft sicher feststellbar war (»Mater semper certa est«). Nur mit den Geschwistern der Mutter besteht auf jeden Fall Blutsverwandtschaft.

1556–58 **Wem eignet Gott? ...:** vgl. Karl Wilhelm Ramlers Bemerkung im Briefwechsel mit Lessing: »Das Zeitwort ›sich einem eigenen‹ bedeutet: sich einem eigentümlich übergeben, sich einem zu eigen machen; ›einem eigenen‹ würde aber heißen: einem eigentümlich zugehören, eines eigen sein. Sie hätten also dieses Wort ganz recht gebraucht. Da es aber in dem Munde dieser jungen Person ein wenig zu szientifisch [wissenschaftlich] klingt, so könnte es ja leicht in ein üblichers übersetzt werden. Z. E. 40. [Zum Exempel V. 40 des 3. Aufzugs.] Ein eigner Gott? was ist das für ein Gott? / Der Eines eigen ist, und er für sich / Muß kämpfen lassen?«

1648 **Sinai:** Berg auf der Sinai-Halbinsel, auf dem nach der Überlieferung des Alten Testaments Moses von Gott die Zehn Gebote empfangen haben soll.

1868–73 **als ob ... doch nun nicht:** In der Geschichte der Münzprägung gab es in der Antike zunächst nur eine Art Münze mit identischem Gewicht; eine Anzahl der Münzen wurde als Gesamtmasse gewogen, um ihren gemeinsamen Wert zu bestimmen. Später wurden Münzen von verschiedenem Wert geprägt, so dass diese auf einem Zählbrett gezählt werden mussten, um ihren Gesamtwert zu bestimmen.

2451 **Mich Einer Sorge nur gelobt:** Als Laienbruder hat er nur das Gelübde des Gehorsams abgelegt.

2514 f. **Ich glaubte, das / Sei eins:** Im achten *Anti-Goeze* beantwortet Lessing den Einwand Goezes, die fabelhafte Geschichte vom ›lutherischen Prediger aus der Pfalz‹ (*Axiomata*) entbehre jeder Beweiskraft: »Folget aus dem bloß möglichen Falle nicht ebendas, was aus dem wirklichen Falle folgen würde?«

2522 **auf das Theater:** auffälligste Anspielung im Nathan auf eine als ›Fragmenten-Streit‹ bezeichnete theologische Fehde. Als das Herzogliche Konsistorium in Braunschweig Lessing auf Druck seiner Gegner die Zensurfreiheit entzog und der Herzog ihm sogar verbot, in dieser Sache zu veröffentlichen, schrieb er am 6. September 1778 an Elise Reimarus: »Ich muß versuchen, ob man mich auf meiner alten Kanzel, auf dem Theater wenigstens, noch ungestört will predigen lassen«. Sein Hauptgegner, der Hamburger Hauptpastor Johann Melchior Goeze, hatte versucht, Lessings Kompetenz im theologischen Disput dadurch zu unterhöhlen, dass er verschiedentlich auf seine Eigenschaft als Theaterschriftsteller verwies. Lessings Argumentationsweise bezeichnete er als »Theaterlogik«.

2574 f. **allerheiligsten / Religion:** möglicherweise Anspielung auf Goezes Schrift *Etwas Vorläufiges gegen des Herrn Hofraths Leßings mittelbare und unmittelbare feindselige Angriffe auf unsre allerheiligste Religion, und auf den einigen Lehrgrund derselben, die heilige Schrift [...]*, Hamburg 1778.

2667 **Höhle:** Anspielung auf die sowohl in christlicher wie in islamischer Tradition bekannte Legende von den Siebenschläfern, d. h. von den sieben jungen Leuten, die den Kaiser nicht als Gott verehren wollten und verfolgt wurden. Ein Schäfer versteckte sie in einer Felsenhöhle, die der rachedurstige Kaiser zumauern ließ. Nach einigen hundert Jahren wachten sie wieder auf, ohne gealtert zu sein.

2779 **Der tolerante Schwätzer:** Toleranz als Duldung abweichender Glaubensbekenntnisse ist dem Mittelalter und der Reformationszeit fremd und taucht als Forderung erst im 17. Jh. auf. Erst in der Aufklärung wurde freie Religionsübung gegen Ende des 18. Jh. in Deutschland gegen die Staatskirchen durchgesetzt.

2820 **ohne Schweinefleisch:** Der Genuss von Schweinefleisch ist Juden und Moslems verboten.

2894 f. **Feuerkohlen ... auf Euer Haupt / Gesammelt:** biblische Anspielung auf Altes Testament, Sprüche, 25,21 und Neues Testament, Römer, 12,20: »Wenn deinen Feind hungert, so speise ihn; dürstet ihn, so tränke ihn. Wenn du das tust, so wirst du feurige Kohlen auf sein Haupt sammeln.« Dajas Verwendung des biblischen Spruches ist nicht gerade orthodox.

2936 **Quarantana:** hoher Berg zwischen Jericho und Jerusalem, der »jetzo eigentlich Quarantania heisset von den 40 Tagen der Versuchung Christi, weil nehmlich der Heyland auf diesem Berge die Versuchung ausgestanden haben soll. Matth. IV. Etliche melden, daß oben annoch ein verfallener Ort gezeiget würde, wo Christus gebetet und gefastet hätte« (*Zedlers Universal-Lexicon*, Bd. 30, Spalte 76, 1741).

2936 **Jericho:** Stadt am Westufer des Jordan, für jüdische und christliche Pilger die letzte Station vor dem anstrengenden Anstieg nach Jerusalem.

2947 **Tabor:** Berg in Galiläa, auf dem Jesus sich drei Jüngern in überirdischem Licht (Taborlicht) gezeigt haben soll (Neues Testament, Matthäus, 17,1 f. und Markus 9,2 f.).

2979 **Gazza:** Ghaza wurde 1100 von den Kreuzfahrern erobert, 1188 von Saladin zurückerobert.

2982 **Darun:** ein fester »Platz an den palästinischen Gränzen auf der Seite von Egypten« (François Louis Claude Marin, *Geschichte Saladins, Sulthans von Egypten und Syrien*, übers. von E. G. Küster, Celle 1761, Bd. II, S. 268).

2986 **Askalon:** Küstenstadt nördlich von Ghaza, die während der Kreuzzüge mehrmals von beiden Seiten erobert wurde (Saladin nahm sie 1187 ein).

3039 **Gath:** Stadt am Mittelmeer, nördlich von Ghaza.

3158 **Kahira:** Kairo, al-Qāhira, die ›Siegreiche‹, der Name der 969 n. Chr. gegründeten Hauptstadt des Fatimidischen Ägypten.

3211 **Thebais:** Bezeichnung für Oberägypten nach der alten Hauptstadt Theben.

3. Leben und Zeit

3.1 Biografie

Q »Nicht die Wahrheit, in deren Besitz irgendein Mensch ist oder zu sein vermeinet, sondern die aufrichtige Mühe, die er angewandt hat, hinter die Wahrheit zu kommen, macht den Wert des Menschen. Denn nicht durch den Besitz, sondern durch die Nachforschung der Wahrheit erweitern sich seine Kräfte, worin allein seine immer wachsende Vollkommenheit bestehet. Der Besitz macht ruhig, träge, stolz –

Wenn Gott in seiner Rechten alle Wahrheit und in seiner Linken den einzigen immer regen Trieb nach Wahrheit, obschon mit dem Zusatze, mich immer und ewig zu irren, verschlossen hielte und spräche zu mir: wähle! Ich fiele ihm mit Demut in seine Linke und sagte: Vater gib! die reine Wahrheit ist ja doch nur für dich allein!«

Gotthold Ephraim Lessing: Über die Wahrheit. In: Was ist Aufklärung? Thesen und Definitionen. Hrsg. von Ehrhard Bahr. Bibl. erg. Ausg. Stuttgart: Reclam, 2008. S. 44.

Zeittafel

1729 Gotthold Ephraim Lessing wird am 22. Januar in Kamenz (Oberlausitz) geboren. Der Vater, Johann Gottfried Lessing, ist Pastor Primarius in der Kamenzer Marienkirche, die Mutter, Justina Salome Feller, eine Pfarrerstochter aus Kamenz. Gotthold Ephraim kommt als drittes von zwölf Kindern zur Welt; fünf dieser Kinder sterben in frühem Alter.

1741–46 Ein Jahr nach dem Regierungsantritt Friedrichs II. in Berlin erhält Lessing nach dem Besuch der Lateinschule in Kamenz und herausragenden Leistungen beim Aufnahmeexamen ein Stipendium für die Fürstenschule St. Afra in Meißen. Hier soll begabten Landeskindern eine besonders qualifizierte Ausbildung ermöglicht werden. Schon als Schüler versucht sich Lessing als Schriftsteller, verfasst Lieder und lehrhafte Gedichte und entwirft das Lustspiel *Der junge Gelehrte*. Lessing kann die Schule ein Jahr früher als üblich verlassen. Er schreibt in lateinischer Sprache, hat Griechisch, Hebräisch und Französisch gelernt.

Abb. 1: Gotthold Ephraim Lessing, Gemälde von Anton Graff, 1771

1746–48 Lessing studiert an der sächsischen Landesuniversität in Leipzig, wo ihm als Fürstenschüler ein Stipendium bereitgestellt wird. Zunächst widmet er sich der Theologie, doch bald verlagert der junge Student seinen Studienschwerpunkt auf die humanistischen Fächer. Er verkehrt in der Schauspieltruppe der Caroline Neuber (erste Veröffentlichungen von Gedichten und Epigrammen), gibt das Theologiestudium auf und versucht sich in anderen Fakultäten, vor allem in der medizinischen. Im Januar 1748 wird *Der junge Gelehrte* von der Neuberin mit großem Erfolg uraufgeführt. Da Lessing wegen finanzieller

Bürgschaften für Schauspieler in Bedrängnis kommt, verlässt er Leipzig fluchtartig, um sich seinen Gläubigern zu entziehen. Den Weg nach Berlin unterbricht er krankheitsbedingt in Wittenberg. Dort studiert er für einige Monate weiter Medizin. Im November 1748 kommt er in Berlin an.

1749–51 In Berlin beginnt seine Existenz als »freier Schriftsteller«. Die Residenzstadt Berlin bietet ihm mit ihrem wachsenden Zeitschriftenmarkt eine halbwegs gesicherte ökonomische Basis. Theaterarbeiten, umfassende gelehrt-antiquarische Studien, Versuche in verschiedenen literarischen Kleinformen, vor allem aber journalistisch rezensierende Artikel sind für seine ersten Berliner Jahre typisch. Es entsteht ein enger freundschaftlicher Kontakt zu Moses Mendelssohn, er lernt den Schriftsteller und Verleger Friedrich Nicolai kennen.

1752 Abschluss des Studiums in Wittenberg, er wird promoviert als Magister der freien Künste.

1753 Lessing ist in Berlin so bekannt und so selbstbewusst, dass er, 24-jährig, eine sechsteilige Sammlung eigener Schriften herauszugeben beginnt: Gedichte, Briefe, literarische Ausgrabungs- und Rehabilitierungsversuche, Jugendlustspiele; später (1755) kommt abschließend *Miß Sara Sampson*, sein ganz neuartiges »bürgerliches Trauerspiel«, hinzu. Sein polemischer Stil ist gefürchtet, seine dramatischen Versuche eröffnen dem Theater Neuland und sprengen Regeln.

1755–57 Lessing zieht sich im Frühjahr 1755 für einige Zeit nach Potsdam zurück und schreibt dort in wenigen Wochen *Miß Sara Sampson*. In Anwesenheit des Autors wird dieses »bürgerliche Trauerspiel« im Juli des Jahres in Frankfurt an der Oder uraufgeführt. Im Oktober 1755 kehrt Lessing nach Leipzig zurück. Eine große Bildungsreise wird abgebrochen.

1758–60 Lessing ist wieder in Berlin. Seine Versuche, in der preußischen Residenz eine Anstellung zu finden, schlagen fehl. Die Fürsprache der Freunde hilft nicht weiter, da sich der preußische König selbst gegen Lessing stellt. Die *Briefe, die neueste Literatur betreffend* erscheinen, sie dienen insbesondere der Abgrenzung gegenüber den poetischen Regelsystemen des Leipzigers Literatur-Professors Gottsched.

1760–64 Am 7. November 1760 verlässt Lessing, ohne bei den Freunden Abschied zu nehmen, Berlin und nimmt in Breslau die Stelle eines Sekretärs bei dem preußischen General Tauentzien an. Er führt für den Garnisonskommandanten den Briefwechsel mit dem Hof in Berlin (und verstummt für einige Jahre als Schriftsteller). Er arbeitet literarisch am »Laokoon«-Thema und der Frage, wie tödlicher Schmerz in der bildenden Kunst (Marmor-Gruppe mit der Laokoon-Szene in Rom), im Epos (Vergils Erzählung von Laokoon) und auf dem Theater darzustellen wäre. Der Siebenjährige Krieg selbst wird in der dramatischen Arbeit *Minna von Barnhelm* thematisiert.

1765–67 Lessing lebt wieder in Berlin. Zur Ostermesse 1766 erscheint der *Laokoon.* Die Zeitkomödie *Minna von Barnhelm* wird 1767 gedruckt.

1767–69 Lessing wird im November 1766 die Stelle eines Hausdramatikers am neugegründeten »Nationaltheater« in Hamburg angeboten. Er geht im Frühjahr 1767 als Dramaturg nach Hamburg, um das laufende Theater-Programm anzuregen und zu kritisieren. Seine Arbeit dokumentiert er publizistisch in der *Hamburgischen Dramaturgie*, deren Teile mehr und mehr ins Grundsätzliche zielen, weil die Hamburger Theaterpraxis enttäuschend verläuft. Lessing macht Bekanntschaft mit dem Arzt und Naturforscher Johann Albert Heinrich Reimarus (1729–1814) und dem orthodoxen Lutheraner und Prediger Johann Melchior Goeze (1717–1786). Im Hause seines Freundes, des Hamburger Kaufmanns Engelbert König, lernt er dessen Ehefrau Eva kennen. – In *Briefe antiquarischen Inhalts* und *Wie die Alten den Tod gebildet* richtet sich Lessing in scharfer Polemik gegen den Hallensischen Professor Christian Adolph Klotz (1738–1771), der mit seinen akademischen Verbindungen zu einem Rivalen um die »Meinungsführerschaft« im intellektuellen Diskurs zu werden droht. In der kleinen Schrift *Wie die Alten den Tod gebildet* stellt Lessing die antike Vorstellung vom Tod als Bruder des Schlafs gegen das Sensenmann-Bild der christlichen Tradition.

1770–81 Nach finanziellem Ruin in Hamburg nimmt Lessing eine Stelle als Hofbibliothekar an der herzoglichen Bibliothek Wolfenbüttel an. Seine Bücherleidenschaft, aber auch der Wunsch, seine finanzielle Situation zu festigen und eventuell heiraten zu können, überwinden seine Vorbehalte gegenüber einer Stelle im Hofdienst.

1771 Lessing verlobt sich mit Eva König, die seit 1768 verwitwet ist. Er wird Mitglied einer Freimaurerloge in Hamburg; die Praxis der Freimaurer enttäuscht und langweilt ihn allerdings.

1772 Im Winter 1771/72 entsteht das Trauerspiel *Emilia Galotti*, das zum Geburtstag der Herzogin am 13. März 1772 in Braunschweig uraufgeführt wird. Lessing vermeidet das Rührselige seiner *Miß Sara Sampson* und weckt mit einem Drama voll rascher Handlungsabläufe und Mehrdeutigkeiten Nachdenklichkeit beim Publikum.

1774–78 Lessing veröffentlicht verschiedene Stücke der *Fragmente eines Ungenannten*, der nachgelassenen Schriften des 1768 verstorbenen Hermann Samuel Reimarus. Er hatte das Manuskript der *Apologie oder Schutzschrift für die vernünftigen Verehrer Gottes* von dessen Tochter Elise Reimarus erhalten. In den Schriften übt Reimarus Kritik an den kirchlichen Dogmen und vertritt eine »natürliche« Religion, die ohne biblisch bezeugte Wunder und Offenbarungen auskommt. Lessing nutzt die Veröffentlichung und Kommentierung der *Fragmente* zur Inszenierung einer breit angelegten religionskritischen Debatte, die sich in verschiedenen Streitschriften zwischen 1777 und 1779 entfaltet. In seinen eigenen Abhandlungen *Über den Beweis des Geistes und der Kraft*, *Das Testament Johannis*, *Eine Duplik* greift Lessing exemplarisch theologische Positionen an und deckt ihre unauflösbaren Widersprüche auf. In den *Gegensätzen des Herausgebers* widerspricht er 1777 auch dem *Fragmente*-Verfasser H. S. Reimarus selbst – die Art seines Widerspruchs begründet die 1778 beginnende Auseinandersetzung mit dem Hamburger Pastor Goeze.

1776 Im Oktober 1776 kann Lessing endlich in der Nähe von Hamburg Eva König heiraten; erst jetzt empfindet er seine finanzielle Situation als hinreichend gesichert. Er versucht mehrfach, Wolfenbüttel zu verlassen und wieder unabhängig zu werden. Der Plan, die Leitung des Mannheimer Theaters zu übernehmen, schlägt fehl.

1777/78 Sein Sohn Traugott wird Weihnachten 1777 geboren, stirbt aber schon einen Tag nach der Geburt. Am 10. Januar 1778 stirbt Lessings Frau an den Folgen dieser Geburt. In sarkastisch-bitteren und zugleich beherrschten Briefen unterrichtet Lessing die Freunde in Braunschweig von seinem Unglück: »Ich wollte es auch einmal so gut haben, wie andere Menschen. Aber es ist mir schlecht bekommen« (31. Dezember 1777). Das Sterbezimmer seiner Frau wird Lessings Arbeitsplatz für die *Anti-Goeze*-Streitschriften des Jahres 1778. Gegen den machthungrigen Geltungsanspruch der lutherischen Orthodoxie stellt er eine brillante Polemik, die dem Konflikt Öffentlichkeit verschafft; gegen den dogmatischen Wahrheitsbegriff der Kirche formuliert er ein geschichtlich offenes Wahrheitsverständnis. Die »Suche« nach der Wahrheit ist das dem Menschen Zukommende, nicht die Behauptung einer unwidersprechlichen Wahrheit.

Im August 1778 entzieht der Herzog seinem Hofrat Lessing die Zensurfreiheit in der religionskritischen Auseinandersetzung insbesondere mit dem Hamburger Hauptpastor Johann Melchior Goeze. Lessing sucht daraufhin sein »alte Kanzel«, das Theater, wieder auf und arbeitet an seinem *Nathan der Weise*, das 1779 gedruckt vorliegt. In *Ernst und Falk* lässt Lessing zwei Freimaurer in philosophischen Dialogen nach sokratischem Muster über das tiefere, verborgene Wesen der Freimaurerei spekulieren: es müsse darin liegen, alle sozialen, politischen, religiösen und nationalen Trennungen zu überwinden und diese notwendige Utopie auch dann nicht aus dem Auge zu verlieren, wenn sie noch nicht realisierbar erscheine. Von einer solchen Utopie ist auch der *Nathan* durchdrungen, wenn in diesem Stück Menschen, die durch Religion und Rasse getrennt zu sein scheinen, als Freunde und Verwandte zueinanderfinden.

1780/81 1780 publiziert Lessing (anonym) seine Schrift *Die Erziehung des Menschengeschlechts* im Zusammenhang (Teilpublikation schon 1777). Darin entwirft er ein geschichtsphilosophisches Zukunfts- und Fortschrittsmodell, wiederum mit skeptischen Fragezeichen versehen. Der Philosoph und Schriftsteller Friedrich Heinrich Jacobi, der Lessing im Sommer 1780 bei einem Besuch in Wolfenbüttel Goethes *Prometheus*-Gedicht vorlegt, behauptet später, dass Lessing sich unter dem Eindruck positiv zum Pantheismus und zur Philosophie Spinozas geäußert habe. Mit der »Spinoza-Debatte« eröffnet Jacobi einen Streit um Lessings Haltung zu Religion, der nach dessen Tod für großes Aufsehen sorgen sollte.

Die zunehmende Erblindung und die Einsamkeit in Wolfenbüttel machen ihm zu schaffen. Am 29. Januar erleidet er einen »Stickfluss« (durch wässerige Ausschwitzungen in den Lungen entstehende Erscheinung von Röcheln oder blasigem Geräusch beim Atmen). Am 15. Februar 1781 stirbt er in Braunschweig kurz nach seinem 52. Geburtstag, am Ende völlig verarmt. An seinem Sterbeabend sind der Braunschweiger Schutzjude und Kunsthändler Alexander Daveson, der durch Lessings Intervention aus dem herzoglichen Gefängnis freigekommen war, und seine Stieftochter Amalie König bei ihm. Auf dem Magnikirchhof in Braunschweig wird er fünf Tage später begraben.

3.2 Leben als Schriftsteller

In der ersten Hälfte seines Lebens verfolgt Gotthold Ephraim Lessing zwei Ziele: Zum einen will er sich »den Titel eines deutschen Molière« (der berühmteste französische Bühnenautor lebte von 1622 bis 1673) verdienen, wie er kurz nach seiner Flucht aus Leipzig seinem Vater mitgeteilt hatte. Ähnlich ehrgeizig verfolgt er die Berufe des Kritikers und des Gelehrten. Dies hat er im Wesentlichen auch erreicht: Ende der 1760er Jahre ist er Deutschlands bedeutendster Dramatiker, ein angesehener Kritiker und berühmter Altertumsforscher, obwohl ihm Karrierestreben um seiner selbst willen nicht liegt. Er geht Streit nicht aus dem Weg und setzt sich engagiert, zum Teil heftig für seine Vorstellungen ein. Zum anderen will Lessing als unabhängiger Schriftsteller ein finanzielles Auskommen haben. Dieses Ziel kann er langfristig nicht erreichen – die Les-

Abb. 2: Eva König. Gemälde von Georges Desmarées

sing-Forschung ist nicht einig darüber, ob dies in erster Linie an seiner Ungeschicklichkeit im Umgang mit Geld, an Verschwendungs-, Genuss- oder Spielsucht lag oder daran, dass die gesellschaftlichen und kulturellen Bedingungen seiner Zeit eine Existenz als unabhängiger Schriftsteller nicht zuließen.

Eine deutliche Diskrepanz wird jedenfalls zwischen Lessings öffentlichen Äußerungen und seiner privaten Lebensgestaltung deutlich: Während seine öffentlichen Äußerungen generell dem Prinzip der Rationalität verpflichtet waren, misslang es ihm mehrfach, sein

Abb. 3: Lessings Totenmaske, Seitenprofil, abgenommen am 16. Februar 1781
© Herzog August Bibliothek Wolfenbüttel

eigenes Leben nach ebendiesen Grundsätzen zu planen. Immer wieder war seine Existenz vom Zufall und der Flucht aus schwierigen Situationen geprägt. Lessings Lebenstraum, »niemands Herr noch Knecht« zu sein, stand schließlich der ideelle und finanzielle Misserfolg seiner Zeit in Hamburg entgegen, wo er unter Missachtung des Rats erfahrener Freunde durch das Scheitern des Nationaltheaters und vor allem den Bankrott seines eigenen Verlages fast sein gesamtes Vermögen verlor.

Dieser Umstand veranlasste ihn, die zunächst schlecht bezahlte Stelle eines Hofbibliothekars in Wolfenbüttel anzunehmen. Bei Lessings Amtsantritt war Wolfenbüttel eine Kleinstadt und weitgehend bedeutungslos. Im 20 Kilometer entfernten Braunschweig, sieben Jahre zuvor zur Residenzstadt erhoben, spielte sich das höfische und wirtschaftliche Leben ab. Lessing brauchte den lebendigen intellektuellen Austausch, musste jedoch in Wolfenbüttel weitgehend darauf verzichten. Er vereinsamte zunehmend, was ihm immer wieder auf die Stimmung schlug. Unter den 5000 Einwohnern Wolfenbüttels gab es viele Vertreter kirchlicher und juristischer Landesbehörden, von denen nicht wenige dem aufgeklärten Denken des kritischen Gelehrten skeptisch gegenüberstanden. Lessing war abhängig vom Hof Herzog Karls I. und insbesondere von seinem Sohn, dem Erbprinzen Karl Wilhelm Ferdinand, der, bevor er 1780 Herzog werden sollte, seit 1770 bereits in vielen Bereichen entschied. Dieser wollte zwar sein kleines Land mit dem Namen des ersten deutschen Schriftstellers schmücken, hielt Lessing aber auch in finanzieller Abhängigkeit. Auf die vom Erbprinzen zunächst angebotene, dann aber nicht wieder erwähnte, gut bezahlte Hofratsstelle wartete Lessing vergeblich. Als Hofbibliothekar in Wolfenbüttel mit schmalem Gehalt stand er finanziell unter Druck, da er Schulden aus der Hamburger Zeit tilgen sowie seine Schwester und seine Mutter finanziell unterstützen musste, nachdem der Vater 1770 verstorben war. Lessing nahm dennoch am Glücksspiel mit Karten teil, spielte regelmäßig bei den Hamburger und Braunschweiger Lotterien, verlor dort viel Geld und hatte erstaunlich hohe Jahresrechnungen etwa für Wein. Die Hochzeit mit der Hamburger Kaufmannswitwe Eva König musste nach der Verlobung 1771 aufgrund von Geldproblemen bis 1776 aufgeschoben werden – seine Braut konnte lange nicht bei ihm leben. Als dann nach kurzer Ehe 1777 zunächst sein freudig erwartetes Kind am ersten Lebenstag und zehn Tage später dann seine geliebte Frau verstarb, zeigt sich bei dem in der Öffentlichkeit als »Aufklärer« verehrten Lessing Verbitterung. Im Brief an Eschenburg vom 31. Dezember 1777 schreibt er: »War es nicht Verstand, daß man ihn [das Kind] mit eisernen Zangen auf die Welt ziehen mußte? daß er sobald Unrath merkte? – War es nicht Verstand, daß er die erste Gelegenheit ergriff, sich wieder davon zu machen? – Freylich zerrt mir der kleine Ruschelkopf auch die Mutter mit fort!« (*Gotthold Ephraim Lessings Briefwechsel mit Karl Wilhelm Ramler, Johann Joachim Eschenburg und Friedrich Nicolai*, Berlin / Stettin 1794, S. 72)

Vor diesen persönlichen Umständen hatte das Schreiben für Lessing eine doppelte Funktion: Einerseits bestand wirtschaftliche Notwendigkeit – Lessing musste zeit seines Lebens durch Schreiben Geld hinzuverdienen. Andererseits bot ihm diese Tätigkeit einen Raum, in dem er auf (durchaus auch im privaten Bereich sichtbare) gesellschaftliche Umstände reagieren konnte. Er führte seine Auseinandersetzungen, geleitet von einer aufgeklärten, kritischen Vernunft, durchaus emotional und heftig und ging keinem Streit aus dem Weg. Indem Lessing sein Leben als Dichter, Kritiker und Gelehrter in seiner Zeit reflektierte, gelangte er am Ende seines Lebens zu grundlegenden Überzeugungen, die in seinen Schriften zur Aufklärung wie z. B. *Die Erziehung des Menschengeschlechts* sowie seinem letzten Drama *Nathan der Weise* durchschimmern.

3.2.1 Innere Biografie als problematischer Gegenstand

Q »Auf der einen Seite hat Lessing sowohl auf seine Zeitgenossen als auch auf seine späteren Leser immer den Eindruck einer starken, mutigen und selbstbewußten Persönlichkeit gemacht. Diese Eigenschaften, die schon in seinen Schuljahren zur Geltung kommen, sind vermutlich in seinem langjährigen Kampf entwickelt worden, die eigene Autonomie gegen die mächtige Autorität seines Vaters zu behaupten, dessen Pläne für die Zukunft des Sohnes der junge Lessing entschieden zurückwies. Dieser Glaube an die Autonomie des Einzelnen sowie die Ablehnung jeder Bevormundung und die ständige Bereitschaft, die bedrohte Autonomie auch anderer Leute öffentlich zu verteidigen, gehört zu den wenigen ethischen Überzeugungen, die Lessing lebenslänglich für axiomatisch[1] hielt. Dieser Glaube ist nicht nur eine unpersönliche rhetorische Haltung, die nur in seinen Schriften zur Erscheinung kommt. Er ist vielmehr ein Grundbestandteil seiner Individualität. Dieselbe innere Autonomie und Standhaftigkeit ist es, die in der autoritätsbewußten Ständegesellschaft des achtzehnten Jahrhunderts der Persönlichkeit Lessings ihre unverkennbare Stärke verleiht, und die Goethe vor Augen hatte, als er über Lessing bemerkte, ›wodurch ist dieser so groß als durch seinen Charakter, durch sein Festhalten!‹

Die Kehrseite aber von Lessings selbstbewußter Offenheit ist jene außerordentliche Zurückhaltung im Ausdruck seiner persönlichen

1 grundlegend

Emotionen, die manchen Biographen beinahe zur Verzweiflung gebracht hat. Nicht alle seine Gefühle werden freilich verdrängt oder verschwiegen, sondern nur diejenigen, die als Zeichen der Schwäche gedeutet werden könnten – seine Ängste und Hoffnungen, seine Verlegenheit und Trauer, seine Liebe und sein Schmerz. Seinen Ausbrüchen von Zorn und Unzufriedenheit dagegen läßt er freien Lauf, da sie nicht so leicht mit Schwäche zu verwechseln sind. Man hat aber oft den Eindruck, daß sein Zorn auch als Ventil für andere, verdrängte Gefühle dient. [...] Auf ähnliche Weise wirkt sein Zorn oft als Gegenmittel gegen die Depression, wenn er z. B. über seine Einsamkeit in Wolfenbüttel ausruft: ›Ich glaube, der Ärger hält mich gesund‹ oder die Worte seines eigenen Tellheims zitiert: ›Galle ist das Beste, was wir haben!‹«

Hugh Barr Nisbet: Probleme der Lessing-Biographie. In: Gotthold Ephraim Lessing. Neue Wege der Forschung. Hrsg. von Markus Fauser. Darmstadt: wbg, 2008. S. 24–26. –

3.2.2 Vertrauen auf den Zufall und Widerspruch

Q

»Das genaue Verhältnis zwischen dem weltlichen Begriff des Zufalls und dem im Grunde religiösen Begriff der Vorsehung, die in Lessings Denken eine genauso große Rolle spielt, ist nicht immer deutlich. Es ist jedenfalls gewiß, daß die zwei Begriffe für ihn [...] im Rahmen des metaphysischen Optimismus durchaus vereinbar waren. So beruft er sich abwechselnd auf Zufall, Glück und Vorsehung in verschiedenen Kombinationen, um seine Entscheidungen oder Unentschiedenheit zu rechtfertigen, wenn er z. B. erklärt, ›daß sich der Zufall immer der Tugend eines Mannes annimmt, der mit Gewalt kein Schurke sein will‹, oder die Frage stellt, ›muß man nicht oft unbedachtsam handeln, wenn man das Glück anreizen will, etwas für uns zu tun?‹ oder behauptet: ›Was geschehen soll, weiß die Vorsicht [d. h. die Vorsehung] am allerbesten zu lenken‹.

Dieses Vertrauen auf Zufall, Glück und Vorsehung statt auf persönliche Initiative machte schließlich seine Hoffnungen auf Unabhängigkeit zunichte. [...] [Er] konnte es auch nicht über sich bringen, eine ihm gemäße langfristige Stellung aktiv zu suchen und dadurch, wie er sich ausdrückte, ›der Sklave eines Amts zu werden‹ – obwohl er sich gleichzeitig bereit erklärte, eine solche Stelle anzunehmen, wenn sie ihm angeboten werden sollte. Diese Passivität paßt nicht gut zum bekannten Bild Lessings als Kämpfer und Überwinder, als Geißel aller selbsternannten Autoritäten. Aber sie liegt nicht nur seiner selbstzerstörerischen Gewohnheit zugrunde, planlos in den Tag hinein zu leben, sondern auch seiner ganzen Einstellung als Schriftsteller, denn seine kritischen und polemischen Schriften – und sogar viele seiner Dramen von *Der Freigeist* bis zu *Nathan* – sind grundsätzlich reaktiv und oppositionell. Er verläßt sich nämlich immer wieder auf äußere Antriebe und Provokationen als Quellen der Inspiration, z. B. wenn er dem kritischen Schriftsteller den Rat gibt: ›Er suche sich nur erst jemanden, mit dem er streiten kann: so kömmt er nach und nach in die Materie, und das übrige findet sich.‹

[…] Die jeweilige Theorie ist nicht Teil eines Systems, sondern immer nur auf ihren jeweiligen Kontext bezogen, wie Lessing selber in der *Hamburgischen Dramaturgie* zugibt; er setzt hinzu: ›Meine Gedanken mögen immer sich weniger zu verbinden, ja wohl gar sich zu widersprechen scheinen: wenn es denn nur Gedanken sind, bey welchen sie [d. h. seine Leser] Stoff finden, selbst zu denken.‹«

Ebd. S. 29 f. – © 2008 wbg (Wissenschaftliche Buchgesellschaft) Darmstadt.

3.2.3 Verzicht auf endgültige Ziele

Q

»Es ist nicht zu übersehen, daß Lessing im letzten Jahrzehnt seines Lebens ein viel deutlicheres Verständnis vom Wesen und Zweck seiner eigenen Arbeit als Kritiker und Denker gewann und mit größerer Konsequenz in die Praxis umsetzte. Es wird ihm jetzt klar, daß der Zweck seiner Lieblingstätigkeiten Kritik und Spekulation nicht darin bestehen kann, unwiderlegbare Gewißheit zu erreichen oder systematische Lehrsätze aufzustellen; der Zweck ist vielmehr der Prozeß der Nachforschung selbst. Diese Einsicht wird durch das Bewußtsein verstärkt, daß er sich selten imstande fühlt, sich auf längere Zeit einer einzigen Aufgabe zu widmen. […] Auf diese Weise wird Lessings unverbindliche Lebensweise jetzt zum positiven Modell für die wissenschaftliche Tätigkeit selbst, indem er in beiden Bereichen auf die Erreichung eines endgültigen Ziels verzichtet. Diese Überzeugung, die in mehreren Schriften seines letzten Jahrzehnts geäußert wird, findet ihren bekanntesten Ausdruck in der berühmten Erklärung von 1777, daß die Nachforschung der Wahrheit dem Menschen förderlicher sei, als deren Besitz. Sie erhält ihre philosophische Bestätigung im Aufsatz *Leibniz von den ewigen*

Strafen von 1773, in dem Leibniz wegen seiner Fähigkeit gelobt wird, in allen menschlichen Meinungen einen relativen Grad von Wahrheit zu entdecken, wobei die absolute Wahrheit stets unerreichbar bleibt.

Eine weitere Entwicklung in Lessings späterem Denken, die ebenfalls eine enge Beziehung zu seinen persönlichen Erfahrungen hat, ist die beträchtliche Erweiterung seiner historischen Perspektive. Er wendet sich nämlich von den Enttäuschungen und Rückschlägen der Gegenwart immer mehr ab, um den weiteren Zusammenhang der Geschichte und die Entwicklung der ganzen Menschheit ins Auge zu fassen. Es ist wohl kein Zufall, daß das Scheitern seiner eigenen Hoffnungen durch eine wachsende Zuversicht auf den Fortgang der Aufklärung in der langfristigen Zukunft kompensiert[2] wird. Dieser erweiterten Perspektive verdanken wir die eindrucksvollsten und einflußreichsten Werke seiner Spätzeit, in denen er ausführlicher als je zuvor seinen Vorsehungsglauben und kosmischen Optimismus erläutert; diese Werke enthalten auch verschiedene utopische Vorstellungen von der ›Zeit der Vollendung‹ in der *Erziehung des Menschengeschlechts* und den ›tausend tausend Jahren‹ Nathans bis zum welthistorischen Auftrag der ›wahren‹ Freimaurer in *Ernst und Falk*. Diese utopischen Entwürfe gehören freilich zu den Aspekten von Lessings Werk, mit denen wir uns heute kaum mehr identifizieren können. Man darf aber nicht vergessen, daß sie nicht als genaue Prognosen oder Zukunftsprogramme gemeint waren, sondern eher als regulative Ideen [...], die unser moralisches Handeln auf konstruktive Weise beeinflussen sollen. Sie sind aber zugleich von einer innigen, nicht spezifisch christlichen Religiosität durchdrungen, die auch heute noch imstande ist, bei all denjenigen auf Verständnis zu stoßen, für die das religiöse Bewußtsein ein wesentlicher Teil des Lebens ist. Diese Religiosität des späten Lessings war für ihn offensichtlich ein Trost in Zeiten tiefster Depression, und sie trug zur Inspiration seiner letzten Werke wesentlich bei.«

Ebd. S. 30–33. –

2 ausgeglichen, aufgefangen

4. Entstehungsgeschichte

4.1 Der Fragmenten-Streit

Wunder und Wunderglaube

Lessings *Nathan der Weise* entsteht vor dem Hintergrund einer grundlegenden religionsphilosophischen Auseinandersetzung, die seit der Renaissance vor allem in England und Deutschland heftig geführt wurde. Es geht um den Widerspruch zwischen der Vernunft und dem Glauben an die christliche Offenbarung. Als Offenbarung wird im Christentum das Eingreifen Gottes in die reale Welt bezeichnet, wie es in der Bibel z. B. in Wundern, unerwarteten Naturphänomenen oder Engelserscheinungen bezeugt ist. Der Wahrheitsanspruch der kirchlichen Lehrmeinungen wird im Zeitalter der Aufklärung in Zweifel gezogen.

Zur Zeit Lessings herrschten drei Positionen vor: Die orthodoxe lutherische Kirche verteidigte das geoffenbarte Wort der Bibel kompromisslos gegen die historisch-kritische Philologie und die rationalistisch-humanistische Philosophie. Vom Zeitgeist erfasste protestantische Theologen – Lessing nennt sie Neologen – bemühen sich, Vernunft und Glauben durch Preisgabe dogmatischer Positionen zu versöhnen und das Christentum vorrangig an ethischem Handeln auszurichten. Der Deismus stand beiden Auffassungen radikal gegenüber, indem er jegliches Eingreifen Gottes auf der Welt im Anschluss an die Schöpfung ablehnt.

Lessing trat 1774 in die Auseinandersetzung ein, indem er schrittweise fragmentarische, kirchenkritische Aufzeichnungen (entstanden 1740–50) seines 1768 verstorbenen Hamburger Freundes Hermann Samuel Reimarus herausgab, die ihm dessen Tochter überlassen hatte. Er gab vor, die Texte in der von ihm verwalteten Bibliothek gefunden zu haben, und veröffentlichte sie anonym als *Fragmente eines Ungenannten*, was noch lange Spekulationen über ihren Urheber auslöste.

Reimarus – Lessing – Goeze

Der inhaltliche Ausgangspunkt von Reimarus' Schriften besteht in der Frage, ob sich ein einzelnes singuläres historisches Ereignis als göttlich und verbindlich im Rahmen der menschlichen Geschichte erweisen kann. Welche Position kommt Gott und den ihm durch die Bibel zugeschriebenen Ereignissen zu, wenn sie unter der Leitidee der Vernunft überprüft werden? Reimarus führt den rationalistischen Beweis über die »Unmöglichkeit einer Offenbarung, die alle Menschen auf eine gegründete Art glauben können« (Zweites Fragment) und zeigt Widersprüche zwischen den Autoren der vier Evangelien des neuen Testaments auf. Reimarus zieht die Konsequenz, dass die in der Bibel aufgezeichneten Ereignisse weder Beweise noch Mysterien des Glaubens sein können; er fordert dazu auf, gegen den »Leicht-Glauben« einen »Vernunft-Glauben« zu setzen.

Lessing sieht in Reimarus einen Vertreter des Deismus und vertritt zu den betreffenden Fragen durchaus eine eigene Meinung. 1774 veröffentlicht er das erste Fragment unter dem programmatischen Titel *Von Duldung der Deisten* in den *Beiträgen zur Geschichte und Litteratur aus den Schätzen der herzoglichen Bibliothek zu Wolfenbüttel.* Die Wahl des Titels zeigt, worum es Lessing vor allem geht: Er fordert Toleranz gegenüber den Deisten, den Kritikern der bisherigen Glaubenssätze. Deutliche Reaktionen auf den für die protestantische Orthodoxie und auch die Neologen provokanten Inhalt bleiben zunächst aus.

Bis zum Jahr 1777 veröffentlicht Lessing fünf weitere Fragmente, die er jeweils mit einem eigenen Kommentar, den *Gegensätzen des Herausgebers*, versieht. Allerdings geht er hier nicht systematisch vor; an die Stelle fundierter theologischer Auseinandersetzung treten bei ihm Thesen und Hypothesen, die zwar für sich präzise formuliert sind, jedoch meist – insbesondere aus theologischer Sicht – weiten Spielraum für eine Interpretation bieten.

Lessing kritisiert wie Reimarus die Mängel der biblischen Beweisführung. Die bloße Tatsache, dass etwas geschehen sei, kann aus seiner Sicht religiöse Überzeugung nicht verbindlich begründen – es komme vielmehr darauf an, die Bibel als Anleitung für den Alltag zu nutzen, die daraus resultierenden Taten hätten als »Wahrheit« dann auch ohne sie Bestand. Die vier Evangelien im Neuen Testament versteht er als historische Überlieferungen über Jesu Leben auf Erden; sie hätten daher keine Beweiskraft für die eigentlichen Inhalte der Religion.

Mit diesen Aussagen forderte er die lutherische Orthodoxie heraus. Es kam zur offenen Konfrontation mit dem orthodoxen Hamburger Hauptpastor Goeze: Während dieser die Glaubensinhalte mit den historischen Ereignissen identifizierte, von denen die Bibel berichtet, koppelte Lessing sie von ihnen ab. Während Goezes Religionsauffassung durch den Gegensatz zwischen menschlicher und göttlicher Sphäre geprägt war, ging es Lessing nicht um das Jenseits, sondern um die Verwirklichung der Religion im Diesseits.

Ab 1777 führte Goeze scharfe Angriffe gegen Lessing und behauptete, dieser habe sich »zum Pflegevater der von dem Verfasser der ›Fragmente‹ hinterlassenen Missgeburt aufgeworfen«. Lessing hielt aufklärerisch dagegen: In der 1778 herausgegebenen *Duplik* charakterisiert er sich explizit als Wahrheitssuchenden und kritisiert den kirchlichen Anspruch auf den Besitz der Wahrheit. Der Ton wurde schärfer, auch weil Lessings punktueller, spielerischer Umgang mit zentralen theologischen Themen Goeze sehr reizte. Beide stritten mit hoher Emotionalität. Die Sachkontroverse wurde immer stärker auch mit persönlicher Polemik geführt, was die ohnehin große öffentliche Aufmerksamkeit noch steigerte.

Veröffentlichungsverbot und neue Strategie

Die Streitschriften gingen hin und her. Nach Lessings elftem *Anti-Goeze* griff im Juli 1778 Lessings Arbeitgeber, der Herzog von Braunschweig Karl Wilhelm Ferdinand, ein, entzog ihm das seit 1772 gewährte Privileg der Zensurfreiheit und erteilte ihm schließlich ein überregionales Publikationsverbot. Zwar wies die neuere Forschung nach, dass dieses Verbot kaum aktiv durchgesetzt wurde, doch konnte es sich Lessing nicht erlauben, öffentlich gegen die Anweisung des Hofes zu verstoßen. Schließlich fand er einen anderen Weg, die Kontroverse fortzuführen. Er schrieb an Reimarus' Tochter am 6. September 1778: »Ich muss versuchen, ob man mich auf meiner alten Kanzel, auf dem Theater wenigstens noch ungestört will predigen lassen.«

Lessing, in ständigen Geldsorgen, plante die Veröffentlichung von *Nathan der Weise* mithilfe des Subskriptionsverfahrens, in dem sich vor Erscheinen eine Anzahl von Lesern zum Kauf des Werkes verpflichtet. Die ursprüngliche Absicht, dem Drama noch eine Vorrede und ein Nachspiel hinzuzufügen, verwarf er, da bereits der Umfang des Dramas die dem Subskriptionspreis zugrunde gelegte Seitenzahl überschritt. In den erhaltenen Bruchstücken einer Vorrede pointiert Lessing den Gegensatz zwischen der »natürlichen Religion« und der »Offenbarungsreligion« und gesteht »Mohammedanern« und Juden zu, einer »natürlichen Religion« in ihrem Glauben näher zu sein.

4.1.1 Begriffliche Orientierung

Theismus (griech. *théos* ›Gott‹). Der Theismus versteht Gott als Schöpfer der Welt, der sie erhält und lenkt. Hierin unterscheidet sich der Theismus vom Deismus, der jeden Eingriff eines Gottes in die Welt bestreitet. Der Gott theistischer Religionen ist überwiegend transzendent, überschreitet also unsere Erfahrung, z. T. hat er auch immanente, in der Welt seiende Elemente oder Erscheinungsformen. Er wirkt zwar in der Welt (etwa durch Wunder und Offenbarungen), ist jedoch in der Substanz komplett von ihr verschieden (es besteht eine strenge Dualität bzw. Trennung von Schöpfer und Schöpfung). Darin unterscheidet sich der Theismus vom Pantheismus, der die Existenz eines persönlichen Gottes bestreitet und Gott mit dem Universum gleichsetzt, und vom Agnostizismus, der meint, Gott könne nicht erkannt werden, und daher auf jedes Urteil seiner Existenz verzichtet, sowie vom Deismus, der die Existenz eines Gottes zwar anerkennt, seine Gegenwart im weltlichen Leben jedoch abstreitet.

Deismus (lat. *deus* ›Gott‹, auch mit griech. δεῖ/*dei* ›es ist notwendig‹ in Verbindung gebracht). Deismus bezeichnet in philosophischer Hinsicht den Glauben an einen Gott aus Verstandesgründen. Er bringt das Göttliche zwar mit der Entstehung des Universums in Verbindung, bestreitet jedoch das weitere Eingreifen Gottes in den Weltlauf. Dies steht im Gegensatz zum Gottesverständnis der Offenbarungsreligionen, das von Annahmen und Überlieferungen geprägt ist, die die Autorität der organisierten Kirche bilden. Deisten vertreten demgegenüber eine »natürliche Religion«, in der der Mensch allein, quasi »naturgegeben«, durch das Mittel der Vernunft Gott erkennen kann. Der Deismus entstand als Religionsphilosophie im 17. und 18. Jahrhundert in England, von wo aus er im Rahmen der Aufklärung über Frankreich den Weg nach Deutschland fand. Die genauen Vorstellungen verschiedener deistischer Strömungen unterscheiden sich.

Neologie (griech. *neo* ›neu‹; griech. λόγος/*logos* ›Wort‹, aber auch ›Lehre, Sinn, Rede, Vernunft‹). Unter Neologie versteht man die veränderte Rezeption der christlichen Glaubensüberlieferung in der Bibel durch die evangelische Theologie im 18. Jahrhundert unter dem Eindruck der deutschen Aufklärung. Die dogmatische Vorstellung der lutherischen Orthodoxie, dass die Lehre, dass die Bibel in besonderem Maße von Gottes Geist eingegeben ist (Inspirationslehre), wird zugunsten einer historisch-kritischen Betrachtungsweise der Bibel relativiert. Die Verbindlichkeit kirchlicher Dogmen und Bekenntnisse wird in Frage gestellt. Das Christentum wird vorrangig ethisch akzentuiert und seine Bedeutsamkeit wird von seiner empirischen Wirksamkeit für ein »besseres Leben« abhängig gemacht.

4.1.2 Positionen im Fragmenten-Streit

Lessing: *Über den Beweis des Geistes und der Kraft* (1777)

Q

»Ein andres sind erfüllte Weissagungen, die ich selbst erlebe, ein andres erfüllte Weissagungen, von denen ich nur historisch weiß, daß sie andre wollen erlebt haben.

Ein andres sind Wunder, die ich mit meinen Augen sehe und selbst zu prüfen Gelegenheit habe, ein andres sind Wunder, von denen ich nur historisch weiß, daß sie andre wollen gesehn und geprüft haben.

Das ist doch wohl unstreitig? Dagegen ist doch nichts einzuwenden?

Wenn ich zu Christi Zeiten gelebt hätte, so würden mich die in seiner Person erfüllten Weissagungen allerdings auf ihn sehr aufmerksam gemacht haben. Hätte ich nun gar gesehen ihn Wunder tun, hätte ich keine Ursache zu zweifeln gehabt, daß es wahre Wunder gewesen, so würde ich zu einem von so lange her ausgezeichneten, wundertätigen Mann allerdings so viel Vertrauen gewonnen haben, daß ich willig meinen Verstand dem seinigen unterworfen hätte, daß ich ihm in allen Dingen geglaubt hätte, in welchen ebenso ungezweifelte Erfahrungen ihm nicht entgegen gewesen wären.

Oder wenn ich noch itzt erlebte, daß Christum oder die christliche Religion betreffende Weissagungen, von deren Priorität ich längst gewiß gewesen, auf die unstreitigste Art in Erfüllung gingen, wenn noch itzt von gläubigen Christen Wunder getan würden, die ich für echte Wunder erkennen müßte, was könnte mich abhalten, mich diesem *Beweise des Geistes und der Kraft*, wie ihn der Apostel nennet, zu fügen? […]

Hierauf nun antworte ich. *Erstlich*, wer leugnet es – ich nicht –, daß die Nachrichten von jenen Wundern und Weissagungen ebenso zuverlässig sind, als *nur* immer historische Wahrheiten sein können? – Aber nun, wenn sie nur ebenso zuverlässig sind, warum macht man sie bei dem Gebrauche auf einmal unendlich zuverlässiger?

Und wodurch? – Dadurch, daß man ganz andere und mehrere Dinge auf sie bauet, als man auf historisch erwiesene Wahrheiten zu bauen befugt ist.

Wenn keine historische Wahrheit demonstrieret werden kann, so kann auch nichts durch historische Wahrheiten demonstrieret werden.

Das ist: Zufällige Geschichtswahrheiten können der Beweis von notwendigen Vernunftswahrheiten nie werden.

Ich leugne also gar nicht, daß in Christo Weissagungen erfüllet worden, ich leugne gar nicht, daß Christus Wunder getan, sondern ich leugne, daß diese Wunder, seitdem ihre Wahrheit völlig aufgehöret hat, durch noch gegenwärtig gangbare Wunder erwiesen zu werden, seitdem sie nichts als Nachrichten von Wundern sind (mögen doch diese Nachrichten so unwidersprochen, so unwidersprechlich sein, als sie immer wollen), mich zu dem geringsten Glauben an Christi anderweitige Lehren verbinden können und dürfen. Diese anderweitigen Lehren nehme ich aus anderweitigen Gründen an.

Denn zweitens, was heißt einen historischen Satz für wahr halten? eine historische Wahrheit glauben? Heißt es im geringsten etwas anders, als diesen Satz, diese Wahrheit gelten lassen? nichts darwider einzuwenden haben? sich gefallen lassen, daß ein andrer einen andern historischen Satz darauf bauet, eine andre historische Wahrheit daraus folgert? sich selbst vorbehalten, andere historische Dinge darnach zu schätzen? Heißt es im geringsten etwas anders, etwas mehr? Man prüfe sich genau!«

Gotthold Ephraim Lessing: Die Erziehung des Menschengeschlechts und andere Schriften. Mit einem Nachw. von Helmut Thielicke. Stuttgart: Reclam, 1965 [u. ö.]. S. 32–35.

Johann Melchior Goeze (1717–1786): *Lessings Schwächen* (1778)

Q

»Ich habe aber meine sehr gegründete Ursachen, warum ich, ehe ich auf dieser Bahn einen Schrit mit ihm weiter gehe, von ihm selbst eine völlig runde, und von aller Zweideutigkeit entfernte Erklärung, über die Fragen: *was für eine Religion er durch die christliche Religion verstehe*; und *was für eine Religion er selbst als die wahre er-*

kenne und annehme? fordere. Denn daß bey der Religion, die ich als die christliche bekenne und predige, die Bibel schlechterdings unentbehrlich sey, das kan ich beweisen, aber nicht daß solches auch von der Religion gelte, welche Herr Leßing die *christliche* nennet, und welche die *seinige* ist. Hier kan er gar leicht den Sieg behaupten. Allein alsdenn entstehet wieder die Frage: ist diese Religion die wahre christliche Religion? Auf diese komt es vornehmlich an. Und wie ist es möglich, diese Frage zu untersuchen und zu entscheiden, so lange Herr Leßing hier einer deutlichen und bestimten Erklärung ausweicht, und wenn er sich hier als ein ehrlicher Man erklären sol, den Lesern lauter blaue Dünste in die Augen bläset.«

Goezes Streitschriften gegen Lessing. Hrsg. von Erich Schmidt. Stuttgart 1893. S. 124 f.

Lessing: *Nötige Antwort auf eine sehr unnötige Frage des Herrn Hauptpastor Goeze in Hamburg* (1778)

Q

»[…] ich antworte auf die vorgelegte Frage so bestimmt, als nur ein Mensch von mir verlangen kann, daß ich unter der christlichen Religion alle diejenigen Glaubenslehren verstehe, welche in den Symbolis der ersten vier Jahrhunderte der christlichen Kirche enthalten sind.«

G. E. Lessing: Werke. Vollständige Ausgabe in 25 Teilen. Hrsg. von Julius Petersen und Waldemar von Olshausen. Reprogr. Nachdr. Hildesheim / New York 1970. Bd. 23. S. 259.

Q

»Der bessere Teil meines Lebens ist – glücklicher- oder unglücklicherweise? – in eine Zeit gefallen, in welcher Schriften für die Wahrheit der christlichen Religion gewissermaßen Modeschriften waren. Nun werden Modeschriften, die meistenteils aus Nachahmung irgendeines vortrefflichen Werks ihrer Art entstehen, das sehr viel Aufsehn macht, seinem Verfasser einen sehr ausgebreiteten Namen erwirbt, … nun werden Modeschriften, sag' ich, eben weil es Modeschriften sind, sie mögen sein, von welchem Inhalte sie wollen, so fleißig und allgemein gelesen, daß jeder Mensch, der sich nur in etwas mit Lesen abgibt, sich schämen muß, sie nicht auch gelesen zu haben. Was Wunder also, daß meine Lektüre ebenfalls darauf verfiel und ich gar bald nicht eher ruhen konnte, bis ich jedes neue Produkt in diesem Fache habhaft werden und verschlingen konnte. Ob ich daran gut getan, auch wenn es möglich gewesen wäre, daß bei dieser Unersättlichkeit, die nämliche wichtige Sache nur immer von einer Seite plädieren[3] zu hören, die Neugierde nie entstanden wäre, endlich doch auch einmal zu erfahren, was von der andern Seite gesagt werde, will ich hier nicht entscheiden. Genug, was unmöglich ausbleiben konnte, blieb bei mir auch nicht einmal lange aus. Nicht lange, und ich suchte jede neue Schrift *wider* die Religion nun ebenso begierig auf und schenkte ihr ebendas geduldige unparteiische Gehör, das ich sonst nur den Schriften *für* die Religion schuldig zu sein glaubte. So blieb es auch eine geraume Zeit. Ich ward von einer Seite zur andern gerissen; keine befriedigte mich ganz. Die eine sowohl als die andere ließ mich nur mit dem festen Vorsatze von sich, die Sache nicht eher abzuurteln, quam utrinque plenius fuerit peroratum[4]. Bis hieher, glaub' ich, ist es manchem andern gerade ebenso gegangen. Aber auch in dem, was nun kömmt?

Je zusetzender die Schriftsteller von beiden Teilen wurden – und das wurden sie so ziemlich in der nämlichen Progression[5]; der neueste war immer der entscheidendste, der hohnsprechendste – desto mehr glaubte ich zu empfinden, daß die Wirkung, die ein jeder auf mich machte, diejenige gar nicht sei, die er eigentlich nach seiner Art hätte machen müssen. War mir doch oft, als ob die Herren, wie dort in der Fabel, *Der Tod und Liebe*, ihre Waffen vertauscht hätten! Je bündiger mir der eine das Christentum erweisen wollte, desto zweifelhafter ward ich. Je mutwilliger und triumphierender mir es der andere ganz zu Boden treten wollte, desto geneigter fühlte ich mich, es wenigstens in meinem Herzen aufrechtzuerhalten.

Das konnte von einer bloßen Antiperistasis, von der natürlichen Gegenwirkung unsrer Seele, die mit Gewalt ihre Lage ändern soll, nicht herkommen. Es mußte folglich mit an der Art liegen, mit der jeder seine Sache verteidigte.«

Ebd. S. 311 f.

4.1.3 Reaktionen im Fragmenten-Streit

»Resolutio für den Hofrat und Bibliothekar Lessing zu Wolfenbüttel, dessen neuerlich herausgegebene Schriften betreffend: Q
Der Durchleuchtigste Fürst und Herr, Herr Karl Herzog zu Braun-

3 vorbringen, verteidigen
4 (lat.) als bis sie von beiden Seiten ausführlicher durchgesprochen wäre
5 Fortschreiten, Entwicklung

schweig und Lüneburg etc. lassen dem Hofrat und Bibliothekar Lessing zu Wolfenbüttel auf desselben untertänigstes Ansuchen, daß seine eigene Schriften fernerhin von der Zensur ausgenommen, und die Waisenhaus-Buchhandlung bedeutet werden möge, daß sie besonders seine sogenannten Anti-Goezischen Blätter nach wie vor verlegen und ohne vorgängige Zensur drucken lassen könne, hiemit die Resolution erteilen: daß, gleichwie es überhaupt bei der angeordneten Konfiskation[6] der noch vorrätigen Exemplarien des 3ten und 4ten Teils der sogenannten ›Beiträge aus den Schätzen der Bibliothek zu Wolfenbüttel‹ sowohl, als des besonders gedruckten ›Fragments von dem Zweck Jesu und seiner Jünger‹, auch aller anderen darauf einen Bezug habenden Schriften ein für allemal sein Bewenden hat, also auch fürs Künftige, nachdem die Dispensation[7] von der Zensur wegen des davon gemachten Mißbrauchs aufgehoben werden müssen, weder die sogenannten Anti-Goezischen Blätter, noch sonst andre eigene oder fremde Schriften, sie mögen Namen haben, wie sie wollen, ohne Zensur drucken zu lassen dem Supplikanten[8] gestattet werden könne; sondern derselbe, was er fernerhin drucken zu lassen gemeinet ist, an Höchstgedachtes Sr. Durchl. Fürstliches Ministerium bis zu anderweiter Verordnung jedesmal zuvörderst einzuschicken, hienächst aber die hier einmal konfiszierten Schriften auswärts drucken zu lassen bei Vermeidung unangenehmer Verordnung sich zu enthalten habe; gleichwie denn auch demselben, daß er dem Fürstlichen Consistorio bei Ausübung der diesem Landescollegio obliegenden teuren Pflichten einer Unbedachtsamkeit zu beschuldigen sich nicht zu viel sein lassen, hiemit ernstlich verwiesen wird.

Braunschweig, den 3ten August 1778 Urkundlich etc.

An Herzog Karl von Braunschweig
Durchlauchtigster Herzog, Gnädigster Herr,
Ewr. Durchlaucht verzeihen gnädigst, daß ich mich gedrungen sehe, nur noch um eine einzige Erklärung des erhaltenen Reskripts vom 3ten h. untertänigst zu bitten.

Es wird mir darin angedeutet, daß ich alles, was ich fernerhin dru-

6 Beschlagnahmung
7 Freilassung
8 Bittsteller

cken zu lassen gemeint sei, zuvörderst an Ewr. Durchlaucht Ministerium einsenden soll.

Aber dieses ist doch wohl nur von dem zu verstehen, was ich fernerhin in Ewr. Durchlaucht Landen drucken zu lassen gemeint bin?

Sollte es auch von dem zu verstehen sein, was ich auswärts drucken zu lassen für nötig erachte: so muß ich selbst anzeigen, daß ich mit beiliegendem Bogen bereits einen Befehl übertreten habe, dessen ich mich nicht versehen können. Dieser Bogen ist zu Berlin gedruckt, und hat die verordnete Zensur daselbst passieret.

Da ich nun ein mehrers daselbst drucken zu lassen im Begriffe bin: so flehe ich Ewr. Durchlaucht untertänigst, Höchstdero Ministerio zu befehlen, sich deutlicher über diesen Punkt zu erklären, als von welcher Erklärung allein die Möglichkeit abhängt, ob ich gehorchen kann, oder nicht.

Den Verweis, der mir in Ewr. Durchlaucht Namen in dem nämlichen Reskripte gegeben wird, nehme ich als den Verweis meines gnädigen Herrn an, dessen unwandelbare Billigkeit mir hinzuzufügen erlaubt, daß ich nicht glaube, ihn verdient zu haben. Ich habe bloß gesagt, daß das Consistorium die Konfiskation der Fragmente *unbedachtsam eingeleitet habe*: und das ist offenbar; nämlich dadurch, daß es Ursache ist, daß in dieser Konfiskation zugleich meine Schriften begriffen sind, die einzig und allein zur Widerlegung der Fragmente abzwecken. Wenn Ewr. Durchlaucht auf die Anzeigungen des Consistorii resolvieren[9], so ist meine Pflicht zu gehorchen; und das tu ich: aber zugleich die Klugheit und Billigkeit der Anzeigungen des Consistorii in allen Stücken anzuerkennen, das kann zu meiner Pflicht unmöglich mit gerechnet werden.

Ich ersterbe in tiefster Devotion[10] Ewr. Durchlaucht
Wolfenbüttel, untertänigster Knecht.
den 8. August 1778 Lessing.

Resolution für den Hofrat Lessing, dessen neuere Schriften in Religionssachen betreffend:
Der Durchleuchtigste Fürst und Herr (Titul. Sereniss.) lassen dem Hofrat und Bibliothekar Lessing auf Desselben fernerweite untertänigste Vorstellung gegen die in Rücksicht der Herausgabe seiner künftigen Schriften gemachte Verfügung hiemit die Resolution er-

9 beschließen
10 Ergebenheit

teilen, daß wie Höchstgedachte Sr. Durchl. bei der Höchsten Resolution vom 3ten dieses es lediglich bewenden lassen; also auch Höchstdieselbe dem Supplikanten nicht gestatten können, daß er in Religionssachen, so wenig hier als auswärts, auch weder unter seinem noch anderen angenommenen Namen, ohne vorherige Genehmigung des Fürstl. Geheimen Ministerii ferner etwas drucken lassen möge, wobei demselben zugleich, daß er auf die eingesandte zu Berlin gedruckte Bogen statt dessen den Druckort Wolfenbüttel setzen lassen, hiemit ernstlich verwiesen wird, und hat derselbe sich dergleichen künftig zu enthalten.

Br[aunschweig], d. 17ten Aug. 1778 C.«

G. E. Lessing: Gesammelte Werke. Hrsg. von Paul Rilla. Bd. 9. Berlin/Weimar ²1968. S. 778 f.

Q »An Karl Lessing

Wolfenbüttel, den 11. Aug. 1778

Ich habe den Bogen erhalten, und danke Dir und unserm Voß[11] für die prompte Besorgung. Es wird auf Goezen ankommen, ob meine künftigen Antworten klein oder groß werden. Materie hätte ich zu Folianten[12]; und auch bogenweise lassen sich Folianten zusammen schreiben.

Noch weiß ich nicht, was für einen Ausgang mein Handel nehmen wird. Aber ich möchte gern auf einen jeden gefaßt sein. Du weißt wohl, daß man das nicht besser ist, als wenn man Geld hat, so viel man braucht; und da habe ich diese vergangene Nacht einen närrischen Einfall gehabt. Ich habe vor vielen Jahren einmal ein Schauspiel entworfen, dessen Inhalt eine Art von Analogie mit meinen gegenwärtigen Streitigkeiten hat, die ich mir damals wohl nicht träumen ließ. Wenn Du und Moses[13] es für gut finden, so will ich das Ding auf Subskription[14] drucken lassen, und Du kannst nachstehende Ankündigung nur je eher je lieber ein paar hundertmal auf

11 Christian Friedrich Voß (1722–1795), Lessings Verleger in Berlin
12 sehr große Bücher
13 Moses Mendelssohn (1729–1786), Kaufmann in Berlin und Popularphilosoph, seit 1754 mit Lessing befreundet
14 Vorherbestellung von Büchern, die zu einem späteren Zeitpunkt erscheinen

einem Oktavblatte[15] abdrucken lassen, und ausstreuen, so viel und so weit Du es für nötig hältst. Ich möchte zwar nicht gern, daß der eigentliche Inhalt meines anzukündigenden Stücks allzufrüh bekannt würde; aber doch, wenn Ihr, Du oder Moses, ihn wissen wollt, so schlagt das ›Decamerone‹ des Boccaccio auf: Giornata I, Nov. III. Melchisedech Giudeo. Ich glaube, eine sehr interessante Episode dazu erfunden zu haben, daß sich alles sehr gut soll lesen lassen, und ich gewiß den Theologen einen ärgern Possen damit spielen will, als noch mit zehn Fragmenten. Antworte mir, wenn Du kannst, unverzüglich.

An Elise Reimarus[16]
Meine werte Freundin, ich danke Ihnen für die gütige Übersendung des 3ten Stücks meiner ›Schwächen‹, die ein wenig stark zu werden anfangen. Meine Antwort darauf[17] ist schon fertig, und ich würde eine Abschrift davon beilegen, wenn ich sie Ihnen nicht lieber – selbst bringen wollte. In allem Ernste: ich bin in einigen Tagen in Hamburg; und wenn die Geschäfte, die mich dahin bringen, auch wohl die angenehmsten nicht sein dürften, so weiß ich doch schon das Haus, wo ich wenigstens einige vergnügte Stunden werde zubringen können. Ich empfehle mich Ihnen, und diesem ganzen Hause; von dem ich nur noch im voraus besorge, daß ich meine Besuche in selbigem mehr nach der Klugheit, als nach meiner Neigung werde einrichten müssen.

Das Angeschlossene ist eine Ankündigung, über welche meine Freunde sich zum Teil wundern werden. Aber wenn Sie im ›Decameron‹ des Boccaz (I. 3.) die Geschichte vom Juden Melchisedech, welche in meinem Schauspiele zum Grunde liegen wird, aufschlagen wollen, so werden Sie den Schlüssel dazu leicht finden. Ich muß versuchen, ob man mich auf meiner alten Kanzel, auf dem Theater wenigstens, noch ungestört will predigen lassen.
Mündlich bald ein Mehreres.

Wolfenb., Dero ergebenster Freund,
den 6. Septbr. 1778 Lessing.

15 auf einem sehr kleinen Blatt

16 Margaretha Elisabeth Reimarus (1735–1805), Tochter von Hermann Samuel Reimarus, Schriftstellerin und Übersetzerin

17 *Nötige Antwort auf eine sehr unnötige Frage des Herrn Hauptpastor Goeze in Hamburg*, Erste Folge, 1778

An Karl Lessing

Wolfenbüttel, den 20. Okt. 1778

Jetzt ist man hier auf meinen ›Nathan‹ gespannt, und besorgt sich davon, ich weiß nicht was. Aber, lieber Bruder, selbst Du hast Dir eine ganz unrechte Idee davon gemacht. Es wird nichts weniger, als ein satirisches Stück, um den Kampfplatz mit Hohngelächter zu verlassen. Es wird ein so rührendes Stück, als ich nur immer gemacht habe, und Herr Moses [Mendelssohn] hat ganz recht geurteilt, daß sich Spott und Lachen zu dem Tone nicht schicken würde, den ich in meinem letzten Blatte angestimmt (und den Du auch in dieser Folge[18] beobachtet finden wirst), falls ich nicht etwa die ganze Streitigkeit aufgeben wollte. Aber dazu habe ich noch ganz und gar keine Lust, und er soll schon sehen, daß ich meiner eigenen Sache durch diesen dramatischen Absprung im geringsten nicht schade. […]

Meine Ankündigung des ›Nathan‹ habe ich nirgends hingeschickt, als nach Hamburg. Sonst überall, wenn Du willst, kannst Du Dein Netz für mich aufstellen. Ich besorge schon, daß auch auf diesem Wege, auf welchem so viele etwas gemacht haben, ich nichts machen werde; wenn meine Freunde für mich nicht tätiger sind, als ich selbst. Aber wenn sie es auch sind: so ist vielleicht das Pferd verhungert, ehe der Hafer reif geworden.

Entwürfe zu einer Vorrede[19]:

a)

Es ist allerdings wahr, und ich habe keinem meiner Freunde verhehlt, daß ich den ersten Gedanken zum Nathan im Dekameron des Boccaz [vgl. S. 196–198] gefunden. Allerdings ist die dritte Novelle des ersten Buchs, dieser so reichen Quelle theatralischer Produkte, der Keim, aus dem sich Nathan bei mir entwickelt hat. Aber nicht erst jetzt, nicht erst *nach* der Streitigkeit, in welche man einen Laien, wie mich, nicht bei den Haaren hätte ziehen sollen. Ich erinnere dieses gleich anfangs, damit meine Leser nicht mehr Anspielungen suchen mögen, als deren noch die letzte Hand hineinzubringen imstande war.

Nathans Gesinnung gegen *alle* positive Religion ist von jeher *die meinige* gewesen. Aber hier ist nicht der Ort, sie zu rechtfertigen.

18 *Nötige Antwort auf eine sehr unnötige Frage […]*, Erste Folge

19 Die Vorrede entfiel dann.

b)

Vorrede.

Wenn man sagen wird, dieses Stück lehre, daß es nicht erst von gestern her unter allerlei Volke Leute gegeben, die sich über alle geoffenbarte Religion hinweggesetzt hätten, und doch gute Leute gewesen wären; wenn man hinzufügen wird, daß ganz sichtbar meine Absicht dahin gegangen sei, dergleichen Leute in einem weniger abscheulichen Lichte vorzustellen, als in welchem der christliche Pöbel sie gemeiniglich erblickt: so werde ich nicht viel dagegen einzuwenden haben.

Denn beides kann auch ein Mensch lehren und zur Absicht haben wollen, der nicht jede geoffenbarte Religion, nicht jede ganz verwirft. Mich als einen solchen zu stellen, bin ich nicht verschlagen genug: doch dreist genug, mich als einen solchen nicht zu verstellen. –

Wenn man aber sagen wird, daß ich wider die poetische Schicklichkeit gehandelt, und jenerlei Leute unter Juden und Muselmännern wolle gefunden haben: so werde ich zu bedenken geben, daß Juden und Muselmänner damals die einzigen Gelehrten waren; daß der Nachteil, welchen geoffenbarte Religionen dem menschlichen Geschlechte bringen, zu keiner Zeit einem vernünftigen Manne müsse auffallender gewesen sein, als zu den Zeiten der Kreuzzüge, und daß es an Winken bei den Geschichtschreibern nicht fehlt, ein solcher vernünftiger Mann habe sich nun eben in einem Sultane gefunden.

Wenn man endlich sagen wird, daß ein Stück von so eigner Tendenz nicht reich genug an eigner Schönheit sei: – so werde ich schweigen, aber mich nicht schämen. Ich bin mir eines Ziels bewußt, unter dem man auch noch viel weiter mit allen Ehren bleiben kann.

Noch kenne ich keinen Ort in Deutschland, wo dieses Stück schon jetzt aufgeführt werden könnte. Aber Heil und Glück dem, wo es zuerst aufgeführt wird.«[20]

G. E. L.: Werke. Vollständige Ausgabe in 25 Teilen. Hrsg. von Julius Petersen und Waldemar von Olshausen, reprogr. Nachdr., Hildesheim / New York 1970. Bd. 2. S. 313 f.

20 Die Uraufführung fand am 14. April 1783 in Berlin statt.

4.2 Der Stoff und seine Tradition

Lessing ist der erste, der den *Nathan*-Stoff dramatisch gestaltete. Wie er selbst erwähnte, entnahm er das zentrale Motiv von den drei Ringen der dritten Novelle des ersten Buches von Giovanni Boccaccios Novellenzyklus *Il Decamerone* (entstanden zwischen 1348 und 1353, Erstdruck 1470) sowie den Namen Nathan aus einer anderen Novelle Boccaccios (*Il Decamerone*, X,3, Novelle vom »freigiebigen Nathan«). Lessing wird das Motiv selbst vermutlich aus Quellen der Wolfenbüttler Bibliothek gekannt haben. Die Wurzeln der Geschichte liegen vermutlich im 11. Jahrhundert in Spanien, von dort aus entwickelten sich sowohl jüdische als auch christliche Varianten der Anekdote.

Obwohl der Goeze-Streit den unmittelbaren Anstoß für die Fertigstellung des Dramas *Nathan der Weise* gegeben hat, so hatte der Stoffkreis um die Toleranzforderung in den drei Buchreligionen Lessing bereits seit vielen Jahren als Forscher und auch als Schriftsteller beschäftigt. Das Judentum kannte er nicht nur aus Büchern, sondern auch konkret durch seine Freundschaft mit Menschen jüdischen Glaubens wie z. B. Moses Mendelssohn. Die Kritik und die Entmythologisierung des christlichen Glaubens förderten bei aufgeklärten Philosophen das Interesse für eine vorurteilsfreie, teils enthusiastische Auseinandersetzung mit der orientalischen Kultur. Und Lessing übersetzte u. a. Voltaires Aufsätze über Mohammed und die Geschichte der Kreuzzüge. Bereits auf einer Italienreise 1775 war Lessing mit dem christlichen Antisemitismus von Papst Pius VI. konfrontiert worden; er schrieb in der Ankündigung des Nathan am 7. November 1778 an seinen Bruder Karl, dass er bereits zu diesem Zeitpunkt das Stück habe »aufs Reine bringen und drucken lassen wollen«. Die Ergebnisse seiner über viele Jahre intensiven Beschäftigung mit den drei Religionen und den historischen Ereignissen zeigen sich in seinem exakt ausgearbeiteten Drama.

4.2.1 Die Ringparabel und ihr Vorbild

Das Motiv von den drei Ringen als Allegorie der drei Religionen gehört zum Bestand spätmittelalterlicher Geschichtensammlungen. Die älteste Überlieferung findet sich in der Märensammlung des Dominikaners Étienne de Bourbon (gest. um 1261), die *Anecdotes Historiques, Légendes et Apologues* (hrsg. von Albert Lecoy de la

Marche, Paris 1877, S. 281 f.). Dort steht der wundertätige rechte Ring für die christliche Religion. Anders gewendet wird das Motiv in einer alten jüdischen Anekdote, die der Rabbi Salomon Ibn Verga in seinem Buche *Schebet Jehuda* (um 1480) aufgezeichnet hat. Dort geht es um einen weisen Juden, der vom König Don Pedro die gleiche Frage wie Nathan gestellt bekommt. Auch er antwortet mit einer Geschichte von einem Brüderpaar mit zwei Ringen, deren Wert er nicht bestimmen konnte und die er deshalb an den abwesenden Vater verwies. Der König möge einen Boten an den Vater im Himmel senden und ihn das ›bessere Gesetz‹ bestimmen lassen. Vermutlich kannte Lessing die Version der *Gesta Romanorum* (frühes 14. Jh.), der bedeutendsten Märchen- und Legendensammlung des christlichen Mittelalters, denn die Wolfenbütteler Bibliothek besaß einige lateinische Handschriften, einen Druck des lateinischen Vulgartextes und den Druck einer alten deutschen Bearbeitung (Augsburg 1489), die Lessing meistens benutzte.

Q

»Ain keiser der hete drey sün und do er sterben solt | do gab er dem ersten sun das erb | dem andern sun sein hort | dem dritten sein kostper fingerlin das waz als gut sam der zwaier besiczunge | und den vorderen zwaien sünen gab er auch yeglichem ein kosper fingerlin unnd doch nit als gut als das dritt was | und waren alle in einer gestalt | und doch nit in einer guete. Nach des vaters tod sprach der erst sun: ich hab das gůt fingerlin meins vaters. der ander sprach: also hab jchs. der dritte sprache jr habt noch nit das kosper fingerlin | dauon das der erste hat den hort. der ander das erbe. nur jch habe das kosper vingerlin und das best.

Ir lieben merckt cristus der künig der die drei sün hat. dz sind dye juden | sarracenen und die cristen. den juden gabe er das gelobte land. den sarracenen das sind die haiden gab er den hort. Aber den cristenn gab er das kosper vingerlin. das ist über all reichtumb diser welt | das ist cristenlichen geglauben | wann er hat jm die cristenheyt selber gemaehlet. Als er spricht mit dem weissagen. Ich maehel dich mir in dem geglauben | und darüber redt Ysaias vor der cristenheit. als eine praut hat er mich gezieret mit der krone der ewigen glori.«

Exemplar der Bibliothek Wolfenbüttel. Blatt xj.

Boccaccio: ***Das Decameron. Dritte Novelle***

Q *»Der Jude Melchisedech wendet mit einer Erzählung von drei Ringen eine große Gefahr ab, in die ihn Saladin bringen wollte.*

Neifiles Novelle wurde von allen gelobt; und da sie nun schwieg, begann Filomena auf Wunsch der Königin wie folgt zu sprechen:

Die Novelle Neifiles erinnert mich an ein gefährliches Ereignis, das einem Juden zugestoßen ist. Da bereits zur Genüge von Gott und von der Wahrheit unseres Glaubens gesprochen wurde, soll nunmehr ein Abstieg zu den Ereignissen und Taten der Menschen gestattet sein. Sobald ihr die Novelle, die ich euch erzählen werde, gehört habt, werdet ihr vielleicht vorsichtiger sein, wenn ihr Fragen beantwortet, die man euch stellt. Liebenswerte Gefährtinnen, ihr müsst wissen, dass, wenn die Dummheit häufig manch einen aus einem glücklichen Zustand in tiefstes Elend stürzt, der Verstand den Weisen aus großen Gefahren befreit und ihm einen sicheren Hort der Ruhe verschafft. An vielen Beispielen mag man erkennen, dass tatsächlich die Dummheit vom Glück ins Elend führt; darüber zu berichten, soll jetzt nicht unsere Sorge sein, weil man tagtäglich tausend Beispiele dafür vor Augen hat. Dass aber der Verstand eine Ursache des Wohlbefindens sein kann, das werde ich euch, wie gesagt, mit einer kurzen Novelle zeigen.

Tugend und Tapferkeit des Saladin waren so groß, dass er durch sie nicht allein aus geringem Stand zum Sultan von Kairo aufstieg, sondern überdies viele Siege über die Könige der Sarazenen und der Christen errang. In verschiedenen Kriegen und für seine prächtige Hofhaltung hatte er seinen Schatz ausgegeben und benötigte für eine unvorhergesehene Angelegenheit eine größere Menge Geldes; er wusste aber nicht, woher er es so schnell, wie er es nötig hatte, nehmen sollte. Da erinnerte er sich eines reichen Juden namens Melchisedech, welcher in Alexandria Geld zu Wucherzinsen verlieh. Er glaubte, dieser könnte ihm dienlich sein, wenn er nur wollte. Jener war aber so geizig, dass er es von sich aus nie getan hätte; und Gewalt wollte ihm der Sultan auch nicht antun. Da ihn die Not bedrängte, und nachdem er hin und her überlegt hatte, wie er den Juden dazu bringen könnte, ihm gefällig zu sein, verfiel er darauf, ihn unter dem Schein der Rechtmäßigkeit zu erpressen.

Er ließ ihn zu sich kommen, empfing ihn freundlich, hieß ihn sich zu ihm setzen und sagte ihm alsdann: ›Guter Mann, ich habe von mehreren Personen vernommen, dass du sehr klug bist und weit fortgeschritten in der Gottesgelehrsamkeit. Deswegen möchte ich gerne von dir erfahren, welches der drei Gesetze für dich das wahre ist: das jüdische, das sarazenische oder das christliche.‹

Der Jude, der in der Tat ein kluger Mann war, merkte nur zu gut, dass Saladin darauf lauerte, ihn mit seiner Antwort zu fangen, um dann eine Forderung an ihn stellen zu können; er überlegte, dass er keine der drei Religionen mehr als die anderen lobpreisen könnte, ohne dass Saladin nicht seine Absicht erreichte. Wie einer, der eine Antwort sucht, in der er sich nicht verfängt, strengte er seinen Geist an und fand rasch, was er sagen musste, und begann: ›O Herr, die Frage, die Ihr mir vorlegt, ist schön; um alles, was ich dazu empfinde, sagen zu können, wähle ich eine kleine Erzählung, die Ihr nun hören werdet. Wenn ich mich nicht täusche, so erinnere ich mich, viele Male von einem großen und reichen Mann gehört zu haben, der unter all den kostbaren Edelsteinen in seinem Schatz einen wunderschönen und wertvollen Ring besaß; um seines Wertes und seiner Schönheit willen schätzte er ihn besonders hoch und wollte ihn für alle Zeiten seinen Nachkommen überliefern; deswegen bestimmte er, dass derjenige seiner Söhne, bei welchem dieser von ihm hinterlassene Ring gefunden würde, als sein Erbe angesehen und von allen übrigen als der Älteste geehrt und geachtet werden sollte. Der, dem er hinterlassen wurde, bestimmte das Gleiche für seine Nachkommen und tat seinerseits, wie sein Vorfahre es getan hatte. Kurzum, der Ring ging von Hand zu Hand durch viele Generationen und gelangte schließlich in die Hände eines Mannes, der drei schöne, tugendhafte, dem Vater überaus gehorsame Söhne hatte, weswegen er sie alle drei gleichermaßen liebte. Und die jungen Leute, die die Tradition des Ringes kannten und von denen ein jeder danach strebte, der Ausgezeichnete in der Familie zu sein, baten, jeder für sich und so gut er es konnte, den Vater, der alt war, ihm selbst und nicht den Brüdern bei seinem Tod den Ring zu hinterlassen. Der gute Mann, der sie alle drei gleichermaßen liebte und nicht auszuwählen wusste, wem er den Ring hinterlassen sollte, dachte daran, nachdem er es einem jeden versprochen hatte, sie alle drei zufriedenzustellen. Heimlich ließ er bei einem geschickten Meister zwei weitere Ringe anfertigen, die dem ersten so sehr glichen, dass selbst der, welcher sie angefertigt hatte, kaum noch den echten Ring erkennen konnte. Als er seinen Tod nahen fühlte, gab er heimlich einem jeden seiner Söhne einen Ring. Nach dem Tod des Vaters wollte ein jeder von ihnen das Erbe und die Auszeichnung für sich beanspruchen; ein jeder bestritt dem anderen diesen

Anspruch; als Begründung und Zeugnis legte ein jeder seinen Ring vor. Die Ringe waren einander so ähnlich, dass man nicht erkennen konnte, welcher der echte war; daher blieb der Streit, wer von ihnen der wahre Erbe des Vaters ist, offen und ist es immer noch. Dasselbe, o Herr, sage ich Euch auch über die drei Gesetze, die Gottvater den drei Völkern gegeben hat und die Ihr mir zur Beurteilung vorgelegt habt. Ein jedes Volk glaubt, Gottes Erbe, sein wahres Gesetz zu besitzen und unmittelbar seinen Willen auszuführen. Aber wer es wirklich besitzt, das ist, wie bei den Ringen, eine noch offene Streitfrage.‹

Saladin erkannte, dass es jenem bestens gelungen war, aus der Schlinge, die er ausgelegt hatte, herauszuschlüpfen; so beschloss er, ihm seine Notlage zu offenbaren und zu sehen, ob er ihm dienlich sein wollte. Also eröffnete er ihm, was seine Absicht gewesen wäre, wenn jener ihm nicht so klug, wie er es getan, geantwortet hätte. Der Jude gab ihm freiwillig jede Summe Geldes, die Saladin von ihm erbat. Saladin stellte ihn danach voll und ganz zufrieden; darüber hinaus überreichte er ihm reiche Geschenke und erhielt ihn sich immer als Freund und bewahrte ihm in seiner Umgebung einen ehrenvollen Platz.«

Giovanni Boccaccio: Das Decameron. Aus dem Italien. übers., mit Komm. und Nachw. von Peter Brockmeier. Stuttgart: Reclam, 2012. S. 69–72.

4.2.2 Historische Quellen

Voltaire über Saladin:

Q

»Nach diesen unglücklichen Feldzügen [des 2. Kreuzzuges 1147–49] waren die Christen in Asien weit mehr unter einander uneins, als jemals. Eben diese Wuth herrschte unter den Muselmännern. Der Vorwand der Religion hatte weiter keinen Antheil an den politischen Angelegenheiten. […]

Mitten unter diesen Unruhen kam der große Saladin, ein Neffe des Noradins, Sultans von Aleppo, zum Vorschein; er eroberte Syrien, Arabien, Persien und Mesopotamien. Ein Tempelherr, Namens Melieu, verließ seinen Orden und seine Religion, um unter diesem Bezwinger zu dienen, und trug viel bey, ihm Armenien zu unterwerfen. Saladin, Herr so vieler Länder, wollte mitten unter seinen Staaten das Königreich Jerusalem nicht lassen. Heftig gegen einander erbitterte Parteyen zerfleischten diesen kleinen Staat, und beförderten seinen Untergang. Gvido von Lusignan, gekrönter König, dem man aber die Krone streitig machte, versammlete in Galiläa alle die getrennten Christen, die die Gefahr vereinigte, und marschirte gegen den Saladin. Der Bischof von Ptolemais, der seine Kappe über dem Küraß[21] trug, und zwischen seinen Händen ein Kreuz hielt, munterte die Truppen auf, auf demjenigen Gebiethe, wo ihr Gott so viele Wunder gethan hätte, tapfer zu fechten; nichts desto weniger wurden alle Christen entweder getödtet oder gefangen. [...] Da er vor den Thoren Jerusalems, das sich nicht weiter wehren konnte, ankam, stund Saladin der Gemahlinn des Lusignans, wegen Uebergabe der Stadt, einen Vergleich zu, dergleichen sie nicht hoffte. Er erlaubte ihr, sich hinzuwenden, wo sie hin wollte. (1187) Er verlangte von den Griechen, die in der Stadt blieben, keine Ranzion[22], und von den Lateinern nahm er nur eine geringe. Als er seinen Einzug in Jerusalem hielt, warfen sich eine Menge Weibespersonen zu seinen Füßen, deren einige um ihre Männer, andere um ihre Kinder, noch andere um ihre Väter baten, die er gefangen hielt. Er gab sie ihnen insgesammt mit einer Großmuth, die in diesem Theile der Welt noch kein Exempel hatte, wieder. Saladin ließ durch die Hände der Christen selbst die Moschee, die in eine Kirche war verwandelt worden, mit Rosenwasser waschen. Er ließ 1187 einen prächtigen Lehrstuhl darinnen aufrichten, daran sein Oheim Noradin, Sultan von Aleppo, selbst gearbeitet hatte, und über die Thür ließ er diese Worte graben: ›Der König Saladin, der Knecht Gottes, setzte diese Ueberschrift, als Gott durch seine Hände Jerusalem eingenommen hatte.‹ Aber ungeachtet seines Eifers für seine Religion, gab er doch den morgenländischen Christen die Kirche des heiligen Grabes wieder. Wenn man dieses Bezeigen mit der Christen ihrem, als sie Jerusalem einnahmen, in Vergleichung zieht, sieht man leider! wer die Barbaren seyn. Man muß noch hinzu fügen, daß Saladin, nach Verlauf eines Jahres, dem Gvido von Lusignan die Freyheit wieder gab, nachdem er einen Eid von ihm genommen hatte, daß er niemals die Waffen wider seinen Befreyer tragen wollte. Lusignan hielt sein Wort nicht. [...]

Indessen hatten die Christen in Asien nichts mehr, als Antiochia, Tripoli, Joppe und die Stadt Tyr, die ehemalige Beherrscherinn der Meere [...]. Saladin besaß alles das übrige, theils für sich, theils

21 hier: die Rüstung

22 Lösegeld

durch seinen Eidam[23] den Sultan zu Ikonium oder Cogni, der das Land, das wir heut zu Tage Karamanien nennen, beherrschete.

Durch das Gerüchte von den Siegen des Saladins, wurde ganz Europa beunruhigt. Der Pabst Clemens der dritte erregte Frankreich, England und Deutschland. [...]

Kleinasien war ein Abgrund [...]. Nicht allein diese unbeschreibliche Armee des Kaisers Friedrichs war verloren, sondern die englischen, französischen, italiänischen und deutschen Flotten, die noch vor der Ankunft Philipp Augusts und Richards, genannt Löwenherz, anlangten, hatten neue Kreuzfahrer und neue Schlachtopfer herbeygebracht. Endlich kamen die Könige von Frankreich und England in Syrien vor Ptolemais, das man Akre nennt, an. Fast alle Christen im Oriente hatten sich versammlet, diese Stadt, die man als den Schlüssel des Landes ansahe, zu belagern. Saladin war in der Gegend des Euphrats in einen innerlichen Krieg verwickelt. Nachdem die beyden Könige ihre Macht mit der orientalischen Christen ihrer vereiniget hatten, zählte man über dreymal hundert tausend Soldaten.

Ptolemais wurde zwar wirklich erobert (1190), allein die Uneinigkeit, die nothwendig zween Prinzen, wie Philippus und Richard, die nach gleichen Ehren und Vortheilen mit gleichem Eifer trachteten, trennen mußte, richtete größern Schaden an, als diese dreymal hundert tausend Mann glückliche Thaten verrichteten. Philippus, dieser Trennungen müde, noch mehr aber über die Ueberlegenheit und über das zu sehr überhand nehmende Ansehen, welches Richard sein Lehnsmann, in allem hatte, verdrüßlich, kehrte in sein Vaterland zurück, welches er vielleicht gar nicht hätte verlassen, itzt[24] aber wenigstens mit mehrerm Ruhm hätte wiedersehen sollen.

Richard, der nun Herr von dem Felde der Ehren, nicht aber von dieser Menge der Kreuzfahrer war, die unter einander noch weniger, als die beyden Könige, eins waren, ließ vergebens die heldenmäßigste Tapferkeit sehen. Saladin, der siegreich aus Mesopotamien zurück kam, lieferte den Kreuzfahrern eine Schlacht bey Cäsarea. Man sahe diesen Bezwinger an der Spitze seiner Mahometaner und den Richard an der Christen ihrer, einer gegen den andern, als zween Ritter auf dem Turnierplatze, fechten. Richard hatte die Ehre, den Saladin aus dem Sattel zu heben; und das war fast alles, was er

23 Schwiegersohn
24 jetzt

in dieser merkwürdigen Schlacht gewann. Die Strapatzen, die Krankheiten, die kleinen Schlachten, die beständigen Zänkereyen rieben diese große Armee auf, und Richard kehrte zwar mit mehrerem Ruhm, als Philipp August, aber auch auf eine weit unbehutsamere Art zurück. […]

Dieser berühmte Muselmann[25], der mit dem Richard einen Tractat gemacht hatte, vermöge dessen er den Christen die Seeküste von Tyr bis nach Joppe überließ, und das übrige alles für sich behielt, hielt sein Wort, davon er ein Sklave war, redlich. Er starb (1195 [d. i. 1193]) funfzehn Jahre [d. i. 15 Monate][26] darnach zu Damasco, von den Christen selbst bewundert. Er hatte in seiner letzten Krankheit, statt der Fahne, die man vor seine Thüre zu pflanzen pflegte, das Tuch, darinnen man ihn begraben sollte, bringen lassen. Der, welcher die Todesfahne hielt, rufte mit lauter Stimme aus: ›das ist alles, was Saladin, der Bezwinger des Orients, von seinen Siegen davon trägt.‹

Man sagt, er habe in seinem Testamente verordnet, gleichgroße Summen unter die armen Mahometaner, Juden und Christen, als Allmosen, auszutheilen, durch welche Verordnungen er habe zu verstehen geben wollen, daß alle Menschen Brüder wären, und man, um ihnen beyzustehen, sich nicht darnach, was sie glaubten, sondern, was sie auszustehen hätten, erkundigen müßte. Er hatte auch niemals um der Religion willen jemand verfolget; er war zugleich ein Bezwinger, ein Mensch, und ein Philosoph.«

G. E. Lessings Übersetzungen aus dem Französischen Friedrichs des Großen und Voltaires […]. Hrsg. von Erich Schmidt. Stuttgart 1892. S. 192–198.

Lessings Hauptquelle ist François Louis Claude Marins (1721–1809) *Geschichte Saladins, Sulthans von Egypten und Syrien* (übers. von E. G. Küster), Celle 1761. Seine Charakterisierung Saladins setzt sich in einigen Punkten deutlich gegenüber derjenigen von Voltaire ab:

»Endlich, am zwölften Tage seiner Krankheit, am Mittwochen den sieben und zwanzigsten Sefer, des zweyten Monats des arabischen Jahrs, im fünfhundert neun und achtzigsten Jahre der Hejira, im Monat Februar eilfhundert drey und neunzig nach Christi Geburt,

25 Saladin
26 Fehler Voltaires

beschloß Saladin den Lauf seines Lebens, in einem Alter von sieben und funfzig Mondenjahren. Er hatte zwey und zwanzig Jahre in Egypten nach dem Tode des Khalifs, und neunzehn Jahre in Syrien nach Noureddins Tode regieret. Sein ganzer Name war, *Sulthan, Malek al Nasser, Salah-eddin, Emir el Moumenin, Aboul-Modhaffer, Youssouff ben Ayoub, ben Schadi*, das ist, Sulthan oder Kaiser, beschützender König, Salah-eddin (Heil der Welt und der Religion), Befehlshaber der Gläubigen, siegerischer Vater, Joseph, ein Sohn Hiobs, des Sohns Schadi. […]

Wenn dieser Sulthan die Hochachtung und die Thränen aller Völker mit in seine Gruft nahm, so haben in der That wenige Prinzen diese Gesinnungen durch so viele Tugenden verdienet, als wir in diesem Muselmanne bewundern müssen. Die Christen selbst haben sich nicht enthalten können, ihm Gerechtigkeit widerfahren zu lassen: sie haben mir selbst einen Theil der Züge an die Hand gegeben, die in dieser Geschichte zerstreuet sind: ja ich bin verbunden gewesen, verschiedene derselben, welche meinen Lesern als gar zu große Neuigkeiten vorkommen möchten, auszulassen.

Saladin beobachtete die Vorschriften des Korans mit so vieler Gewissenhaftigkeit, daß die Muselmänner ihn unter die Zahl ihrer Heiligen versetzet haben. Er ließ in allen vornehmsten Städten Moscheen, Schulen, Armen- und Krankenhäuser bauen; er nahm die Greise und die Waisen in seinen Schutz, und ernährete alle, welche in Dürftigkeit lebten. Diejenigen irren sich sehr, welche vorgeben, daß er als ein Philosoph gestorben sey; er lebte und starb als ein frommer und andächtiger Herr. Es scheinet einigen Schriftstellern in unsern Tagen unmöglich zu seyn, daß es wahrhaftig große Männer ohne jene so genannte Philosophie geben könne, welche darinn bestehet, daß man gar keine Religion hat. Sie wissen inzwischen, daß die Religion noch weit mehr dasjenige Band ist, welches die Fürsten mit den Unterthanen verknüpft, als dasjenige, welches die Unterthanen an die Fürsten bindet; daß dieses Band zu trennen, so viel heiße, als den Menschen alle Freyheit einräumen, alles ungestraft zu unternehmen, und daß, wenn gar keine Religion da wäre, man vielleicht, dem menschlichen Geschlecht zum Besten, ausdrücklich eine Religion machen müsse, um den Leidenschaften der Regenten einen furchtbaren Zaum anzulegen.

Saladin, weit entfernt das Gesetz Muhammeds zu verachten, behielt selbst die abergläubigsten Uebungen bey. Dieser Fehler, der bey den meisten Menschen eine Schwäche der Seele ankündiget, war bey ihm mit vielen Muthe verbunden: denn der Begriff von einem unwiederruflichen Schicksale, welches alle Begebenheiten dieser Welt bestimmt und ordnet, begeistert jedweden devoten[27] Muselmann mit Unerschrockenheit, insonderheit in den Kriegen, die für den Ruhm des Islamitischen Glaubens geführet werden. Er setzte sich ohne Furcht allen Gefahren aus. Vor der Schlacht hatte er die Gewohnheit, zwischen den beyden Kriegesheeren hin und her zu reiten, wobey ihm nur ein einziger Waffenträger oder Schildhalter folgte. In dem Treffen war er der erste im Handgemenge. Zuweilen rückte er ganz nahe gegen die Franken[28] an, befahl auf einmal zu halten, und ließ sich einige Hauptstücke aus dem Koran vorlesen, mittlerweile die Christen schon mit Pfeilen und Bolzen[29] auf ihn schossen. Dem Stolze und der Weichlichkeit feind, trug er allezeit ganz schlechte Kleider, lebte von wenigen, bedienete sich nur gemeiner Speisen; sein Zelt war unter allen am mindesten prächtig. Gegen alle Ermüdungen ausgehärtet, stand er vor der Morgenröthe auf, ritt alle Tage zum Verkundschaften aus, arbeitete bey den Belagerungen wie ein gemeiner Soldat, führete alle Angriffe an, ordnete die Richtung der Maschinen, war der erste bey dem Sturme, und gab seinen Kriegesvölkern das Beyspiel der Zucht, der Mäßigkeit, der Standhaftigkeit, und des Muths, welche er ihnen einprägen wollte.

Die Begierde, sich eine neue Art des Ruhms und der Heldenschaft zu erwerben, bewog ihn, sich zum Ritter machen zu lassen, indem er jenen herzhaften Kämpfern nichts nachgeben wollte, die die Welt mit dem Geräusch ihrer Heldenthaten erfülleten, und allein die wahre Tapferkeit zum Erbtheil zu haben glaubten. Ich verlange nicht, für die Richtigkeit der Sache die Gewähr zu leisten. […]

Seine Gnade, seine Gerechtigkeit, seine Mäßigung, seine Freygebigkeit, die seine Eroberungen weit überstiegen, haben sein Andenken allen Muselmännern, und allen denen, welche Tugend zu schätzen wissen, kostbar gemacht. Wenige Prinzen haben jemals so gern gegeben, als er. Ohngeachtet er Herr von Egypten, von Syrien, von dem glücklichen Arabien, und von Mesopotamien war, welches letztere ihm Tribut bezahlete, so hinterließ er doch in seinen Coffers[30] weiter nichts, als sieben und vierzig Silber-Drachmen und ei-

27 devot: unterwürfig
28 hier: Christen
29 Geschosse für die Armbrust
30 Truhen

nen einzigen Goldthaler. Man war genöthigt, alles zu leihen, was zu seinem Leichenbegängniß nöthig war. Er hatte weder Haus noch Garten, weder Stadt noch Land, welches ihm eigen gehörete. Diejenigen von seinen Kindern, welche er wegen ihrer zarten Jugend mit keiner Stadthalterschaft versehen hatte, waren gezwungen, bey ihren Brüdern oder bey ihren Onkels in Dienste zu treten, um ihren Unterhalt zu haben. Saladin legte seinen Völkern keine einzige neue Auflage auf: er verringerte sie alle, und hob verschiedene ganz auf, ohngeachtet er während seiner Regierung so schwere Kriege zu führen hatte. Er gab Städte und ganze Provinzen weg, und behielt sich nur die Oberlehnsherrlichkeit vor. Allein bey der Belagerung von Ptolemais machte er seinen Emirs ein Geschenk von mehr als zwölftausend kostbaren Pferden, ohne die geringern zu rechnen, die er unter die Soldaten vertheilete. Dies ist keine Vergrößerung, sondern eine Sache, die von seinen Stallmeistern selbst bezeuget wird. Seine ausnehmend großen Verschenkungen machten oft, daß es an dem Nothwendigen fehlete. Sein Schatzmeister hatte daher die Gewohnheit, daß er ohne sein Wissen allezeit etwas Geld auf den Nothfall zurück behielt. Allein Saladin machte diese Vorsicht unnöthig, indem er seine Hausgeräthe verkaufen ließ, wenn er nichts mehr zu geben hatte.

Seine Gerechtigkeit glich seiner Pracht. Er hielt alle Montage und Donnerstage seinen Divan[31] selbst, mit Zuziehung seiner Cadhis, er mochte in der Stadt oder bey der Armee seyn. An den übrigen Tagen in der Woche nahm er Bittschriften, Berichte, Klagschriften an, und entschied die Dinge, die keinen Aufschub litten. Alle Personen, ohne Unterschied des Ranges, des Alters, des Landes, der Religion fanden bey ihm einen freyen Zutritt: die Muselmänner, die Christen, die Unterthanen, die Ausländer, die Armen, die Reichen, alle wurden zu seinem Richterstuhle zugelassen, und nach den Gesetzen, oder vielmehr nach der natürlichen Billigkeit gerichtet. […]

Seine Gnade war so groß, daß er niemals ein Vergehen gegen seine Person bestrafte. Diese Tugend schlug oft in eine Schwachheit aus, und schadete der ihm schuldigen Ehrerbietung. Wir haben in dieser Geschichte gesehen, mit wie vieler Willfährigkeit er zu vergeben pflegte. Beleidigungen, schmähsüchtige Reden, zuweilen ein offenbarer Ungehorsam, nichts von diesen allen konnte seine Mäßigung unterbrechen. Seine Seele, die niemals durch eine heftige

31 hier: Audienz

Leidenschaft in Bewegung gesetzt wurde, kannte weder den Zorn, noch die Rache, welche eine Folge von demselben ist. Die Religion allein und die Unmenschlichkeit der Christen machten ihn zuweilen grausam gegen sie. Seine Bedienten bestohlen ihn; seine Schatzmeister wandten seine Einkünfte zu ihrem eigenen Nutzen an, ohne in eine andere Strafe zu verfallen, als daß sie ihrer Bedienungen entsetzet[32] wurden. Zween Mamelukken zankten sich einmal einige Schritte von ihm; der eine warf nach dem andern mit seinem Pantoffel: dieser wich dem Wurfe aus, und der Pantoffel traf den Sulthan: allein dieser Prinz stellete sich, als wenn er es nicht gemerkt habe, und drehete sich nach der andern Seite, als wenn er mit einem seiner Generals reden wollte, damit er nicht gezwungen seyn möchte, den Urheber dieser That zu bestrafen. Zu der Zeit, als er wegen der unmenschlichen Grausamkeit des Königs Richards am meisten gegen die Franken aufgebracht war, und allen die Köpfe herunter säbeln ließ, welche man in denen Treffen gefangen bekam, schleppte man einen christlichen Officier in sein Zelt, der von tödtlichen Schrecken bedonnert war. Saladin frug ihn, was die Ursach seiner Furcht wäre. *Ich zitterte*, sagte der Officier, *indem ich mich Ihrer Person nahete; allein meine Furcht ist verschwunden, so bald ich Sie sahe: Ein Prinz, dessen bloßer Anblick nichts als Gütigkeit und Gnade verkündiget, kann nicht so grausam seyn, mich zum Tode zu verdammen.* Der Sulthan lächelte, und schenkte ihm das Leben und die Freyheit.

Wir sind gezwungen, viele ähnliche Züge mit Stillschweigen zu übergehen, welche von den Muhammedanischen Schriftstellern mit Sorgfalt aufgezeichnet sind, und die alle dem Herrn Ehre machen, dessen Geschichte wir beschrieben haben. Milde, Wohlthätigkeit, Menschenliebe, Religion, Gerechtigkeit, Freygebigkeit, machten seinen eigenthümlichen Caracter aus. Man berichtet uns, daß seine Gestalt noch mehr Liebe als Ehrfurcht einprägte, daß sein Blick nicht jene Frechheit an sich hatte, die man zuweilen an den Beherrschern der Welt wahrnimmt; daß seine Gespräche einfach, höflich, natürlich, beredt waren, allein daß seine Einbildungskraft sich niemals in der Poesie und selten in jenen kühnen Figuren, in jenen übertriebenen Metaphorn verlor, mit welchen die Morgenländer so befreundet sind. Er liebte eine Art von Studiren, das zwar sehr nichtswürdig, aber bey den frommen Muselmännern sehr hoch ge-

32 entlassen

schätzet wird: er suchte nämlich alle muhammedanische Traditionen, die Erklärungen des Korans, den mannigfaltigen Sinn der Ausleger, die verschiedenen Meynungen der Schulen kennen zu lernen, und fand ein Vergnügen daran, über diese Materien mit den Priestern und Cadhis zu disputiren. Er begünstigte die Poeten und die Dialectiker[33], die damals in den Morgenländern sehr gewöhnlich[34] waren, nicht gar sehr; überhäufte die Lehrer des Gesetzes mit Wohlthaten, und verfolgte keinen, als die Schriftsteller, welche in ihren Werken gegen die guten Sitten und gegen die Religion keine Ehrerbietung bewiesen. Er hatte keine von jenen großen Leidenschaften, welche die Menschen aus der gemeinen Sphäre heraus reißen, Leidenschaften, die für die Menschlichkeit so traurig sind, wenn sie die Seele der Regenten bestürmen. Größer durch seine stillen und friedlichen Tugenden, als durch seine kriegerischen Thaten, schien er von der Natur mehr zum Privatleben, als zu der Regierung eines großen Staats bestimmt zu seyn. Ihm fehlete diejenige Schärfe, welche Fürsten nothwendig ist, ihre Macht in Respect zu erhalten. Er konnte niemals eine strenge Kriegeszucht unter seinen Truppen einführen, und hielt seine Emirs mehr durch seine Gelindigkeit[35], durch seine Tugenden und Beschenkungen in Gehorsam, als durch den Zügel seiner Gewalt. Das Glück setzte ihn auf einen Thron, nach welchem er nicht trachtete: die Nothwendigkeit, sich auf demselben zu behaupten, machte ihn gegen seine Wohlthäter undankbar. Mehr die Religion, als die Staatskunst, gab ihm die Waffen in die Hand, und ließ ihn Blut vergießen, welches er zu versprützen schauderte.«

François Louis Claude Marin: Geschichte Saladins, Sulthans von Egypten und Syrien. Übers. von E. G. Küster. Celle 1761. Bd. 2. S. 320–334.

33 aristotelische Philosophen
34 verbreitet
35 Sanftheit

5. Rezeption – Texte zur Diskussion

Ist Lessings *Nathan der Weise* heute noch zeitgemäß? Was bringen die in Lessings Drama über die Zeit der mittelalterlichen Religionskriege aufgeworfenen Fragestellungen für die heutige Zeit? Begreift man Lessings Zeitalter der Aufklärung umfassender als bis heute währendes Projekt der Moderne, so bilden die Fragen nach Funktion und Rolle der Religionen noch immer zentrale Reibungspunkte. Werden Religionen überhaupt noch gebraucht? Welche Reichweite und welchen Machtanspruch können die großen monotheistischen Religionen heute noch beanspruchen? Wie lassen sich Widersprüche zwischen Religiosität und dem modernen Leitprinzip Rationalität aushalten? Gerade in Zeiten eines wieder zunehmenden religiösen Fanatismus, der zu Leid und Krieg führt, ist Lessings These von einem durch die Vernunft flankierten Glauben, der sich in der Praxis zu bewähren hat, aktuell.

5.1 Was ist Aufklärung? Warum Lessing lesen?

Hier geht es – um einen Ausgangspunkt zu markieren – um eine Bestimmung des Begriffs der Aufklärung. Was ist Aufklärung? Wie sollen Menschen in Zeiten der Aufklärung erzogen werden? Immanuel Kant und Lessing beantworten zu ihrer Zeit richtungsweisend diese Fragen. Während Kant in seinem für die Aufklärung programmatischen Text das zentrale Anliegen, den »Ausgang des Menschen aus seiner selbstverschuldeten Unmündigkeit« herausstellt und das selbständige, kritische Denken einfordert, beschäftigt sich Lessing 1780 noch einmal mit dem Verhältnis von Vernunft und Offenbarung und entwickelt – noch vor dem deutschen Idealismus (Hegel) – ein teleologisches (zielgerichtetes) Geschichtsbild.

Es folgt der Blick auf die Entstehung der Lessingschen Werke unter dem Einfluss der Leitideen der Aufklärung. »Warum Lessing lesen?« fragt Werner Jung (2010). Weil sein kritischer Zugriff auf Probleme aktuell ist, er auch für die heutige Zeit relevante Fragestellungen aufgreift und sich in seiner ästhetischen Form Bezüge zur Gegenwart herstellen lassen.

Immanuel Kant: *Beantwortung der Frage: Was ist Aufklärung?* (1784)

Q

»*Aufklärung ist der Ausgang des Menschen aus seiner selbstverschuldeten Unmündigkeit. Unmündigkeit* ist das Unvermögen, sich seines Verstandes ohne Leitung eines anderen zu bedienen. *Selbstverschuldet* ist diese Unmündigkeit, wenn die Ursache derselben nicht am Mangel des Verstandes, sondern der Entschließung und des Mutes liegt, sich seiner ohne Leitung eines andern zu bedienen. Sapere aude![36] Habe Mut, dich deines *eigenen* Verstandes zu bedienen! ist also der Wahlspruch der Aufklärung.

Faulheit und Feigheit sind die Ursachen, warum ein so großer Teil der Menschen, nachdem sie die Natur längst von fremder Leitung freigesprochen (naturaliter majorennes[37]), dennoch gerne zeitlebens unmündig bleiben; und warum es anderen so leicht ward, sich zu deren Vormündern aufzuwerfen. Es ist so bequem, unmündig zu sein. Habe ich ein Buch, das für mich Verstand hat, einen Seelsorger, der für mich Gewissen hat, einen Arzt, der für mich die Diät beurteilt u. s. w., so brauche ich mich ja nicht selbst zu bemühen. Ich habe nicht nötig zu denken, wenn ich nur bezahlen kann; andere werden das verdrießliche Geschäft schon für mich übernehmen. Dass der bei weitem größte Teil der Menschen (darunter das ganze schöne Geschlecht) den Schritt zur Mündigkeit außer dem, dass er beschwerlich ist, auch für sehr gefährlich halte: dafür sorgen schon jene Vormünder, die die Oberaufsicht über sie gütigst auf sich genommen haben. Nachdem sie ihr Hausvieh zuerst dumm gemacht haben und sorgfältig verhüteten, dass diese ruhigen Geschöpfe ja keinen Schritt außer dem Gängelwagen[38], darin sie sie einsperreten, wagen durften, so zeigen sie ihnen nachher die Gefahr, die ihnen drohet, wenn sie es versuchen, allein zu gehen. Nun ist diese Gefahr zwar eben so groß nicht, denn sie würden durch einigemal Fallen wohl endlich gehen lernen; allein ein Beispiel von der Art macht doch schüchtern und schreckt gemeiniglich von allen ferneren Versuchen ab.

Es ist also für jeden einzelnen Menschen schwer, sich aus der ihm beinahe zur Natur gewordenen Unmündigkeit herauszuarbeiten. Er hat sie sogar liebgewonnen und ist vorderhand wirklich unfähig, sich seines eigenen Verstandes zu bedienen, weil man ihn niemals

36 (lat.) Habe Mut, zu wissen! (Horaz, *Episteln* 1,2,40)

37 (lat.) von Natur aus Volljährige

38 Korbgestell mit Rädern, in dem Kinder das Gehen lernen

den Versuch davon machen ließ. Satzungen und Formeln, diese mechanischen Werkzeuge eines vernünftigen Gebrauchs oder vielmehr Missbrauchs seiner Naturgaben, sind die Fußschellen[39] einer immerwährenden Unmündigkeit. Wer sie auch abwürfe, würde dennoch auch über den schmalesten Graben einen nur unsicheren Sprung tun, weil er zu dergleichen freier Bewegung nicht gewöhnt ist. Daher gibt es nur wenige, denen es gelungen ist, durch eigene Bearbeitung ihres Geistes sich aus der Unmündigkeit herauszuwickeln und dennoch einen sicheren Gang zu tun.

Dass aber ein Publikum[40] sich selbst aufkläre, ist eher möglich; ja es ist, wenn man ihm nur Freiheit lässt, beinahe unausbleiblich. Denn da werden sich immer einige Selbstdenkende, sogar unter den eingesetzten Vormündern des großen Haufens, finden, welche, nachdem sie das Joch der Unmündigkeit selbst abgeworfen haben, den Geist einer vernünftigen Schätzung des eigenen Werts und des Berufs jedes Menschen, selbst zu denken, um sich verbreiten werden. Besonders ist hiebei: dass das Publikum, welches zuvor von ihnen unter dieses Joch gebracht worden, sie hernach selbst zwingt, darunter zu bleiben, wenn es von einigen seiner Vormünder, die selbst aller Aufklärung unfähig sind, dazu aufgewiegelt worden; so schädlich ist es, Vorurteile zu pflanzen, weil sie sich zuletzt an denen selbst rächen, die, oder deren Vorgänger, ihre Urheber gewesen sind. Daher kann ein Publikum nur langsam zur Aufklärung gelangen. Durch eine Revolution wird vielleicht wohl ein Abfall von persönlichem Despotism und gewinnsüchtiger oder herrschsüchtiger Bedrückung, aber niemals wahre Reform der Denkungsart zustande kommen; sondern neue Vorurteile werden, ebensowohl als die alten, zum Leitbande des gedankenlosen großen Haufens dienen.

Zu dieser Aufklärung aber wird nichts erfordert als *Freiheit*; und zwar die unschädlichste unter allem, was nur Freiheit heißen mag, nämlich die: von seiner Vernunft in allen Stücken *öffentlichen Gebrauch* zu machen. Nun höre ich aber von allen Seiten rufen: *räsoniert*[41] *nicht!* Der Offizier sagt: räsoniert nicht, sondern exerziert! Der Finanzrat: räsoniert nicht, sondern bezahlt! Der Geistliche: räsoniert nicht, sondern glaubt! (Nur ein einziger Herr in der Welt

39 Fußfesseln

40 Gesamtheit der Menschen an einem Ort

41 räsonieren: von frz. *raison* ›Vernunft‹; vernünftig nachdenken

sagt: *räsoniert*, soviel ihr wollt und worüber ihr wollt; *aber gehorcht!*) Hier ist überall Einschränkung der Freiheit. Welche Einschränkung aber ist der Aufklärung hinderlich? welche nicht, sondern ihr wohl gar beförderlich? – Ich antworte: der *öffentliche* Gebrauch seiner Vernunft muss jederzeit frei sein, und der allein kann Aufklärung unter Menschen zustande bringen; der *Privatgebrauch* derselben aber darf öfters sehr enge eingeschränkt sein, ohne doch darum den Fortschritt der Aufklärung sonderlich zu hindern. Ich verstehe aber unter dem öffentlichen Gebrauche seiner eigenen Vernunft denjenigen, den jemand *als Gelehrter* von ihr vor dem ganzen Publikum der *Leserwelt* macht. Den Privatgebrauch nenne ich denjenigen, den er in einem gewissen ihm anvertrauten *bürgerlichen Posten* oder Amte von seiner Vernunft machen darf. Nun ist zu manchen Geschäften, die in das Interesse des gemeinen Wesens laufen, ein gewisser Mechanism notwendig, vermittelst dessen einige Glieder des gemeinen Wesens sich bloß passiv verhalten müssen, um durch eine künstliche Einhelligkeit von der Regierung zu öffentlichen Zwecken gerichtet oder wenigstens von der Zerstörung dieser Zwecke abgehalten zu werden. Hier ist es nun freilich nicht erlaubt zu räsonieren; sondern man muss gehorchen. Sofern sich aber dieser Teil der Maschine zugleich als Glied eines ganzen gemeinen Wesens, ja sogar der Weltbürgergesellschaft ansieht, mithin in der Qualität eines Gelehrten, der sich an ein Publikum im eigentlichen Verstande durch Schriften wendet, kann er allerdings räsonieren, ohne dass dadurch die Geschäfte leiden, zu denen er zum Teile als passives Glied angesetzt ist. So würde es sehr verderblich sein, wenn ein Offizier, dem von seinen Oberen etwas anbefohlen wird, im Dienste über die Zweckmäßigkeit oder Nützlichkeit dieses Befehls laut vernünfteln wollte; er muss gehorchen. Es kann ihm aber billigermaßen nicht verwehrt werden, als Gelehrter über die Fehler im Kriegesdienste Anmerkungen zu machen und diese seinem Publikum zur Beurteilung vorzulegen. Der Bürger kann sich nicht weigern, die ihm auferlegten Abgaben zu leisten; sogar kann ein vorwitziger Tadel solcher Auflagen, wenn sie von ihm geleistet werden sollen, als ein Skandal (das allgemeine Widersetzlichkeiten veranlassen könnte) bestraft werden. Ebenderselbe handelt demohngeachtet der Pflicht eines Bürgers nicht entgegen, wenn er, als Gelehrter, wider die Unschicklichkeit oder auch Ungerechtigkeit solcher Ausschreibungen öffentlich seine Gedanken äußert. Ebenso ist ein Geistlicher verbunden, seinen Katechismusschülern und seiner Gemeine[42] nach dem Symbol[43] der Kirche, der er dient, seinen Vortrag zu tun; denn er ist auf diese Bedingung angenommen worden. Aber als Gelehrter hat er volle Freiheit, ja sogar den Beruf dazu, alle seine sorgfältig geprüften und wohlmeinenden Gedanken über das Fehlerhafte in jenem Symbol und Vorschläge wegen besserer Einrichtung des Religions- und Kirchenwesens dem Publikum mitzuteilen. Es ist hiebei auch nichts, was dem Gewissen zur Last gelegt werden könnte. Denn, was er zufolge seines Amts, als Geschäftträger der Kirche, lehrt, das stellt er als etwas vor, in Ansehung dessen er nicht freie Gewalt hat, nach eigenem Gutdünken zu lehren, sondern das er nach Vorschrift und im Namen eines andern vorzutragen angestellt ist. Er wird sagen: unsere Kirche lehrt dieses oder jenes; das sind die Beweisgründe, deren sie sich bedient. Er zieht alsdann allen praktischen Nutzen für seine Gemeinde aus Satzungen, die er selbst nicht mit voller Überzeugung unterschreiben würde, zu deren Vortrag er sich gleichwohl anheischig machen kann, weil es doch nicht ganz unmöglich ist, dass darin Wahrheit verborgen läge, auf alle Fälle aber wenigstens doch nichts der innern Religion Widersprechendes darin angetroffen wird. Denn glaubte er das letztere darin zu finden, so würde er sein Amt mit Gewissen nicht verwalten können; er müsste es niederlegen. Der Gebrauch also, den ein angestellter Lehrer von seiner Vernunft vor seiner Gemeinde macht, ist bloß ein *Privatgebrauch*; weil diese immer nur eine häusliche, obzwar noch so große, Versammlung ist; und in Ansehung dessen ist er, als Priester, nicht frei, und darf es auch nicht sein, weil er einen fremden Auftrag ausrichtet. Dagegen als Gelehrter, der durch Schriften zum eigentlichen Publikum, nämlich der Welt, spricht, mithin der Geistliche im *öffentlichen Gebrauche* seiner Vernunft, genießt einer uneingeschränkten Freiheit, sich seiner eigenen Vernunft zu bedienen und in seiner eigenen Person zu sprechen. Denn dass die Vormünder des Volks (in geistlichen Dingen) selbst wieder unmündig sein sollen, ist eine Ungereimtheit, die auf Verewigung der Ungereimtheiten hinausläuft. [...]

Wenn denn nun gefragt wird: Leben wir jetzt in einem *aufgeklärten* Zeitalter? so ist die Antwort: Nein, aber wohl in einem Zeitalter der *Aufklärung*. Dass die Menschen, wie die Sachen jetzt stehen, im ganzen genommen, schon imstande wären oder darin auch

42 Gemeinde
43 hier: Bekenntnis

nur gesetzt werden könnten, in Religionsdingen sich ihres eigenen Verstandes ohne Leitung eines andern sicher und gut zu bedienen, daran fehlt noch sehr viel. Allein, dass jetzt ihnen doch das Feld geöffnet wird, sich dahin frei zu bearbeiten, und die Hindernisse der allgemeinen Aufklärung oder des Ausganges aus ihrer selbstverschuldeten Unmündigkeit allmählich weniger werden, davon haben wir doch deutliche Anzeigen.«

Was ist Aufklärung? Thesen, Definitionen, Dokumente. Hrsg. von Barbara Stollberg-Rilinger. Stuttgart: Reclam, 2010 [u. ö.]. S. 9–16.

Lessing: *Die Erziehung des Menschengeschlechts* (1780)

Q

»§ 1

Was die Erziehung bei dem einzeln Menschen ist, ist die Offenbarung bei dem ganzen Menschengeschlechte.

§ 2

Erziehung ist Offenbarung, die dem einzeln Menschen geschieht: und Offenbarung ist Erziehung, die dem Menschengeschlechte geschehen ist, und noch geschieht.

§ 3

Ob die Erziehung aus diesem Gesichtspunkte zu betrachten, in der Pädagogik Nutzen haben kann, will ich hier nicht untersuchen. Aber in der Theologie kann es gewiß sehr großen Nutzen haben, und viele Schwierigkeiten heben, wenn man sich die Offenbarung als eine Erziehung des Menschengeschlechts vorstellet.

§ 4

Erziehung gibt dem Menschen nichts, was er nicht auch aus sich selbst haben könnte: sie gibt ihm das, was er aus sich selber haben könnte, nur geschwinder und leichter. Also gibt auch die Offenbarung dem Menschengeschlechte nichts, worauf die menschliche Vernunft, sich selbst überlassen, nicht auch kommen würde: sondern sie gab und gibt ihm die wichtigsten dieser Dinge nur früher.

§ 5

Und so wie es der Erziehung nicht gleichgültig ist, in welcher Ordnung sie die Kräfte des Menschen entwickelt; wie sie dem Menschen nicht alles auf einmal beibringen kann: ebenso hat auch Gott bei seiner Offenbarung eine gewisse Ordnung, ein gewisses Maß halten müssen.

§ 6

Wenn auch der erste Mensch mit einem Begriffe von einem Einigen Gotte sofort ausgestattet wurde: so konnte doch dieser mitgeteilte, und nicht erworbene Begriff unmöglich lange in seiner Lauterkeit bestehen. Sobald ihn die sich selbst überlassene menschliche Vernunft zu bearbeiten anfing, zerlegte sie den Einzigen Unermeßlichen in mehrere Ermeßlichere, und gab jedem dieser Teile ein Merkzeichen.

§ 7

So entstand natürlicher Weise Vielgötterei und Abgötterei. Und wer weiß, wie viele Millionen Jahre sich die menschliche Vernunft noch in diesen Irrwegen würde herumgetrieben haben; ohngeachtet überall und zu allen Zeiten einzelne Menschen erkannten, daß es Irrwege waren: wenn es Gott nicht gefallen hätte, ihr durch einen neuen Stoß eine bessere Richtung zu geben.

§ 8

Da er aber einem jeden *einzeln Menschen* sich nicht mehr offenbaren konnte, noch wollte: so wählte er sich ein *einzelnes Volk* zu seiner besondern Erziehung; und eben das ungeschliffenste, das verwildertste, um mit ihm ganz von vorne anfangen zu können.

§ 9

Dies war das israelitische Volk, von welchem man gar nicht einmal weiß, was es für einen Gottesdienst in Ägypten hatte. Denn an dem Gottesdienste der Ägyptier durften so verachtete Sklaven nicht teilnehmen: und der Gott seiner Väter war ihm gänzlich unbekannt geworden. […]

§ 36

Die Offenbarung hatte seine Vernunft geleitet, und nun [in der babylonischen Gefangenschaft] erhellte die Vernunft auf einmal seine Offenbarung.

§ 37

Das war der erste wechselseitige Dienst, den beide einander leisteten; und dem Urheber beider ist ein solcher gegenseitiger Einfluß so wenig unanständig, daß ohne ihm eines von beiden überflüssig sein würde. […]

§ 76

Man wende nicht ein, daß dergleichen Vernünfteleien über die Geheimnisse der Religion untersagt sind. – Das Wort Geheimnis bedeutete, in den ersten Zeiten des Christentums, ganz etwas anders, als wir itzt[44] darunter verstehen; und die Ausbildung geoffenbarter Wahrheiten in Vernunftswahrheiten ist schlechterdings notwendig, wenn dem menschlichen Geschlechte damit geholfen sein soll. Als sie geoffenbaret wurden, waren sie freilich noch keine Vernunftswahrheiten; aber sie wurden geoffenbaret, um es zu werden. Sie waren gleichsam das Fazit, welches der Rechenmeister seinen Schülern voraussagt, damit sie sich im Rechnen einigermaßen darnach richten können. Wollten sich die Schüler an dem vorausgesagten Fazit begnügen: so würden sie nie rechnen lernen, und die Absicht, in welcher der gute Meister ihnen bei ihrer Arbeit einen Leitfaden gab, schlecht erfüllen.

§ 77

Und warum sollten wir nicht auch durch eine Religion, mit deren historischen Wahrheit, wenn man will, es so mißlich aussieht, gleichwohl auf nähere und bessere Begriffe vom göttlichen Wesen, von unsrer Natur, von unsern Verhältnissen zu Gott, geleitet werden können, auf welche die menschliche Vernunft von selbst nimmermehr gekommen wäre?

§ 78

Es ist nicht wahr, daß Spekulationen über diese Dinge jemals Unheil gestiftet, und der bürgerlichen Gesellschaft nachteilig geworden. – Nicht den Spekulationen: dem Unsinne, der Tyrannei, diesen Spekulationen zu steuern; Menschen, die ihre eigenen hatten, nicht ihre eigenen zu gönnen, ist dieser Vorwurf zu machen.

44 jetzt, heute

§ 79

Vielmehr sind dergleichen Spekulationen – mögen sie im einzeln doch ausfallen, wie sie wollen – unstreitig die schicklichsten Übungen des menschlichen Verstandes überhaupt, solange das menschliche Herz überhaupt, höchstens nur vermögend ist, die Tugend wegen ihrer ewigen glückseligen Folgen zu lieben.

§ 80

Denn bei dieser Eigennützigkeit des menschlichen Herzens, auch den Verstand nur allein an dem üben wollen, was unsere körperlichen Bedürfnisse betrifft, würde ihn mehr stumpfen, als wetzen[45] heißen. Er will schlechterdings an geistigen Gegenständen geübt sein, wenn er zu seiner völligen Aufklärung gelangen, und diejenige Reinigkeit des Herzens hervorbringen soll, die uns, die Tugend um ihrer selbst willen zu lieben, fähig macht.

§ 81

Oder soll das menschliche Geschlecht auf diese höchste Stufen der Aufklärung und Reinigkeit nie kommen? Nie?

§ 82

Nie? – Laß mich diese Lästerung nicht denken, Allgütiger! – Die Erziehung hat ihr Ziel; bei dem Geschlechte nicht weniger als bei dem Einzeln. Was erzogen wird, wird zu Etwas erzogen.

§ 83

Die schmeichelnden Aussichten, die man dem Jünglinge eröffnet; die Ehre, der Wohlstand, die man ihm vorspiegelt: was sind sie mehr, als Mittel, ihn zum Manne zu erziehen, der auch dann, wenn diese Aussichten der Ehre und des Wohlstandes wegfallen, seine Pflicht zu tun vermögend sei.

§ 84

Darauf zwecke die menschliche Erziehung ab: und die göttliche reiche dahin nicht? Was der Kunst mit dem Einzeln gelingt, sollte der Natur nicht auch mit dem Ganzen gelingen? Lästerung! Lästerung!

45 schärfen

§ 85

Nein; sie wird kommen, sie wird gewiß kommen, die Zeit der Vollendung, da der Mensch, je überzeugter sein Verstand einer immer bessern Zukunft sich fühlet, von dieser Zukunft gleichwohl Bewegungsgründe zu seinen Handlungen zu erborgen, nicht nötig haben wird; da er das Gute tun wird, weil es das Gute ist, nicht weil willkürliche Belohnungen darauf gesetzt sind, die seinen flatterhaften Blick ehedem bloß heften und stärken sollten, die innern bessern Belohnungen desselben zu erkennen.

§ 86

Sie wird gewiß kommen, die Zeit eines *neuen ewigen Evangeliums*, die uns selbst in den Elementarbüchern des Neuen Bundes versprochen wird.«

G. E. Lessing: Die Erziehung des Menschengeschlechts und andere Schriften. Mit einem Nachw. von Helmut Thielicke. Stuttgart: Reclam, 1965 [u. ö.]. S. 7–28.

Werner Jung: »Warum Lessing lesen?«

»Immanuel Kant und Gotthold Ephraim Lessing. Ein bedeutender Philosoph des zurückliegenden 20. Jahrhunderts, Ernst Bloch, hat in seinen Leipziger Vorlesungen zur Geschichte der Philosophie einmal davon gesprochen, daß diese beiden Geister unbedingt in einem Atemzug genannt werden müßten – beide, so Bloch weiter, hätten ihre Lebensleistung vor dem Hintergrund dessen erbracht, was er die deutsche Misere, das ›Gedrückte, Gehemmte‹, nennt. ›Es ist schon großartig‹, so [Bloch] zusammenfassend, ›was trotz dieser Misere und sogar stellenweise mit einem Gegenzug gegen diese Misere an deutscher Musik entstanden ist, an deutscher Vergrübeltheit, an deutscher Tiefe, an deutscher Sehnsucht, etwas, was uns niemand nachmacht.‹ Hundert Jahre vor Bloch hat schon der Dichter Heinrich Heine, ein ebenso an und unter der deutschen Misere leidender Intellektueller, in seiner Abhandlung über die ›Geschichte der Religion und Philosophie in Deutschland‹, Anklage- und Rechtfertigungsschrift zugleich, Lessing einmal als den größten Dichter nach Luther bezeichnet, weil er – gleich Kant – die Menschen vom Buchstabenglauben (an die Allmacht der Bibel und heiliger Bücher) im Verweis auf die eigene Vernunft befreit habe. [...] Der eine, Kant, liefert mit seiner Theorie die Steilvorlage, während der andere dann, Lessing, den Paß aufgreift und den Ball per Kopf ins Tor befördert!

Um im Bild zu bleiben: der Kopf steht fürs Bewußtsein, und ohne Bewußtsein bis zum Schluß läuft gar nichts. Geschichte wird gemacht, mit Händen und Füßen gewiß, aber auch immer mit dem nötigen Bewußtsein.

Das Zeitalter der Aufklärung, also rundum das 18. Jahrhundert, muß als Beginn der Moderne angesehen werden, d. h. als Auftakt zur bürgerlich-liberalen Gesellschaft mit einer entsprechenden Wirtschaftsordnung. Kennzeichen und Charakteristikum, sozusagen ihr ideeller wie ideologischer Gravitationspunkt, ist die Selbstreflexion. Diese neue, eben im Entstehen begriffene Gesellschaft kann auf keine Tradition zurückgreifen; sie muß sich selbst finden und erfinden. Insofern liefern Kants Überlegungen, nicht zuletzt seine Reflexionen über den Begriff der Aufklärung, den passenden theoretischen Hintergrund. ›Sapere aude‹, jenes ›wage zu denken‹ als Merkspruch von Aufklärung ermuntert und ermächtigt den Einzelnen (und zwar: jeden einzelnen Bürger) zum Selbstdenken bzw. – von der anderen Seite her formuliert – auch zur grundsätzlichen Kritik am Überlieferten. Man müsse den Mut haben, sich seines eigenen Denkens ohne Anleitung durch andere zu versichern, rät Kant dann auch. Und das ist wiederum exakt die Haltung, die der in etwa gleichaltrige Lessing, allerdings schon Jahre vor Kants expliziten[46] Äußerungen, sein Leben lang als Schriftsteller und Intellektueller, als Kunsttheoretiker und Wissenschaftler praktiziert hat. Lessings Schaffen – von den frühen Fabeln über die Theaterstücke und theaterkritischen Schriften bis zum religionsphilosophischen Spätwerk – ist in erster Linie wirkungsorientiert. Lessing möchte vor allem gelesen und diskutiert sein; er unterbreitet Vorschläge, mahnt, warnt, kritisiert – ohne dabei den Anspruch auf die eine und einzige Wahrheit zu erheben. Die jüdische Philosophin Hannah Arendt hat deshalb treffend Lessings Intentionen so zusammengefaßt, daß es ihm nie um die eine Wahrheit, sondern vielmehr um das unendliche Gespräch gegangen sei. Mit und durch Lessing bringt die Aufklärung zum Ausdruck, daß sie ein kommunikativer Prozeß ist, ein ständiger Meinungsaustausch und -streit unter einander gleichberechtigten Menschen. Lessing verkörpert den Typus des kritischen, engagierten Intellektuellen – er ist so etwas wie eine ›Gestalt‹, ein ›repräsentativer Typus‹: die Figur des selbstdenkenden, mündigen Bürgers, der sich freilich nie selbstzufrieden einfach zurücklehnt,

46 hier: offenen

sondern vielmehr beständig mit sich und der Gesellschaft ringt. Auch wenn dies historisch ein wenig voreilig klingen mag: jemand, der sich seiner Identität (und das impliziert[47] eben auch seinen Ort in der Gesellschaft und der Gesellschaft überhaupt) nie ganz sicher gewesen ist.

Sein zentrales Augenmerk richtet Lessing auf die Literatur; sie ist […] die Zeitkunst, weil sie menschliches Handeln ausdrücken kann – in mehrfachem Sinne: rückwärtsgewandt erscheint sie als Gedächtnis der Menschheit, in der Gegenwart als durchaus verhaltensprägende und -normierende Instanz, mit Blick auf die Zukunft dann als Entwurf und Utopie eines anderen Lebens. So oder so handelt es sich um ein anthropologisches Verständnis von Literatur, das davon ausgeht, daß es in ihr um die Darstellung menschlicher, d. h. – immer auch – existentieller Probleme und Verhältnisse geht. Deshalb kann sie wirken und kann die Rezipienten, Leser wie Zuschauer im Theater, beeinflussen; sie ist – um jetzt eine sehr moderne Formulierung aufzugreifen – so etwas wie eine Probebühne und ein Simulationsraum für menschliches Verhalten. Sie probiert etwas aus, macht Vorschläge und führt den Menschen (alternative) Denkweisen und Verhaltensmuster vor. Das gilt ebenso für die von Lessing geschätzte Gattung der Fabel wie für seine ganz besondere ›Kanzel‹, als die er das Theater begriffen hat, nicht zuletzt für das von ihm favorisierte[48] ›bürgerliche Trauerspiel‹, dessen Entwicklung er theoretisch durch eigene dramaturgische Überlegungen wie praktisch durch zwei Stücke, ›Miß Sara Sampson‹ und ›Emilia Galotti‹, befördert hat. Interessant ist zugleich die Beobachtung des Wandels der Positionen von einer frühen Phase der Aufklärung zum Konzept des bürgerlichen Trauerspiels. Während die Fabeln nämlich noch überwiegend auf allgemeingültige moralische Wahrheiten und Sätze abgezweckt haben, argumentiert Lessing in seinen Stücken wesentlich differenzierter, d. h. in erster Linie historisch angemessener. Denn er verhandelt auf der Bühne ganz aktuelle soziale und politische Fragen, die dem zeitgenössischen Publikum gleichsam auf den Nägeln gebrannt haben. Seine Dramatik und Dramaturgie stellen so etwas wie eine pädagogische Propädeutik[49] dar, die Einübung und Eingewöhnung sozialen Verhaltens; zugleich warnt er auch vor Fehlverhalten. […]

47 schließt ein
48 bevorzugte
49 Vorstudium

Dennoch – Zweifel bleiben. Muß es der *ganze* Lessing sein, muß man sich mit allem beschäftigen? Bereits die frühe Rezeption Lessings durch die nachfolgenden Generationen des Sturm und Drang, dann auch wieder durch die Frühromantik, namentlich durch Johann Gottfried Herder und vor allem Friedrich Schlegel kann verdeutlichen, daß, wenn von Lessing die Rede gewesen ist, eigentlich immer nur der herausragende Kritiker, der Intellektuelle und Aufklärer gemeint war. Dieses Bild ist bis heute im Grunde gleichbleibend stabil geblieben. Damit aber ist dieser kritisch-aufklärerische Intellektuelle, böswillig formuliert: dieser Gutmensch aus Kamenz, leicht einzugemeinden und abzuhaken. Man braucht sich nicht mehr an ihm zu ›reiben‹. […] Hinzu kommt, daß, wenn man bereits einen flüchtigen Blick in die großen Editionen Lessings riskiert, dem Leser darin wahre Bleiwüsten zahlloser Texte entgegenstarren, die bestenfalls noch von Historikern und Literaturgeschichtlern einzig zu historistischen Zwecken studiert werden. Es kann, soll und muß also darum gehen, Lessing ›at his best‹ zu beobachten. Nur – wo könnte das sein?

[…] Zu Recht weist [der Literaturwissenschaftler Gert] Mattenklott in diesem Zusammenhang auf die Lessing-Deutungen von Heine und Nietzsche hin, die beide ›die Figur‹ Lessing in den Mittelpunkt gestellt haben: Heine, der Lessing als die ›lebendige Critik seiner Zeit‹ bezeichnet hat, Nietzsche wiederum, der geradezu von Lessings ›Exzess der Ehrlichkeit, wenn nicht des Uebermuthes‹ gesprochen hat. Damit haben sie unabhängig voneinander auf einen Grundzug dessen, was Mattenklott für die Moderne in Anschlag bringt, hingewiesen: ›das Schauspielerische als das Wesen der Gegenwart‹, das Inszenatorische, zu dem als wesentlicher Grundzug die Einsamkeit zählt. In Mattenklotts Interpretation erscheinen schließlich alle drei Intellektuelle als wesentlich Einsame, als ›Denker auf der Bühne‹ (so Peter Sloterdijk über Nietzsche), deren solitäres[50] Spiel zu ihrer (jeweiligen) Zeit – oftmals unverstanden – um Gehör ringt. Mattenklott interessiert sich daher für Lessing als Figur und Typus, nicht für dessen Werk.

Der Lessing-Biograph Hugh Barr Nisbet, der die wohl umfänglichste Biographie des Aufklärers im letzten Jahrhundert vorgelegt hat, kommt im letzten Kapitel samt einer Nachbemerkung zu dem Schluß, daß die (in der Regel eben wohlmeinende) Rezeptionsge-

50 vereinzelndes, einsames

schichte Lessings zumeist die Person, seltener das Werk in den Mittelpunkt gerückt hat; allerdings argumentiert auch Nisbet in der Auseinandersetzung mit dem Schriftsteller und Dramatiker Botho Strauß, der eine Philippika[51] gegen Lessing just in seiner Lessing-Preisrede gestartet hat (›Wir brauchen keine weitere Aufklärung mehr. Wir sind aufgeklärt bis zur innersten Zerrüttung‹), wiederum ganz entlang der gängigen Rezeption. Er erinnert daran, daß es – gegen die kritisch-modischen Verächter der Aufklärung – an der Intention Lessings festzuhalten gelte, nämlich an dessen (denk-)kritischen Impulsen. Gewiß sei Lessing nie einzigartig bzw. originell gewesen, doch sei sein Denken und Schreiben immer wirkungsvoll inszeniert und nach wie vor notwendig. Nisbet schätzt also insbesondere Lessings Methode, die Verfahrensweise seines Denkens: ›Es gibt (…) kein absolutes Kriterium der Wahrheit oder Falschheit irgendeiner Meinung, und nicht zuletzt auch in der Theologie und Metaphysik nicht. Die verläßlichsten Kriterien sind (…) die anhaltende rationale Diskussion oder mehr indirekt und pragmatisch (…) das sittliche Verhalten, demgemäß die Überzeugungen derer, die das Leben ihrer Mitmenschen am meisten bereichern, aller Wahrscheinlichkeit nach gültiger – oder jedenfalls konstruktiver – sind als die Überzeugungen derer, die das nicht tun.‹ […]

Gewiß bleibt Aufklärung anhaltend (nicht nur in Deutschland) auf der Tagesordnung, solange es, nun mit einer anderen ›Gestalt‹ des Aufklärers aus dem 19. Jahrhundert, Karl Marx, zu sprechen, immer noch unterdrückte, erniedrigte und entfremdete Menschen gibt. Darum also Lessing lesen!«

Werner Jung: Gotthold Ephraim Lessing. Paderborn: Fink, 2010. S. 7–12. –

UTB 3434.

5.2 Zur Konstruktion des Dramas

Lessings Dramen schaffen in verschiedener Hinsicht Besonderes. Gisbert Ter-Nedden (2011) verweist auf die Fähigkeit Lessings, sich in die von ihm geschaffenen Figuren hineinzuversetzen, sie gleichsam psychologisch so differenziert zu zeichnen, dass der Zuschauer sich selbst und die eigenen Temperamente und Eigenschaften in ih-

51 Strafrede

nen erkenne – ganz gleich, um welche Figur es sich handelt. So lasse sich nicht mehr holzschnittartig das Böse dem Guten gegenüberstellen, sondern das Böse werde zum – allzu menschlichen – Verfehlen des Guten, zum Beispiel aus Leidenschaft oder Fanatismus. Dieses Grundmuster findet sich in den alten Geschichten der Menschheit, von denen Lessing drei wichtige Motive (Hiob-Erzählung, Ringparabel, Ödipus-Mythos) zur Konstruktion seines Nathan-Dramas verbinde.

Thomas Koebner (1987) greift den Punkt der Figurengestaltung vom Gesichtspunkt der Sprache hier auf. Er beobachtet angesichts der großen Konfliktlinien zwischen den Religionen eine erstaunliche Fähigkeit zur Kommunikation bei den meisten Figuren in Lessings Drama. Die Wandlungen einiger Figuren ergäben sich im Zusammentreffen mit anderen Figuren. Koebner beobachtet sprachliche Verständigungsprozesse, die wesentlich von einem »Stil der Korrektur« geprägt würden. Dazu nutze Lessing geschickt den Blankvers, der zwar distanzierend wirke, aber durch Lessings unorthodoxen Umgang Freiraum zur Gestaltung der Charaktere biete.

Willi Goetschel (2012) betont in diesem Zusammenhang die Bedeutung der Praxis in Lessings *Nathan der Weise*. Häufig vor allem als Ideendrama verstanden, würden in dem Drama die Ideen kritisiert, während Erfahrung, Praxis und Handeln zu einem tieferen Verständnis der zentralen Figuren führten. Nathan spreche – ganzheitlich – sowohl die Affekte als auch die Vernunft der beteiligten Figuren an und habe dadurch Erfolg.

5.2.1 Gisbert Ter-Nedden: Das Böse als das Verfehlen des Guten

Q

»Wenn der Poet sein Handwerk versteht, und das heißt für Lessing: wenn er die magische Kunst beherrscht, sich ›aus dem Gesichtspunkte des Erzählers‹, also aus der Dritte-Person-Perspektive des Historiographen[52], ›in den wahren Standort einer jeden Person‹, also in die Erste-Person-Perspektive des personalen Erlebens zu versetzen, so dass der Zuschauer ›sympathisieren muß, er mag wollen oder nicht‹, dann hat der Zuschauer in wechselnden Gestalten immer nur sich selbst, seine eigene innere Wirklichkeit erkannt und wiedererkannt.

52 Historiograph: Geschichtsschreiber

Von dieser Wirklichkeit gilt: Das Leid, das wir uns zufügen, gründet im Verfehlen des Guten, nicht im Wollen des Bösen. Und zwar liegt der Grund für dieses Verfehlen in jener ursprünglichen Egozentrik[53] unseres Welthabens, die nicht zu haben nicht in unserer Macht steht, ja die nicht zu haben wir nicht einmal wirklich wollen können, weil sie mit unserer Lebendigkeit identisch ist. [...] Das Böse ist also nicht unsere einzige und letzte Wirklichkeit, sondern das im eminenten[54] Sinne Anfängliche und Vorläufige. Darum ist die Theodizee[55] in der Form der Tragödie prinzipiell unvollständig. Die poetische Gestaltung des Unglücks und Leids als Resultat des Verfehlens des Guten bedarf der Ergänzung durch eine dramatische Mimesis, die das Glück mit- und nachvollziehbar macht, das im Tun des Guten liegt. Wenn Lessing in der *Hamburgischen Dramaturgie* dem poetischen ›Schattenriß der Schöpfung‹ zur Aufgabe macht, ein Bild der menschlichen Lebensdramen zu entwerfen, in dem sich ›alles zum Besten löst‹, dann ist diese antitragische Mimesis mitgemeint [...]

Drei Geschichten werden im *Nathan* ausdrücklich berufen: die Hiob-Erzählung, die Ringparabel, verbunden mit der Geschichte der Befreundung zwischen dem Sultan Saladin und dem Juden Melchisedech, und eine Familiengeschichte nach dem Muster des *Ödipus*, in der der Verwandtenmord und der Inzest, die im Zentrum der attischen Tragödie stehen, glücklich vermieden werden. Jede *Nathan*-Interpretation sieht sich mit der Aufgabe konfrontiert, den inneren Zusammenhang nachzuvollziehen, den Lessings ingeniöse[56] Kombinatorik diesen Mythen auf der Grenze zwischen Poesie und Religion verliehen hat.

Zwei Gemeinsamkeiten konnten es Lessing nahelegen, diese Geschichten in seiner Plotkonstruktion miteinander zu verbinden: Sie alle erzählen von der Interaktion[57] zwischen den Menschen und den Göttern und spielen dabei in narrativer[58] Form die Theodizee-Frage durch; und sie übersetzen dabei die religiöse Frage nach dem von den Göttern über die Menschen verhängten Unheil bzw. ihnen gewählten Heil in das Drama der Elternschaft:

53 Selbstbezogenheit, das eigene Ich steht im Mittelpunkt
54 eminent: stark, hervortretend
55 die Frage, warum Gott das Leiden in der Welt zulässt
56 ingeniös: erfindungsreich
57 wechselseitiges Aufeinanderwirken
58 narrativ: erzählend

Das Unglück Hiobs besteht in dem Verlust aller seiner Kinder, und sein endliches überreiches Glück findet darin seinen Ausdruck, dass ihm aufs Neue sieben Söhne und drei Töchter geschenkt werden und dass er die Kette der Kindeskinder bis ins vierte Glied erleben darf, bevor er ›alt und lebenssatt‹ stirbt. […]

Die Ringparabel schließlich übersetzt die Geschichte der drei miteinander konkurrierenden Buch- und Offenbarungsreligionen in eine Familiengeschichte, in der ein ›von lieber Hand‹ geschenkter heilbringender Ring durch die Kette der Generationen wandert, um endlich zum Gegenstand des Erbschaftsstreits der drei Brüder zu werden, in dem das als Liebespfand gestiftete väterliche Erbe sich zum Ursprung des tödlichen Hasses zwischen ihnen verkehrt.«

Gisbert Ter-Nedden: Lessings dramatisierte Religionsphilosophie. Ein philologischer Kommentar zu Emilia Galotti und Nathan der Weise. In: Gotthold Ephraim Lessings Religionsphilosophie im Kontext. Hamburger Fragmente und Wolfenbütteler Axiomata. Hrsg. von Christoph Bultmann und Friedrich Vollhardt. Berlin / New York: De Gruyter, 2011. S. 328–330. –

5.2.2 Thomas Koebner: »Der Stil der Korrektur«

Q

»Die unblutige Lösung im *Nathan* nimmt sich wie ein Wunder aus in Anbetracht der Konflikte, die am Horizont der Handlung sichtbar werden. Lessing benutzt und verändert einen klassischen Lustspielschluß: die Wiedererkennung und Zusammenführung einer Familie, um eine eher wünsch- als vorstellbare Problembewältigung zum guten Ende zu führen. Die Szenen des Werks, einzeln und für sich betrachtet, weisen in der Mehrheit die Tendenz auf, die zum Teil grellen Gegensätze zwischen den Gruppen nicht zu verschärfen, sondern die Figuren einander anzunähern. Einige Personen machen Wandlungen durch: Nathan sieht sich gezwungen, seine Vaterrolle und sein Verhältnis zur Ziehtochter neu zu bestimmen; Recha emanzipiert sich; der Tempelherr durchlebt eine Identitätskrise und findet ein neues Vorbild. Diese Wandlungen präzisieren jeweils die Beziehungen der betreffenden Personen zu anderen Menschen. Beim Tempelherrn zeigt sich, daß schier für unüberwindlich gehaltene Denk- und Urteilsmuster abgelegt werden können, auch wenn dies nicht mit einem Mal vonstatten gehen kann. Die Handlung des Dramas besteht in einer langsamen Verknüpfung von Personen, die zumeist vorher nichts miteinander zu tun gehabt haben oder einander sogar feindlich gesinnt gewesen sind. Einige Vorurteile können vor unseren Augen abgebaut werden. Die gesellschaftliche Struktur, in der diese Vorurteile ihren Platz finden und historische Schubkraft gewinnen, bleibt dagegen unverändert – ebenso der Trieb der Macht, der auf die Verdrängung der Nebenmenschen zielt. Der Weltzustand erscheint nicht als heilbar, doch einige Korrekturen an den sonst so starren Fronten können vorgenommen werden – da, wo die Lebenserfahrung und das Verständnis für die Situation des anderen solches Handeln ermöglichen.

›Ich muß euch doch zusammen / Verständigen.‹ (IV,4) Dieser Satz stammt von Saladin. Verständigung im dreifachen Sinne von (a) sich begreiflich machen, (b) um Verständnis besorgt sein und werben, (c) Einverständnis herstellen, kennzeichnet die Tendenz der meisten Dialoge, so daß mit Recht *Nathan* ein ›Drama der Verständigung‹ genannt worden ist (Jürgen Schröder). Doch wird der Zusammenklang der Gefühle und Urteile – wenn überhaupt – erst nach langwierigen ›Verhandlungen‹ erreicht. Wie die Handlung des Dramas ist auch seine Sprachform vom Stil der Korrektur geprägt: der Berichtigung, der Ab- oder Eingrenzung, der Präzisierung. Die Personen greifen gerne die Ausdrücke und Stichwörter ihrer Vorredner auf, um sie anders zu wenden. Sie hören gespannt zu und antworten – auf das letzte, aber auch auf das vorletzte Argument. Sie entfalten aus einem gemeinsamen Vokabular abweichende Deutungen – doch überwiegend in der Absicht, den Gesprächspartner auf ihre Seite zu ziehen. Sie handeln auch durch Sprechen (Gottfried Zeißig). Auf diese Weise ›korrigiert‹ Nathan die schwärmende Recha, den befangenen und verrannten Tempelherrn, selbst Saladin, als der anfangs den Sultan herauskehrt. Der Gestus der Korrektur bestimmt sogar die Sprachhandlung des Patriarchen, wenn auch in greller Weise, die Heuchelei und Anmaßung satirisch bloßstellt. Der Stil der Korrektur läßt seiner Absicht entsprechend keine Verhärtungen der Rede in Form von Maximen[59] oder Denksprüchen zu, die aus dem Kontext abgezweigt und als Weisheitsregeln propagiert werden könnten. Vielleicht ist dem prinzipiell unabschließbaren Prozeß der Korrektur auch die Quasi-Lösung des Dramas gemäß, die nur äußerlich Beruhigung zu schaffen versteht und etliche Fragen nach der Art des Weiterlebens dieser Figuren offenläßt. Die Verständigung bleibt in vieler Hinsicht vorläufig.

59 handlungsleitenden Grundsätzen

Der eigentümlich zerrissene oder zerstückelte Blankvers im *Nathan* zeugt von der Dynamik der Korrekturimpulse. Lessing behandelt diesen Vers außerordentlich unorthodox. Er dehnt und verkürzt ihn, setzt Gedankenstriche oder andere Interpunktionszeichen, um ihn biegsam, lebendig, sozusagen ›reaktionsschnell‹ zu erhalten. Einwände und Einfälle, Denksprünge und prompte Folgerungen sperren sich gegen Glätte und Gleichmaß des metrischen Schemas, so daß sich ein Gegenspiel zwischen Redeimpuls und Formzwang entwickelt. In der ge- und verspannten Artikulation spiegelt sich so der im Drama gerade noch bewältigte Widerspruch zwischen den auseinanderstrebenden Tendenzen des Ausbruchs in die völlige Autonomie (z. B. Al-Hafi) und der zögernden Einordnung (z. B. Nathan), der Emanzipation und der Assimilation[60] im grundsätzlichen Sinne. Obwohl eine allgemeine Tendenz zur Verdichtung der Rede in lapidaren[61] Sätzen besteht, sind die einzelnen Töne doch gut zu unterscheiden: Nathans zartfühlende und bedächtig prüfende Wachsamkeit (er ist alles andere als ein eilfertiger Rhetoriker); Rechas unverstellte, lebhafte Direktheit; des Tempelherrn grübelndes und gereiztes Rumoren; Saladins sozusagen losspringende Zuwendung, die seinen Gesprächspartnern gilt; des Klosterbruders Sprechen in seiner bekümmerten und in der verfremdeten, schrillen Tonlage des Patriarchen; des Patriarchen herrischer, fast brutaler Gestus, der immer wieder schockierend durch die fadenscheinige Maske falscher Milde hindurchscheint. Daß die einzelnen Personen für das verantwortlich zu machen sind, was sie sagen – und nicht der Autor –, hat Lessing nachdrücklich betont, sicherlich auch in der Erwartung, daß manche Aussagen ihm vom Zensor als authentische Meinungen zugeschrieben werden. Tendenziell waltet tatsächlich der aus anderen Werken Lessings vertraute Perspektivismus vor, der Denk- und Redeweisen dem besonderen Blickwinkel von Personen einschreibt. So ist es etwa für Nathans ›eindringliche‹ Anteilnahme am Fühlen und Denken anderer Menschen charakteristisch, daß er sehr häufig zuhört und nur in wenigen Szenen für längere Zeit das Wort ergreift, z. B. wenn er Recha ausmalt, was aus ihrem Lebensretter vielleicht geworden sein könnte; wenn er dem Sultan das Märchen von den Ringen erzählt; wenn er dem Klosterbruder die Geschichte vom Pogrom berichtet. Den Tempelherrn da-

60 Einordnung, Anordnung
61 lapidar: einfach

gegen ertappen wir sehr viel häufiger beim ingrimmigen Monologisieren. Die Häufigkeit der mimographischen Bemerkungen in diesem Text, der Schilderungen des äußeren Verhaltens und des mimischen Ausdrucks, verdeutlicht, daß selbst die in der Figurenrede untergebrachte Regieanweisung am Stil der Korrektur teilhat – der einschließt, daß man auch nichtsprachlichen Äußerungen der Zuhörer Aufmerksamkeit schenkt, um sich ›korrigierend‹ auf die in diesen Zeichen ausgedrückte Haltung einzulassen.

Die von Lessing gewählte Sprachform ist nicht selten als maskierender Stil verstanden worden (Ingrid Strohschneider-Kohrs), der die große Aufwallung der Gefühle in die prägnante Formel fasse und solcherart auch dämpfe, vielleicht sogar verberge, verheimliche. Da es Lessing hier an einer auf Pathos bedachten Affektregie fehlen läßt, er vielmehr umgangssprachliche und niedere Tonfälle einschleust, kommt es zu einer allgemeinen ›Unterkühlung‹ auch jener Selbstaussprache, in der die Dimensionen des Tragischen, Schrecklichen und Empfindsamen berührt werden. Die Normen des geselligen Gesprächs, des polemischen Dialogs, wie wir sie etwa aus den Gesprächen von *Ernst und Falk* (1778 entstanden) oder den *Anti-Goeze*-Schriften (1779) kennen, setzen sich bei Rede und Gegenrede im *Nathan* durch. Lessing strebt damit eine sprachliche Gestalt an, die gesellschaftliche Prägung keineswegs vermissen läßt – wie auch der ›Mensch‹, der sich aus der antagonistischen[62] Ordnung der Religionen oder Stände herauswindet, deshalb noch nicht jeder sozialen Form entbehrt. Lessings Gattungsbezeichnung ›dramatisches Gedicht‹ deutet gleichfalls auf den Charakter wechselseitiger Korrektur mit dem Ziel der gegenseitigen Annäherung in der sprachlichen Inszenierung hin: Ständische Eigentümlichkeiten sind der Redeform etwa des Sultans oder des Klosterbruders nur noch in Spuren zu eigen, also nicht völlig ausgelöscht. Der Autor durchbricht die zeitgenössischen Schablonen der Ständeregel und der bühnenpraktischen Rollenfächer. Doch ist bei keiner der Figuren des Dramas die gesellschaftliche Situation vergessen, in der sie lebt, aus der sie argumentiert. Auf dem Weg zum Gedicht, bleibt der *Nathan* noch ein Drama, das identifizierbare Personen aufeinander zuführt.«

Thomas Koebner: Nathan der Weise. Ein polemisches Stück? In: Interpretationen. Lessings Dramen. Stuttgart: Reclam 1987 [u. ö.]. S. 201–205.

62 in gegensätzlicher Spannung sich befindenden

5.2.3 Willi Goetschel: Die Bedeutung der Praxis

Q

»Wird *Nathan der Weise* in der Regel als Ideendrama eingeordnet, so besteht gerade die dramatische Pointe des Stücks in der Betonung der Bedeutung der Praxis. So sind es umgekehrt gerade die ›Ideen‹, nämlich deren Rolle und Funktion, die das Stück einer Kritik unterwirft. Nathan aber dient nicht als Sprachrohr von Lessings Ideen, wie oft behauptet wird. Vielmehr stellt Nathan eine Figur dar, die durch den Prozess von Erfahrung, Praxis und Handeln zu einem Verständnis gelangt, welches er nicht durch Predigen verbreitet, sondern in der Praxis dialogischer Interaktion bewährt; dadurch erhöht er die Handlungskompetenz seiner Gesprächspartner. Dies gelingt natürlich nur in einigen Fällen, während es in anderen – denken wir an den Patriarchen – nicht gelingt; bei Daja ist der Erfolg zumindest ein teilweiser. Denn Nathans Wirkungskraft reicht nur so weit wie die Fähigkeit der einzelnen Figuren, sich von der Herrschaft organisierten Glaubens zu befreien.

[…] Nathans Ansatz ist ganzheitlicher Natur. Sein Überzeugungsstil ist, wie Daja so entwaffnend bemerkt, ebenso verführerisch in seiner Überzeugungskraft wie wirkungsmächtig. Dies ist der Fall, weil Nathan weiß, wie er seine Gesprächspartner auf der Stufe der Affekte ansprechen kann und dieser Einsicht auch in jeder Unterredung folgt. Seine Worte sprechen niemals nur die kognitiven Kompetenzen[63] an, sondern tun dies stets über die Affekte. Durch diese Vorgehensweise bewirkt Nathan einen Prozess, durch den aufgrund der Transformation[64] der Affekte die kognitiven Kräfte gestärkt werden. […] Diese praxisorientierte Ausrichtung von Nathans kritischen Interventionen macht das Drama so gerade zu allem anderen als einem Ideenstück. Vielmehr kommt das Stück so – und im echten Sinn des Worts – als ein Drama der Affekte in den Blick, in dem der kathartischen[65] Bewegung eine kritische Rolle als transformativem[66] Moment eingeschrieben ist. Die Gestalt Nathans verkörpert diesen Paradigmenwechsel subtil[67] und unaufdringlich aber gleichzeitig mit einer Stosskraft, welche die Kraft einer schwachen

63 intellektuellen Fähigkeiten
64 Übertragung
65 kathartisch: reinigend
66 transformativ: übertragend
67 subtil: feinsinnig

Macht andeutet, die unterschwellig effektiver wirkt als jede Form von emphatischer Deklaration[68].«

Willi Goetschel: Inszenierungen einer Figur: Lessing und die jüdische Spinoza-Rezeption. In: Lessing Jahrbuch 39 (2010 / 2011): Lessing und die jüdische Aufklärung. Hrsg. von Stephan Braese und Monika Fick. Göttingen: Wallstein Verlag, 2012. S. 151 f. –

5.3 Zum Wettstreit der Religionen

Lessings eigenständige Positionierung im Wettstreit der Religionen wurde vielfach diskutiert. Stellvertretend kommen drei Positionen zu Wort. Karl-Josef Kuschel (2011) findet bei Lessing nicht die Forderung, die Religionen zu überwinden, sondern vielmehr die Forderung nach Toleranz im Glauben, die eben nicht in Gleichgültigkeit münde. Diese zeige sich ganz praktisch in der Liebe zu und unter den Menschen und befördere letztendlich einen »liebenden Wettstreit«, was einer Wende in der Religionstheologie gleichkäme.

Gisbert Ter-Nedden (2011) beschäftigt sich in ähnlicher Hinsicht mit der Ringparabel: Der Ring, eigentlich Liebesgabe, sorge für Hass zwischen den Brüdern, da keiner von ihnen wisse, wer den echten besitzt. Nathans Antwort auf diese Situation sei nun die Umdeutung, dass nicht der Geber, sondern die Empfänger der Ringe die Kraft besäßen, über die Wahrheit der Religion zu entscheiden, indem sie diese in der Praxis zur »self-fulfilling prophecy«, zur sich selbst erfüllenden Prophezeiung machten.

Gerade darin erkennt Peter Sloterdijk (2007) »vollendete Postmodernität«: die Möglichkeit der Bewährung ließe vielen Religionen Gestaltungsraum, Wirkungen würden immer wieder neu entscheiden. In dieser Existenzform der Religionen sei ein aktueller Bezug des Lessingschen Dramas angedeutet.

5.3.1 Karl-Josef Kuschel: »Die große Wende in der Religionstheologie«

Q »(1) *Nicht* propagiert[69] wird die *Überwindung* aller konkreten Religionen zugunsten einer religionsfreien Humanität; *nicht* propagiert wird die *Aufhebung* der Religionen zugunsten reiner Menschlich-

68 emphatische Deklaration: einfühlsame Erklärung

69 propagieren: vertreten, verteidigen

keit. Zu Recht hat der katholische Theologe *Hans Küng* in seinem Lessing-Essay (1985) betont: ›Lessing sieht die großen Religionen nicht, wie Reimarus[70] aus vulgäraufklärerischer Sicht, als abzulegende, vorläufige Hüllen einer reinen Vernunft- oder Naturreligion; er denkt nicht unhistorisch, will die geschichtlich gewachsenen Religionen nicht einfach zugunsten einer rein vernünftigen Universalreligion abschaffen … Nein, Lessing will auch das Christentum trotz aller historischen Schwierigkeiten nicht wie eine alte Haut abstreifen; er will es neu interpretieren und von innen her kühn nach vorne transponieren.‹ In der Tat besteht ja gerade darin die Logik des anthropozentrischen[71] Arguments in der Ringparabel, von dem wir gehört haben: ›Wie kann ich meinen Vätern weniger / Als du den deinen glauben? oder umgekehrt.‹ Hier wird ja die Loyalität gegenüber gewachsenen Bindungen, der Respekt vor gegebenen Traditionen zum Toleranzargument. Die Duldung der anderen wird also gerade nicht gekoppelt mit der Forderung nach Selbstaufgabe der je eigenen Familie. Toleranz entsteht somit nicht erst jenseits der Religionen, sondern in und durch die Religionen, wenn sie der Verheißung würdig leben. Lessings Drama zeigt somit die gleiche Gültigkeit, nicht die gleiche Nichtigkeit der Religionen.

(2) *Nicht* propagiert wird eine *Indifferenz*[72] gegenüber allen Religionen, Toleranz als Ergebnis einer Vergleichgültigung der Wahrheitsfrage. Hier liegt gerade der Unterschied zu Boccaccio[73]. Denn seine Geschichte schloss mit der Auskunft, dass die Ringe ununterscheidbar sind und dass von daher auch die Wahrheitsfrage in der ›Schwebe‹ bleiben müsse. Lessing geht einen wichtigen Schritt weiter. Er überwindet die Indifferenz durch Hinzufügen des Motivs der ›Wunderkraft‹ im Stein des Rings und des Wettbewerbs zwischen den Erben. Wahrheit einer Religion steht bei ihm (im Unterschied zu aller Orthodoxie) weder ›objektiv‹ offenbarungstheologisch fest, noch bleibt sie neutralisiert in einer vergleichgültigenden Indifferenz. Für Lessing gilt vielmehr: Wo unter Menschen, welcher Religion auch immer, geliebt wird, da ist dies Ausdruck von Gottes Liebe. Nicht eine ›Offenbarung‹ Gottes leugnet Lessing, sondern deren Exklusivität[74] für eine Religion. Nach der Ring-Parabel offen-

70 vgl. hier S. 180 f.

71 vom Menschen als Zentrum ausgehend

72 Unentschiedenheit

73 vgl. hier S. 196–198.

74 Ausschließlichkeit

bart sich Gott (›der Vater‹) als Liebe mit Konsequenzen für *alle* Kinder. Lessing propagiert[75] also weder Exklusivität der Liebe in einer Religion noch die rein humane Liebe unter Menschen, sondern die *gottentsprechende Liebe von Menschen in allen Religionen.* Deshalb kann als heilsgeschichtliche Zukunftsperspektive offen gelassen werden: Wenn in Generationen, wenn in ›über tausend tausend Jahren‹, die Kraft des echten Rings sich positiv ausgewirkt haben wird, dann (und nur dann) wird vielleicht ein Richter entscheiden können, bei wem sich der wahre Ring erhalten hat.

(3) Die durch die Ringparabel vorgeschlagene *Wende in der Religionstheologie* lässt sich somit als Wende von einer Unkultur rechthaberischen Streites zu einer *Kultur des liebenden Wettstreits* beschreiben. Der Philosoph *Helmut Fuhrmann* hat diese Wende einmal so charakterisiert: Vom Objekt zum Subjekt, vom Inhalt zur Form der Aneignung, von der Theorie zur Praxis, vom Besitz zum Streben, vom Streit zum Wettstreit, vom Ausschließlichkeitsanspruch zur Toleranz, eine Wende, die Mittelalter und Reformation von der Neuzeit unterscheidet. Hier exakt verläuft die Grenze zwischen Theophil Lessings Konzeption der ›Duldung‹ und der seines Enkels Gotthold Ephraim: zwischen der passiven Tolerierung einer ›falschen Religion‹ und dem Wettstreit um das Gute unter Menschen aller Religionen.«

Karl-Josef Kuschel: Im Ringen um den wahren Ring. Lessings »Nathan der Weise« – eine Herausforderung an die Religionen. Ostfildern: Patmos, 2011.

5.3.2 Gisbert Ter-Nedden: Religion als self-fulfilling prophecy

Q

»Das mit dem Ring verbundene Heilsversprechen ist – wie alle Orakelsprüche – zweideutig. An seinem Ursprung steht das Versprechen, der Ring habe ›die geheime Kraft, vor Gott / und Menschen angenehm zu machen, wer / in dieser Zuversicht ihn trug.‹ Im Zuge seiner Vererbung verbindet sich damit die Zusage, der Erbe des Ringes solle als der ›liebste‹ Sohn des Vaters ›das Haupt, der Fürst des Hauses‹ (Nathan, III/7) werden, das die Kinder dazu anhalten soll, sich des Ringes würdig zu machen. Auf ganz natürliche und sehr menschliche Weise – die Elternliebe gilt allen Kindern gleichermaßen –

75 vertritt

kommt es bei der Wanderung des Ringes durch die Kette der Generationen zu seiner Vervielfältigung und damit zum Erbstreit der Brüder, in dem sich das mit dem Ring verbundene Heilsversprechen auf diabolische[76] Art in sein Gegenteil verkehrt. Der Ring, der in seinem Ursprung eine Liebesgabe war und bleiben sollte, hat denselben tödlichen Hass zwischen den feindlichen Brüdern erzeugt, der schon am Beginn der Unheilsgeschichte der gefallenen Menschheit stand.

Das ist die Situation der Religionskriege, die sich im Hiob-Schicksal Nathans aktualisiert und dazu zwingt, die Wahrheit der Religionen radikal in Frage zu stellen. Die Rolle des berufenen Auslegers des Rätselspruchs, das den Menschen mit dem religiösen Heilsversprechen, das ihnen zum Unheil ausschlug, aufgegeben ist, übernimmt Nathan in der Rolle des Richters, an den sich die feindlichen Brüder der Ringparabel wenden. Seine Antwort lautet: Nicht der *Geber* der Liebesgabe, sondern ihr *Empfänger* entscheidet über ihre Wahrheit. Wem es Ernst ist mit dem Wunsch, vor Gott und Menschen angenehm zu werden, wer also das Gute will, weil es das Gute ist, dem wird die Religion – jede Religion – zur self-fulfilling prophecy[77]; und wer darauf insistiert[78], der Besitzer des einzigen Ringes zu sein, dessen Besitz das Seelenheil verbürgt, der raubt eben damit der Religion – jeder Religion – ihre heilsbringende Kraft und macht sich selbst zum ›betrogenen Betrüger‹. Es gibt keine wahren und falschen Religionen; es gibt nur wahre und falsche Weisen, das religiöse Erbe zu denken und zu leben, und diesen Gegensatz muss jede Religion – und jeder Mensch – mit sich selbst ausmachen.«

Gisbert Ter-Nedden: Lessings dramatisierte Religionsphilosophie. Ein philologischer Kommentar zu Emilia Galotti und Nathan der Weise. In: Gotthold Ephraim Lessings Religionsphilosophie im Kontext. Hamburger Fragmente und Wolfenbütteler Axiomata. Hrsg. von Christoph Bultmann und Friedrich Vollhardt. Berlin / New York: De Gruyter, 2011. S. 335. –

5.3.3 Peter Sloterdijk: Die Postmodernität der Ringparabel

»An diesem Gleichnis [der Ringparabel], mit gutem Recht wie eine Bergpredigt der Aufklärung gefeiert, fällt aus heutiger Sicht seine Q

76 diabolisch: teuflisch
77 (engl.) sich selbst erfüllende Prophezeiung
78 insistieren: bestehen

vollendete Postmodernität auf: Es vereinigt in sich den primären Pluralismus, die Positivierung[79] der Simulation[80], die praktische Suspension[81] der Wahrheitsfrage, die zivilisierende Skepsis, die Umstellung von Gründen auf Wirkungen und den Vorrang des externen[82] Beifalls vor den internen[83] Ansprüchen. Noch der abgebrühteste Leser kommt nicht umhin, die Klugheit der Lessingschen Lösung zu bewundern: Indem sie das letzte Urteil bis ans Ende der Zeiten aufschiebt, hält sie die Wahrheitskandidaten dazu an, sich ihrer Erwählung nicht allzu gewiß zu sein. So nimmt die pietätvolle Skepsis die Religionen ernst, indem sie ihnen den Wink erteilt, sich selber nicht zu ernst zu nehmen.«

Peter Sloterdijk: Gottes Eifer. Vom Kampf der drei Monotheismen. Frankfurt a. M.: Verlag der Weltreligionen, 2007. S. 170 f. –

5.4 Zum Bild des Juden im Drama und seiner Rezeption

Zu seiner Zeit war Lessing Vorreiter im Hinblick auf den interreligiösen Dialog. Nicht nur durch seine Freundschaft mit Moses Mendelssohn gelangte er zu Einsichten über das Judentum in Theorie und Praxis. Thomas Koebner (1987) zeigt in dem ersten Text auf, dass Nathan, obwohl er im Drama kaum Anzeichen einer orthodoxen jüdischen Lebensführung zeigt, den Vorurteilen gegenüber dem Judentum nicht entrinnen könne. Selbst wenn er wolle, könne er dem Jude sein nicht entrinnen, da er von den anderen auf eine bestimmte, negative Art gesehen werde. Im zweiten Text greift Koebner diese These in historischer Hinsicht auf, indem er nachzeichnet, wie der Jude Nathan, im Drama Vertreter von Toleranz und Humanität, im 19. und 20. Jahrhundert für Nationalisten und Antisemiten zum Ärgernis wurde.

79 Setzung
80 So-tun-als-ob
81 Aufgabe
82 äußeren
83 inneren

5.4.1 Thomas Koebner: »Nathan der Jude«

Q

»Nathan hat dem Sultan auf beide Fragen eine Antwort gegeben, sowohl auf die Frage, welche der Religionen wohl die wahre sei, als auch auf die Frage, weshalb er, Nathan, denn bei der Religion ausgeharrt habe, die ihm von Geburt aus mitgegeben sei. Die Einsichten, die Nathan dazu bewogen haben, ein Jude zu bleiben, rechnen aber nicht zur Kategorie der Vernunftgründe, die der Sultan vermutlich erwartet hat – jedenfalls ist seine Frage so formuliert. Nathans Antwort lautet auf der einen Ebene, daß man die Väter nicht Lügen straft, wenn sie einem mit Liebe begegnet sind. Auf der anderen Ebene, dies kann man vermuten, verbietet sich Nathan die Loslösung vom Judentum nach all dem, was er als Jude erfahren hat: ein Pogrom[84], bei dem seine Familie umkam; eine allgemein verbreitete Verachtung durch Christen und (wenn auch in geringerem Maße) durch Mohammedaner, die jederzeit in Verfolgung umzuschlagen droht. Die Gemeinschaft der schwachen und oft wehrlosen Opfer, die Leidensgemeinschaft der Juden will Nathan nicht verlassen, auch wenn er selbst eine große innere und äußere Distanz zu seinem Volk zeigt. Das Jüdische an Nathan ist auffällig gering ausgeprägt. Auf der Bühne fällt nicht der geringste Hinweis auf die Riten und Regeln orthodoxer jüdischer Lebensführung. Das Erscheinungsbild Nathans, das in der Theatertradition zumeist durch die Kleidung als typisch jüdisch gekennzeichnet ist, läßt eher auf einen Menschen schließen, der seiner Umwelt viele lebenspraktische Zugeständnisse gemacht hat und sich auf den ersten Blick wenig von anderen erfolgreichen Kaufleuten bürgerlicher Herkunft unterscheidet. Nathan selbst versichert dem Tempelherrn, daß die Zugehörigkeit zu irgendeinem Volk (gemeint ist die Religionsgemeinschaft) nun niemanden daran hindern dürfe, auch und vor allen Dingen ein Mensch zu heißen. ›Verachtet / Mein Volk so sehr ihr wollt. Wir haben beide / Uns unser Volk nicht auserlesen. Sind / Wir unser Volk? Was heißt denn Volk?‹ (II,5) Sicherlich spitzt Nathan den Gegensatz zwischen Volk und Mensch in dieser Situation besonders zu, da er sich dem noch in Stereotypen[85] denkenden Tempelherrn verständlich machen will; da braucht es der Übertreibung, um die Unsinnigkeit, genauer: die Unmenschlichkeit einer

84 Verfolgung von Minderheiten
85 Stereotyp: vereinfachtes Bild

bedenkenlosen Zuordnung einzelner Personen zu ihren ›Fraktionen‹ klarzumachen.

Tatsache aber ist, daß Nathan dem Vorurteil, das Juden gegenüber herrscht, nicht entrinnen kann. Über das ganze Stück hinweg sind deutliche Indizien dieser Denunziation[86] ausgestreut. Es beginnt an versteckter Stelle: Nathan sinnt darüber nach, wie verletzend es für Recha sein muß, sich vom Lebensretter verschmäht zu sehen, der sie für eine Jüdin hält. Er kennt diese Erfahrung, die zu Schwermut, Menschenhaß oder Schwärmerei führen kann. Zu nennen wäre etwa der Umstand, daß Sittah zwar von Al-Hafi erfahren hat, welch ›außerordentlicher‹ Mensch Nathan sein müsse, aber bei der Planung der Falle für Nathan keinerlei Rücksicht auf den ›Juden‹ zu nehmen bereit ist. Falls Nathan sich nicht als Weiser entpuppe, der sich wie selbstverständlich der Geldforderung des Sultans unterwerfe, habe der Herrscher eben sanfte Gewalt auszuüben: ›Ist's einer aus der Menge bloß; ist's bloß / Ein Jude wie ein Jude: Gegen den / Wirst du dich doch nicht schämen, so zu scheinen, / Wie er die Menschen all sich denkt?‹ (III,4) Als Nathan zögert, dem ungestümen Verlangen des Tempelherrn nach Recha gleich nachzukommen, vermutet der Abgewiesene sofort, die ›typisch jüdische‹ Familienpolitik, die Andersgläubige ausgrenze, sei an dieser Reserviertheit schuld. Und er scheut sich nicht, als ›Ritter‹ zum ›Pfaffen‹ zu gehen und versuchsweise eine geistliche Instanz, den Patriarchen, als Hebel gegen den Juden einzusetzen, der – so ist ihm von Daja berichtet worden – ein getauftes Christenkind aufgezogen hat, weniger in seinem Glauben, als vielmehr in gar keinem Glauben, außer dem, der der Vernunft genügt. Noch im ersten Gespräch mit dem Sultan ist der Tempelherr nach kurzem Zögern bereit, Nathan für einen Juden zu erklären, der nicht verlernen könne, ein Jude zu sein. Die Zurückweisung, die ihm widerfahren ist, setzt am Ende ungehemmte Angriffslust frei: ›Der tolerante Schwätzer ist entdeckt! / Ich werde hinter diesen jüd'schen Wolf / Im philosoph'schen Schafpelz Hunde schon / Zu bringen wissen, die ihn zausen sollen!‹ (IV,4) Dieses Umkippen in Verfolgeraggressivität ist beim Tempelherrn in gedämpftem Maße noch am Schluß des Dramas zu beobachten. Der Sultan wiederum, der den aufflammenden Jägerinstinkt seines Gesprächspartners zum einen auf dessen Jugend, zum anderen auf dessen Christentum zurückführt und scharf

86 Verleumdung, Anschwärzung

dem Ansinnen widerspricht, Hatz[87] auf den Juden zu machen, ist doch bereit, Sittahs Intrigen sich anzupassen. In diesen Intrigen figuriert Nathan, der Jude, als willenloser Untertan, mit dem man nach Belieben umspringen könne – sei es, indem man ihn auf die Probe stellt und ihn, im Falle seines Versagens, mit herrscherlichem Zwang zur Dienstleistung verpflichtet; sei es, daß man Nathan einfach die Tochter wegnimmt. Zweimal interveniert der Sultan, der womöglich aus Erfahrung Schlimmes befürchtet, und ringt der Schwester das Versprechen ab, keine allzu offensichtliche Gewalt auszuüben. Daja, die Christin im Hause Nathans, ist darauf aus, Nathan die Pflege- und Ziehtochter Recha zu entziehen, um sie wieder den Christen zuzuführen. Der Jude ist für sie zwar ein Wohltäter, aber er bleibt der Jude und – wie sie es sieht – der unrechtmäßige Vater. Die Speerspitze in der Phalanx[88] der Verfolger bildet der Patriarch von Jerusalem. Ein beinahe unerklärlicher Vernichtungsdrang treibt diesen Würdenträger dazu, den seiner Auffassung nach Schuldigen dem Flammentod anheimzugeben und sich damit (zwar ohne sein Wissen, wobei man jedoch seiner Zustimmung gewiß sein kann) in die Nachfolge derer zu begeben, die vor Jahren das Haus anzündeten, in das sich Nathans Familie geflüchtet hatte. Sein monoton gefälltes Todesurteil: ›Tut nichts! der Jude wird verbrannt!‹, bekundet, daß es für den Juden keine Nachsicht gibt. Die Entlastungsgründe, die der Tempelherr vorbringt, werden zu weiteren Schuldpunkten umgedeutet. Immerhin löst die Nachricht, daß sich der Patriarch einmischen könne, bei Nathan unverhohlene Panik aus. Als er erfährt, daß Sittah Recha ›abholen‹ lasse, graut ihm davor, daß dieser Inquisitor dabei seine Hand im Spiel habe, daß es sich um ein Täuschungsmanöver handle. Auch wenn Nathan es wollte (aber er will es nicht), er könnte sich von der jüdischen Gemeinschaft nicht loslösen, da die anderen ihn wiederholt als Juden betrachten und zum Gegenstand ihrer aggressiven Tendenzen: zum ›Juden‹ machen. Seine Religion spielt dabei keine Rolle, sie wird nicht einmal im Grundriß erkennbar.«

Thomas Koebner: Nathan der Weise. Ein polemisches Stück?
In: Interpretationen. Lessings Dramen. Stuttgart: Reclam 1987 [u. ö.].
S. 158–162.

87 Jagd
88 geschlossene Kampfformation

5.4.2 Thomas Koebner: Nathan, Nationalsozialismus und Antisemitismus

Q

»Daß Nathan, für viele Interpreten Leit- und Vorbild toleranter Humanität, ein Jude ist, stellte im 19. und 20. Jahrhundert vor allem für säbelrasselnde Nationalisten und Antisemiten ein Ärgernis dar (übrigens hatte nach Johann Georg Hamanns Zeugnis bereits Kant seine Vorbehalte gegen einen Helden ›aus diesem Volk‹ gehabt). Im gleichen Maße ist er im zweiten Kaiserreich oft zur Orientierungsfigur des großbürgerlichen Liberalismus gewählt worden. Im Dritten Reich war das Alterswerk Lessings vom Spielplan verbannt – wegen der Zugehörigkeit Nathans zum Judentum, wegen der Friedensbereitschaft und Versöhnung demonstrierenden Handlung des Werks. Aus der Sicht des intellektuellen Exils 1933–45, der Anti-Nazi-Germanistik im Ausland und zionistischer Autoren wurde mit Blick auf das Hitler-Reich wieder Friedrich Theodor Vischers Frage aufgeworfen, ob Lessing die ›Härte der Gegensätze‹ angemessen berücksichtigt oder sie vielleicht allzu sehr heruntergespielt und eingeebnet habe. […] Nach dem Krieg eröffneten einige deutsche Theater ihre Spielzeit mit *Nathan*, um ein Zeichen zu setzen. Die Bühnentradition hat seitdem – beinahe kompensatorisch? – vor allem das Edelmütige und Jüdische der Hauptfigur hervorgehoben, ihre geistreich-menschenkluge Weisheit und Herzenswärme, wie sie etwa in der Verkörperung durch den während der Naziherrschaft emigrierten Schauspieler Ernst Deutsch Gestalt gewonnen haben. Der polemische Charakter des Dramas und die Tiefendimension der Konflikte sind immer weiter aus dem Blickfeld gerückt, je mehr – so scheint es – das Interesse dem Musterhaften seiner moralischen ›Botschaft‹ gegolten hat, je mehr es als Inszenierung ›frommer‹ Thesen verstanden worden ist.«

Ebd. S. 141 f.

6. Literaturhinweise

Fick, Monika: Lessing Handbuch. Leben – Werk – Wirkung. 3., neu bearb. und erw. Aufl. Stuttgart/Weimar 2010.

Düffel, Peter von: Erläuterung und Dokumente. Gotthold Ephraim Lessing: Nathan der Weise. Durchges. und erw. Ausg. Stuttgart 2006 [u. ö.]. (Reclams Universal-Bibliothek. 8118.)

Jung, Werner: Gotthold Ephraim Lessing. Paderborn 2010.

Koebner, Thomas: Nathan der Weise. Ein polemisches Stück? In: Interpretationen. Lessings Dramen. Stuttgart 1987 [u. ö.]. (Reclams Universal-Bibliothek. 8411.) S. 138–206.

Kröger, Wolfgang: Literaturwissen Gotthold Ephraim Lessing. Stuttgart 1995. (Reclams Universal-Bibliothek. 15206.)

Nisbet, Hugh Barr: Lessing. Eine Biografie. Aus dem Engl. übers. von Karl S. Guthke. München 2008.

Sternburg, Wilhelm von: Gotthold Ephraim Lessing. Reinbek 2010.

Stollberg-Rillinger, Barbara: Die Aufklärung. Europa im 18. Jahrhundert. Stuttgart ^{4}2017 [u. ö.]. (Reclams Universal-Bibliothek. 18882.)

Strohschneider-Kohrs, Ingrid: Vernunft als Weisheit. Studien zum späten Lessing. Tübingen 1991.

Raum für Notizen

Raum für Notizen

Raum für Notizen

Raum für Notizen

Raum für Notizen